JOHANN HERMANN DUNKL

Der Begriff und die Arten der Beteiligten im arbeitsgerichtlichen Beschlußverfahren

Schriften zum Sozial- und Arbeitsrecht

Band 42

Der Begriff und die Arten der Beteiligten im arbeitsgerichtlichen Beschlußverfahren

Von

Dr. Johann Hermann Dunkl

DUNCKER & HUMBLOT / BERLIN

Gedruckt 1979 bei Buchdruckerei Richard Schröter, Berlin 61
Printed in Germany

ISBN 3 428 04291 3

Meiner Mutter gewidmet

Vorwort

Diese Abhandlung hat dem Juristischen Fachbereich der Universität Augsburg als Dissertation vorgelegen. Mein aufrichtiger Dank gilt Herrn Prof. Dr. Herbert Buchner für die Anregung und Betreuung dieser Arbeit, sowie Herrn Prof. Dr. Wilhelm Dütz, der mir manchen wertvollen Hinweis gegeben hat.

Herrn Ministerialrat a. D. Prof. Dr. J. Broermann danke ich, daß er diese Arbeit in die Schriftenreihe zum Sozial- und Arbeitsrecht aufgenommen hat.

Abgeschlossen wurde die Arbeit im April 1977. Literatur und Rechtsprechung konnten vereinzelt noch bis April 1978 berücksichtigt werden.

Johann Dunkl

Inhaltsverzeichnis

Erstes Kapitel

Problemstellung und Meinungsstand

Zweites Kapitel

Der Begriff der Verfahrensbeteiligten im arbeitsgerichtlichen Beschlußverfahren

Drittes Kapitel

Die Arten der Verfahrensbeteiligten im arbeitsgerichtlichen Beschlußverfahren

Abkürzungsverzeichnis

AcP	=	Archiv für zivilistische Praxis
AktG	=	Aktiengesetz
a. M.	=	anderer Meinung
Anm.	=	Anmerkung
AP	=	Arbeitsrechtliche Praxis
ArbG	=	Arbeitsgericht
ArbGG	=	Arbeitsgerichtsgesetz
AR-Blattei	=	Arbeitsrechtsblattei
ArbuR	=	Arbeit und Recht
ArchdöR	=	Archiv des öffentlichen Rechts
ARS	=	Arbeitsrechtssammlung
BArbBl.	=	Bundesarbeitsblatt
BAG	=	Bundesarbeitsgericht
BayGWG	=	Bayerisches Gemeindewahlgesetz
BayObLG	=	Bayerisches Oberstes Landesgericht
BayVGH	=	Bayerischer Verwaltungsgerichtshof
BB	=	Betriebsberater
BetrVG	=	Betriebsverfassungsgesetz
BFH	=	Bundesfinanzhof
BGH	=	Bundesgerichtshof
BlStSozArb	=	Blätter für Steuerrecht, Sozialversicherungsrecht u. Arbeitsrecht
BPersVG	=	Bundespersonalvertretungsgesetz
BSG	=	Bundessozialgericht
BT	=	Bundestag
BV	=	Beschlußverfahren
BVerfG	=	Bundesverfassungsgericht
BVerfGG	=	Bundesverfassungsgerichtsgesetz
BVerwG	=	Bundesverwaltungsgericht
DB	=	Der Betrieb
DÖV	=	Die öffentliche Verwaltung
DRiZ	=	Deutsche Richterzeitung
DVBl.	=	Deutsche Verwaltungsblätter
EGGVG	=	Einführungsgesetz zum Gerichtsverfassungsgesetz
EzA	=	Entscheidungssammlung zum Arbeitsrecht
fG	=	freiwillige Gerichtsbarkeit
FGG	=	Gesetz über die Angelegenheiten der freiwilligen Gerichtsbarkeit
FGO	=	Finanzgerichtsordnung
GG	=	Grundgesetz

GrdstVG	=	Grundstücksverkehrsgesetz
GVG	=	Gerichtsverfassungsgesetz
h. M.	=	herrschende Meinung
LAG	=	Landesarbeitsgericht
LVG	=	Landesverwaltungsgericht
MDR	=	Monatsschrift für Deutsches Recht
MitbestG	=	Mitbestimmungsgesetz
NJW	=	Neue Juristische Wochenschrift
PersVG	=	Personalvertretungsgesetz
RAG	=	Reichsarbeitsgericht
RdA	=	Recht der Arbeit
RdL	=	Recht der Landwirtschaft
RG	=	Reichsgericht
Rpfleger	=	Der Deutsche Rechtspfleger
Rspr.	=	Rechtsprechung
SAE	=	Sammlung arbeitsrechtlicher Entscheidungen
SGG	=	Sozialgerichtsgesetz
st. Rspr.	=	ständige Rechtsprechung
TVG	=	Tarifvertragsgesetz
VG	=	Verwaltungsgericht
VerwArch.	=	Verwaltungsarchiv
VwGO	=	Verwaltungsgerichtsordnung
WEG	=	Wohnungseigentumsgesetz
ZBR	=	Zeitschrift für Beamtenrecht
ZfA	=	Zeitschrift für Arbeitsrecht
ZPO	=	Zivilprozeßordnung
ZZP	=	Zeitschrift für Zivilprozeß

Erstes Kapitel

Problemstellung und Meinungsstand

A. Einführung

Das ArbGG vom 3. September 1953 kennt zwei Verfahrensarten, das Urteilsverfahren, §§ 46 ff. ArbGG, und das Beschlußverfahren, §§ 80 ff. ArbGG. Beide Verfahren schließen sich gegenseitig aus[1].

Während gemäß § 8 Abs. 1 ArbGG über die bürgerlichen individualrechtlichen Streitigkeiten aus Arbeitsverhältnissen gemäß § 2 Abs. 1 Nr. 2, 3 ArbGG und über die Rechtsstreitigkeiten gem. § 2 Abs. 1 Nr. 1 ArbGG im Urteilsverfahren zu entscheiden ist, so findet das arbeitsgerichtliche Beschlußverfahren Anwendung für Angelegenheiten aus dem BetrVG, sofern es sich nicht um Straftaten oder Ordnungswidrigkeiten handelt, § 2 Abs. 1 Nr. 4 ArbGG, für den Sonderfall der Entscheidung über die Tariffähigkeit einer Vereinigung, § 2 Abs. 1 Nr. 6 ArbGG, und für Angelegenheiten aus dem Mitbestimmungsgesetz und dem BetrVG 1952, soweit über die Wahl von Vertretern der Arbeitnehmer im Aufsichtsrat und ihre Abberufung mit Ausnahme der Abberufung nach § 103 Abs. 3 des AktG zu entscheiden ist, § 2 Abs. 1 Nr. 5 ArbGG.

Das Beschlußverfahren der §§ 80 ff. ArbGG ist ferner vor den Verwaltungsgerichten bei Streitigkeiten in Personalvertretungsangelegenheiten nach dem BPersVG entsprechend anwendbar, § 83 Abs. 2 BPersVG, ebenso wie bei Streitigkeiten in Personalvertretungsangelegenheiten nach den Personalvertretungsgesetzen der Länder, mit Ausnahme des Personalvertretungsgesetzes von Schleswig-Holstein, das für diese Streitigkeiten das verwaltungsgerichtliche Urteilsverfahren vorsieht[2], § 92 PersVG Schleswig-Holstein.

Während das dem zivilprozessualen Verfahren weitgehend angenäherte arbeitsgerichtliche Urteilsverfahren der Entscheidung bürgerlich-rechtlicher Streitigkeiten dient, dient das Beschlußverfahren der Erledigung betriebsverfassungsrechtlicher Streitigkeiten.

Bei den bürgerlichen Rechtsstreitigkeiten des § 2 Abs. 1 Nr. 1 bis 3 ArbGG geht es in erster Linie darum, daß subjektive Rechte einer Par-

---

[1] St. Rspr. des BAG, vgl. BAG 4, 46; 17, 84.
[2] Vgl. OVG Lüneburg, DVBl. 1971, 228.

tei gegen eine andere geltend gemacht werden; bei den betriebsverfassungsrechtlichen Streitigkeiten geht es dagegen, wenigstens nach dem bisherigen herrschenden Verständnis, in erster Linie darum, die betriebsverfassungsrechtliche Ordnung im weitesten Sinne durch gerichtliche Entscheidung sicherzustellen[3].

In Anlehnung an das Schrifttum[4] nimmt das BAG[5] die nicht immer leichte Abgrenzung zwischen Urteils- und Beschlußverfahren danach vor, ob es sich um betriebsverfassungsrechtliche Streitigkeiten, also um Auseinandersetzungen und Fragen im Bereich der Verfassung des Betriebes, um die Tätigkeit der betriebsverfassungsrechtlichen Organe im Rahmen ihrer Zuständigkeit handelt, oder ob die Streitigkeiten Fragen des Einzelarbeitsverhältnisses betreffen[6].

Man hat bei Erlaß des ArbGG 1953 (ebenso wie bereits bei Erlaß des ArbGG von 1926) die betriebsverfassungsrechtlichen Streitigkeiten als von den übrigen arbeitsrechtlichen Streitigkeiten derart verschieden angesehen, um dafür ein vom Urteilsverfahren abweichendes Verfahren schaffen zu müssen. Der tiefere Grund hierfür dürfte in der Annahme zu suchen sein, daß es bei betriebsverfassungsrechtlichen Streitigkeiten nicht um die Durchsetzung subjektiver Rechte geht, sondern um die Erhaltung und Wiederherstellung des Betriebsfriedens[7]. Mit dieser Annahme fehlt die für das Urteilsverfahren typische konträre Parteistellung und Interessenlage, so daß wohl deshalb die Anwendbarkeit des Urteilsverfahrens nicht angezeigt schien, sondern die Einrichtung eines eigenständigen Verfahrens für notwendig erachtet wurde, das diesen Besonderheiten Rechnung tragen sollte[8].

Die Regelung des Beschlußverfahrens in § 2 Abs. 1 Nr. 4, 5 und 6 und den §§ 8, 9, 10, 80 bis 98 ArbGG ist äußerst knapp und läßt die Beantwortung einer Reihe von verfahrensrechtlichen Fragen offen. Aus der gesetzlichen Verweisung auf zahlreiche Vorschriften des arbeitsgerichtlichen Urteilsverfahrens, § 80 Abs. 2 ArbGG, läßt sich zwar manche ver-

---

3 BAG ArbuR 1953, 157; BB 1975, 605; *Wichmann*, ArbuR 1974, 12.

4 *Dersch / Volkmar*, § 80 Anm. 1; *Dietz / Nikisch*, Vorbem. zu § 80 Anm. 2.

5 BAG AP Nr. 46 zu § 2 ArbGG; AP Nr. 1 zu § 2 ArbGG Betriebsverfassungsstreit.

6 *Müller*, G., (I) S. 28; vgl. auch BAG vom 3. 2. 1976, NJW 1976, 1230 zum Verfahren beim Antrag gem. § 78 a Abs. 4 Nr. 2 BetrVG.

7 Dies ist auch heute noch h. M.; vgl. BAG BB 1975, 605; *Wichmann*, ArbuR 1974, 12; a. A. bereits *Grunsky*, ArbGG § 80 Anm. 3, der annimmt, daß Zweck des BV ebenso wie des Urteilsverfahrens die Durchsetzung subjektiver Rechte ist.

8 *Grunsky*, ArbGG § 80 Anm. 5, sieht dagegen die Schaffung eines besonderen BV als verfehlt an, da es trotz der erforderlichen Differenzierungen in den zur Entscheidung im Urteils- und im Beschlußverfahren anstehenden Materien keines eigenen Verfahrenstypes bedurft, sondern ausgereicht hätte, ein einheitliches Verfahren mit gewissen Abweichungen vorzusehen.

fahrensrechtliche Frage beantworten, oft sind aber die herangezogenen Vorschriften des Urteilsverfahrens wegen der Verfahrensunterschiede nicht ohne konstruktive Schwierigkeiten auf das Beschlußverfahren zu übertragen. Manche verfahrensrechtliche Fragen sind dagegen nicht einmal durch Gesetzesverweisung geregelt.

Dies gilt auch für den Begriff und die (eventuell unterschiedlichen) Arten der Beteiligten, der Prozeßsubjekte des arbeitsgerichtlichen Beschlußverfahrens. Das ArbGG verwendet zwar den Begriff der Beteiligten in § 10 bei der Regelung der Parteifähigkeit und bei § 83 ArbGG, wo die Anhörung der Beteiligten vorgeschrieben wird, eine Begriffsbestimmung und eine Regelung über Arten, Stellung und Befugnisse der Beteiligten enthält es hingegen nicht bzw. nur lückenhaft.

I. Ziel der Arbeit

Wo der Gesetzgeber eine notwendige Regelung unterlassen hat, bleibt es notgedrungen Rechtssprechung und Literatur überlassen, diese Lücke auszufüllen. Es hat dazu an Versuchen gerade durch die Rechtsprechung des BAG[9] nicht gefehlt, und auch in der Literatur sind einige Ansätze zur Bestimmung des Beteiligtenbegriffes und von Beteiligtenarten vorhanden, jedoch sind die Meinungen vielfach gegensätzlich und enthalten nur Ansätze zur Entwicklung einer Beteiligtenlehre für das arbeitsgerichtliche Beschlußverfahren.

Daß sich bisher nur vergleichsweise wenige Autoren des arbeitsgerichtlichen Beschlußverfahrens angenommen haben, mag daran liegen, daß dem Beschlußverfahren in der Vergangenheit im Vergleich zu dem Urteilsverfahren der ZPO, des ArbGG, der VwGO, FGO und des SGG wenig Bedeutung zukam.

Vor allem ist es der Begriff der Beteiligten selbst, der sich im Vergleich zu den Partei- bzw. Beteiligtenlehren in anderen Verfahren in einem wenig entwickelten Zustand befindet.

Mit dem BetrVG 1972 hat aber auch das arbeitsgerichtliche Beschlußverfahren mehr an Bedeutung gewonnen[10] und macht deshalb auch eine bessere Durchdringung des Beteiligtenbegriffes erforderlich. Denn im Vergleich zum BetrVG 1952 sind im BetrVG 1972 die Beteiligungsrechte des Betriebsrates erheblich vermehrt und ausgebaut worden und auch die vielen Zweifelsfragen, die das BetrVG 1972 mit sich gebracht hat, haben zu einem Ansteigen der Beschlußverfahren geführt.

---

[9] Vgl. zur Beteiligung die grundlegende Entscheidung des BAG vom 13. 7. 1955, BAG 2, 97.

[10] Vgl. dazu die Hinweise bei *Wichmann*, ArbuR 1974, 203; *Etzel*, RdA 1974, 215.

In den weit besser von Rechtssprechung und Literatur beachteten und beschriebenen Verfahren der ZPO, der VwGO, FGO, des SGG und sogar der freiwilligen Gerichtsbarkeit macht heute die Bestimmung der Parteien bzw. der Beteiligten weitaus weniger Schwierigkeiten als im arbeitsgerichtlichen Beschlußverfahren und entlastet daher die Praxis erheblich bei der Beantwortung der damit zusammenhängenden Fragen.

Da das arbeitsgerichtliche Beschlußverfahren zusehends an Bedeutung gewinnt und auch im Verfahrensrecht „das Rationalisierungsbedürfnis proportional der Arbeitsbelastung ist“[11], so soll mit dieser Arbeit versucht werden zu bestimmen, *wer Beteiligter im arbeitsgerichtlichen Beschlußverfahren ist (Beteiligtenbegriff) und welche (evtl. unterschiedlichen) Arten von Verfahrensbeteiligten es gibt.*

Dabei ist sich der Verfasser bewußt, daß am Ende der Arbeit manches Ergebnis nur rudimentär und verbesserungsbedürftig sein wird, angesichts der Tatsache, daß es bei den Partei- bzw. Beteiligtenlehren der anderen Verfahrensordnungen eines erheblichen Aufwandes an Zeit, Arbeit und Geist bedurfte, bis die heutigen Partei- bzw. Beteiligtenlehren entwickelt waren, wobei, insbesondere im Verfahren der freiwilligen Gerichtsbarkeit auch heute noch manches im Unklaren liegt und sich im Umbruch befindet.

II. Methode der Arbeit

Die Bearbeitung wird jedoch erheblich dadurch erleichtert, daß dabei auf das dogmatisch besser durchdrungene zivilprozessuale Verfahren, auf die verwaltungsprozessualen Verfahren (VwGO, FGO, SGG), aber auch auf das Verfahren der freiwilligen Gerichtsbarkeit und auf die zu ihnen entwickelten Partei- bzw. Beteiligtenbegriffe zurückgegriffen werden kann. Wenngleich diese Verfahren unterschiedlich ausgestaltet sind, so gibt es doch gewisse, für alle Verfahren gemeinsame Grundsätze, wenngleich diese oft durch unterschiedliche Formulierungen allzu leicht unsichtbar gemacht werden[12].

Es hat auch an Forderungen nicht gefehlt, unter Berücksichtigung der Besonderheiten der einzelnen Verfahren eine einheitliche Prozeßordnung zu schaffen[13]; bemerkenswert in diesem Zusammenhang ist die Entscheidung des Bundestages von 1956 (BT-Drucksache II/2795, 2435), mit der die Bundesregierung aufgefordert wurde, den Entwurf einer Prozeßordnung vorzulegen, die das Verfahren vor den ordentlichen Gerichten — mit Ausnahme des Strafverfahrens und des Verfahrens

---

[11] *Kollhosser*, S. 7.

[12] Vgl. *Lent*, NJW 1954, 1587.

[13] Vgl. dazu *Kniesch*, MdR 1954, 5; *Müller*, G., DB 1975, 475.

in Angelegenheiten der freiwilligen Gerichtsbarkeit —, den Arbeitsgerichten, den Verwaltungsgerichten, den Sozialgerichten und den Finanzgerichten unter Wahrung der Besonderheiten der einzelnen Verfahren vereinheitlicht.

Insbesondere *Ule*[14] hat sich bemüht, wenigstens auf dem Gebiet der öffentlichrechtlichen Verfahren eine einheitliche Verfahrensordnung zu schaffen.

Da zumindest VwGO, FGO und SGG immer mit Blick auf die ZPO als „Mutter der Verfahrensordnungen" bei Berücksichtigung aller Verschiedenheiten entwickelt wurden, so ist es durchaus zulässig und sogar geboten, bei der Lösung offener Fragen auf die ZPO zurückzugreifen, sich dabei aber bei Gleichartigkeit auch diejenigen Gesichtspunkte für das arbeitsgerichtliche Beschlußverfahren zu eigen zu machen, die bei anderen Verfahrensordnungen zu einer von der ZPO abweichenden Regelung geführt haben, mithin also die Verfahrensordnungen vergleichend gegenüberstellen und die gemeinsamen Grundsätze herauszustellen.

Das BAG geht im Grundsatz bei der Lückenausfüllung keinen anderen Weg. Zwar hat das BAG nie versucht, „die Rechtsnatur des Beschlußverfahrens, losgelöst von seinem materiellen Gegenstand", dem BetrVG, zu erfassen[15], es hat aber, wie in einigen Entscheidungen durchaus deutlich wird[16], den Blick über den Zaun in andere Verfahrensordnungen und auch eine Anlehnung an Begriffe anderer Verfahrensordnungen unter Berücksichtigung der Eigenheiten des Beschlußverfahrens nicht gescheut.

B. Meinungsstand über Begriff und Arten der Beteiligten im arbeitsgerichtlichen Beschlußverfahren

I. Keine gesetzliche Definition der Beteiligten

1. Beschlußverfahren kennt nur Beteiligte

Das arbeitsgerichtliche Beschlußverfahren kennt im Gegensatz zum Urteilsverfahren und in Übereinstimmung mit dem Beschlußverfahren des ArbGG vom 23.12.1926 keine Parteien, sondern nur Beteiligte[1].

---

[14] DVBl. 1967, 345.

[15] *Müller*, G., (I) S. 23.

[16] Vgl. zum Rechtsschutzbedürfnis: BAG 3, 288; zum Ergänzungsbeschluß: BAG 4, 268; zur Verweisung: AP Nr. 10 zu § 76 BetrVG 52; zur Antragsänderung: BAG 16, 8; Vergleich mit den echten Streitsachen in der fG: DB 1973, 1257.

[1] Vgl. §§ 10 und 83 ArbGG 1953 und § 83 ArbGG 1926; RAG ARS 9, 306; BAG AP Nr. 2 zu § 81 BetrVG 52.

Dies liegt wohl in der bisherigen Annahme begründet, daß die Gegenstände des Urteilsverfahrens und des Beschlußverfahrens vor allem auch darin gegensätzlich sind, daß es bei erstem um Ansprüche geht, die von einer Partei gegen eine andere geltend gemacht werden, mithin um eine prozessual konträre Stellung, während es bei zweitem um Angelegenheiten geht, in denen ein Gegenüberstehen von Parteien mit einem Streit um Ansprüche nicht gegeben ist, da es hier nicht um die Wahrung eigener subjektiver Rechte, sondern um die Sicherstellung der betriebsverfassungsrechtlichen Ordnung geht[2].

Die Beteiligten sind aber dessen ungeachtet ähnlich wie die Parteien im Urteilsverfahren Träger eines prozeßrechtsähnlichen Verhältnisses[3]. Damit ist dem arbeitsgerichtlichen Beschlußverfahren mit den anderen gerichtlichen Verfahren gemeinsam, daß es eine rechtliche geregelte Beziehung zwischen den Subjekten eines Verfahrens darstellt. Inhalt eines Verfahrensrechtsverhältnisses sind die verfahrensrechtlich geregelten Beziehungen zwischen den Subjekten eines Prozesses[4], mögen diese nun — abgesehen vom Gericht als Organ des Staates — Parteien, Beteiligte oder sonstwie heißen. Es kommt nicht auf den Namen an, sondern auf die prozessuale Bedeutung. Diese liegt nun darin, daß ein Verfahren für die vom Verfahren vorgesehene Teilnahme gewisse Positionen, und damit Rechte und Pflichten beinhaltet. So hängt beispielsweise sowohl der Beginn als auch die Fortentwicklung und die Beendigung eines Verfahrensrechtsverhältnisses (abgesehen vom Amtsverfahren) von der Tätigkeit der Teilnehmenden ab.

Soll sich ein Verfahren ordnungsgemäß entwickeln können, so muß schon bei Beginn des Verfahrens feststehen oder feststellbar sein, wer Verfahrensbeteiligter ist und, bei evtl. verschiedenen Beteiligtenarten, welche Arten der Verfahrensbeteiligung gegeben sind und infolgedessen welche Verfahrensposition wem zusteht. Die Bestimmungen im ArbGG, die von Beteiligten sprechen, beantworten diese Fragen jedoch nicht.

2. § 10 ArbGG regelt nur Beteiligtenfähigkeit

So regelt § 10 ArbGG nur die sogenannte Beteiligtenfähigkeit, die der Parteifähigkeit im Urteilsverfahren entspricht[5]; dieser Schluß ergibt sich aus § 10 ArbGG selbst, wo von Beteiligten im Beschlußverfahren

---

[2] Vgl. *Dersch / Volkmar*, § 80 Anm. 1; *Wichmann*, ArbuR 1974, 10; *Körnich*, S. 88; vgl. auch BAG EzA § 80 ArbGG Nr. 3.

[3] BAG AP Nr. 2 zu § 81 BetrVG 52; *Herschel*, BB 1953, 862.

[4] *Rosenberg / Schwab*, S. 6.

[5] *Etzel*, ArbuR 1974, 224; *Grunsky*, ArbGG § 10 Anm. 2; BAG 16, 177; *Frauenkron*, S. 84; *Dietz / Nikisch*, § 10 Anm. 59; *Dersch / Volkmar*, § 10 Anm. 12; *Dütz*, SAE 1978, 5; vgl. jedoch *Wichmann*, ArbuR 1975, 294, der die Frage der Beteiligtenfähigkeit bei § 83 ArbGG einzuordnen scheint.

nur im Zusammenhang mit der Parteifähigkeit im arbeitsgerichtlichen Verfahren gesprochen wird. Da hier also nur die Fähigkeit angesprochen wird, Beteiligter im Beschlußverfahren sein zu können, ist damit nicht gesagt, wer im konkreten Fall Verfahrensbeteiligter ist.

3. § 83 Abs. 1 ArbGG regelt nur die Anhörung der Beteiligten

Aus der Vorschrift des § 83 Abs. 1 ArbGG, der ebenfalls noch die Beteiligung erwähnt, ergibt sich die Beantwortung dieser Frage ebenfalls nicht[6]; dort ist nur geregelt, daß im Beschlußverfahren der Arbeitgeber, die Arbeitnehmer und die Stellen zu hören sind, die nach dem BetrVG, dem Mitbestimmungsgesetz und dem BetrVG 52 und den zu diesen Gesetzen erlassenen Rechtsverordnungen im einzelnen Falle beteiligt sind. Wer aber im Einzelfalle am Rechtsverhältnis materiell beteiligt ist, ist damit nicht ausgesagt und auch nicht, ob die materiell Beteiligten auch Verfahrensbeteiligte sind, und ob die Beteiligten im Sinne von § 83 Abs. 1 ArbGG identisch sind mit den Verfahrensbeteiligten. § 83 Abs. 1 ArbGG sagt nur aus, daß die im Einzelfalle Beteiligten zu hören sind, wobei der Begriff der Beteiligten vorausgesetzt und nicht definiert wird. Aus §§ 10 und 83 Abs. 1 ArbGG ergibt sich überdies auch nicht ausdrücklich, ob es unterschiedliche Arten von Verfahrensbeteiligten, also verschiedene Verfahrenssubjektsrollen gibt.

II. Die Problematik der Beteiligung in der arbeitsgerichtlichen Praxis

Die Problematik, wer aufgrund eines konkreten betriebsverfassungsrechtlichen Streites in dem durchzuführenden arbeitsgerichtlichen Beschlußverfahren mitwirken kann, und in welcher Weise die Mitwirkung geschieht, taucht bei den meisten betriebsverfassungsrechtlichen Streitigkeiten auf. Das Problem liegt darin, daß mit den Personen oder Stellen, die einen Antrag stellen und gegen die sich der Antrag richtet, der Kreis der zu Beteiligenden nicht erschöpft ist, wie dies z. B. im zivilprozessualen Verfahren in der Regel der Fall ist, sondern daß es in den meisten Fällen daneben noch weitere Stellen oder Personen gibt, die von der zu erwartenden Entscheidung des Arbeitsgerichtes irgendwie rechtlich berührt werden. Da es nach der Rechtssprechung[7] Sinn und Zweck des arbeitsgerichtlichen Beschlußverfahrens ist, nicht nur Meinungsverschiedenheiten zwischen den Beteiligten zu beseitigen, sondern dem Betriebsfrieden zu dienen und zu verhindern, daß in Zukunft dieselbe Streitigkeit zur erneuten Anrufung des Arbeitsgerichtes führt,

---

[6] *Buchner*, Anm. in SAE 1972, 125; *Grunsky*, ArbGG § 83 Anm. 2.

[7] BAG AP Nr. 1 zu § 82 BetrVG 52; AP Nr. 2 zu § 81 ArbGG; EzA § 80 ArbGG Nr. 3.

dies jedoch nur durch den Eintritt der Rechtskraft erreicht werden kann, so müssen möglichst alle rechtlich Betroffenen in die Rechtskraftwirkung miteinbezogen werden, denn nur die materielle Rechtskraft eines Endbeschlusses hat zur Folge, daß die rechtskräftig festgestellte Rechtslage, bei Identität der Beteiligten und bei gleichem Sachverhalt, für die Beteiligten endgültig bindend ist. Ferner dürfen aus dem Grundsatz des rechtlichen Gehörs heraus diejenigen nicht übergangen werden, deren Rechtsstellung von dem Verfahren berührt wird. Das Gericht steht somit vor der Schwierigkeit, die Betroffenen zu ermitteln, deren Betroffenheit eine Beteiligung rechtfertigt oder sogar notwendig macht, und zu bestimmen, welcher Art die Beteiligung sein soll. Dabei beinhaltet dies für das gerichtliche Verfahren noch obendrein die Schwierigkeit, daß der Beteiligtenkreis so groß werden kann, daß die Praktikabilität des Verfahrens aufgehoben wird.

III. Bisherige Lösungsversuche

1. Rechtsprechung

a) Beteiligtenbegriff

Das BAG[8] ist sich mit der einhelligen Literatur darin einig, daß § 10 ArbGG nichts darüber aussagt, wer Beteiligter im konkreten arbeitsgerichtlichen Beschlußverfahren ist, sondern nur eine Bestimmung darüber darstellt, wer die Fähigkeit hat, überhaupt Beteiligter sein zu können. Die Beteiligtenfähigkeit entspricht der Parteifähigkeit im Urteilsverfahren[9].

Sie ist aber nicht dasselbe. Das BAG[10] bestimmt die Voraussetzungen der Beteiligtenfähigkeit danach, ob einer Person oder Stelle im Betriebsverfassungsrecht Rechtspositionen eingeräumt sind. Da aber die Stellen, denen vom Betriebsverfassungsgesetz Rechtspositionen zugewiesen sind, in der Regel nicht rechtsfähig sind, so zum Beispiel der Betriebsrat und der Wahlvorstand, so wird die Beteiligtenfähigkeit auch nicht nach der Rechtsfähigkeit bestimmt. Hierin liegt der Unterschied zum Begriff der Parteifähigkeit, die grundsätzlich auf die Rechtsfähigkeit abstellt[11], § 50 Abs. 1 ZPO.

Das BAG begreift aber die Beteiligtenfähigkeit in ihrer verfahrensrechtlichen Bedeutung wie die Parteifähigkeit im Urteilsverfahren als Prozeß- und Prozeßhandlungsvoraussetzung. So hat das BAG[12] Anträge als unzulässig abgewiesen, weil die Antragsteller keine Beteiligungsfähigkeit besaßen.

[8] BAG 2, 97; 16, 180.

[9] BAG 2, 97; *Dütz*, SAE 1978, 5.

[10] BAG AP Nr. 2 zu § 97 ArbGG.

[11] *Müller*, G., (I) S. 35; *Dütz*, DB 1972 Beilage 17, 12; *Grunsky*, ArbGG § 80 Anm. 15.

[12] BAG 2, 97.

Das BAG trennt seit seinem grundlegenden Beschluß vom 13. 7. 1955[13] die „Fähigkeit, Beteiligter im Beschlußverfahren zu sein" von der Frage, wer „im Einzelfalle Beteiligter ist". Damit hatte das BAG denselben Fragengegensatz aufgeworfen, wie er in jeder Verfahrensordnung besteht und sich z. B. im zivilprozessualen Verfahren so stellt: *wer fähig ist, Partei zu sein, und wer im Einzelfalle tatsächlich Partei ist.*

aa) Ältere Rechtsprechung des BAG

Seit dem Beschluß vom 13. 7. 1955 bestimmte das BAG, und ihm folgend die gesamte arbeitsgerichtliche Rechtssprechung, die Frage, wer im Einzelfalle Verfahrensbeteiligter ist nach *materiellen* Gesichtspunkten. Denn nach st. Rspr. des BAG[14] muß die Frage, wer Beteiligter in einem arbeitsgerichtlichen Beschlußverfahren ist, nach dem materiellen Recht beantwortet werden. Das BAG leitet diese Auffassung aus § 83 Abs. 1 ArbGG ab[15]. § 83 Abs. 1 ArbGG sagt jedoch nur, daß außer Arbeitgeber und Arbeitnehmer auch die Stellen zu hören sind, die nach dem BetrVG, dem Mitbestimmungsgesetz, dem BetrVG 1952 und den zu diesen Gesetzen ergangenen Rechtsverordnungen im einzelnen Falle beteiligt sind, nicht jedoch wer im Einzelfalle nach diesen Gesetzen und den dazu erlassenen Rechtsverordnungen beteiligt ist.

Nach st. Rspr. des BAG ist Beteiligter eines konkreten arbeitsgerichtlichen Beschlußverfahrens diejenige Person oder Stelle, deren betriebsverfassungsrechtliche Interessen von der zu erwartenden Entscheidung unmittelbar betroffen oder berührt werden[16].

Damit ist wohl nach Auffassung des BAG nicht nur ausgesagt, wer im Sinne des § 83 Abs. 1 ArbGG nach dem BetrVG, dem Mitbestimmungsgesetz, dem BetrVG 1952 und den zu diesen Gesetzen ergangenen Rechtsverordnungen im einzelnen Falle beteiligt (also materiell unmittelbar betroffen) ist, sondern zugleich auch, daß nur diese unmittelbar Betroffenen auch Verfahrensbeteiligte sind. Dies ergibt sich eindeutig auch aus dem Beschluß des BAG vom 5. 2. 1965[17], wo es ausführte, daß Gesamtbetriebsratsmitglieder nicht deshalb Verfahrensbeteiligte geworden seien, weil sie als solche in der Vorinstanz bezeichnet wurden (und auch aufgetreten sind), sondern wer Beteiligter sei, ergäbe sich allein aus dem Gesetz. Als Verfahrensbeteiligter wird damit nicht derjenige

---

[13] BAG 2, 97.

[14] BAG AP Nr. 2 zu § 81 BetrVG 52; AP Nr. 1 zu § 56 BetrVG 52 Urlaubsplan.

[15] Vgl. neuerdings ausdrücklich: BAG AP Nr. 9 zu § 37 BetrVG; AP Nr. 2 zu § 65 BetrVG; früher: AP Nr. 2 zu § 81 BetrVG 52.

[16] Als Auswahl: BAG AP Nr. 6, 11, 18 zu § 76 BetrVG 52; AP Nr. 2 zu § 81 BetrVG 52.

[17] AP Nr. 1 zu § 56 BetrVG 52 Urlaubsplan unter Hinweis auf BAG AP Nr. 11 zu § 76 BetrVG 52.

anerkannt, der tatsächlich am Verfahren teilnimmt, sondern nur der, der materiell an dem der Entscheidung zugrunde liegenden Sachverhalt beteiligt ist[18].

Das BAG ging damit bei den Verfahrensbeteiligten nicht von einem formellen Verfahrensbeteiligtenbegriff aus, sondern von einem Beteiligtenbegriff im materiellen Sinne[19].

Während der formelle Partei- bzw. Beteiligtenbegriff davon ausgeht, daß Partei bzw. Beteiligter jede Person oder Stelle ist, die tatsächlich in einer von der Verfahrensordnung vorgesehenen Rolle am Verfahren teilnimmt, ohne Unterschied ob materiell betroffen oder nicht, so geht im Gegensatz hierzu der ursprüngliche Partei- bzw. Beteiligtenbegriff im materiellen Sinne davon aus, daß Partei bzw. Beteiligter nur diejenige Person oder Stelle ist, deren Stellung oder Rechte und Pflichten durch die zu erwartende oder bereits erlassene gerichtliche Entscheidung unmittelbar betroffen wird, also materiell beteiligt ist. Hier gehört die Frage der materiellen Beteiligung am Streitgegenstand zur Frage der Verfahrensbeteiligung selbst. Verfahrensbeteiligter kann damit grundsätzlich nur sein, wer materiell (am Streitgegenstand) beteiligt ist[20].

Nach dem formellen Beteiligtenbegriff ist dagegen der am Verfahren Teilnehmende nicht Beteiligter um irgendeiner materiellen Rechtsstellung willen, sondern dieser ist am Verfahren beteiligt aufgrund der Klage bzw. des Antrages ohne Rücksicht auf das materielle Recht[21].

Das BAG ging jedoch von Anfang an nicht bei allen Verfahrensbeteiligten von einem materiellen Verfahrensbeteiligtenbegriff aus. Auch wenn das BAG dies nie in einem seiner Beschlüsse ausdrücklich ausgesprochen hat, so ging und geht es beim Antragsteller von einem formellen Verfahrensbeteiligtenbegriff aus. Als Antragsteller wird eben derjenige hingenommen, der tatsächlich einen Antrag gestellt hat. Das BAG prüft also nicht, wer Antragsteller ist, sondern wer antragsberechtigt ist[22], dies im Gegensatz zu den übrigen Beteiligten, wo es zumindest

---

18 Vgl. auch BAG AP Nr. 2 zu § 81 BetrVG 52.

19 Vgl. BAG AP Nr. 2 zu § 81 BetrVG Leitsatz Nr. 1: „Der einzelne AN eines Betriebes ist nur dann am Beschlußverfahren beteiligt, wenn es sich um seine Stellung als Mitglied der Belegschaft handelt."

Vgl. BAG AP Nr. 1 zu § 56 BetrVG 52 Urlaubsplan, wonach jemand nicht dadurch, daß er zu Unrecht vom Gericht zum Verfahren hinzugezogen wurde, Verfahrensbeteiligter werden kann.

20 Für den Bereich der fG: vgl. *Kollhosser*, S. 29 mit Nachweisen in Fußnote 71; *Lüke*, ZZP 76, 6: „nur Subjekte des streitigen Rechtsverhältnisses wären als Parteien anzusehen."

21 *Habscheid*, S. 73.

22 St. Rspr.: vgl. BAG 2, 97; AP Nr. 6 u. 10 zu § 81 ArbGG.

früher geprüft hat, wer „Beteiligter" ist, nicht dagegen, wer „beteiligungsberechtigt" ist. Das BAG nimmt also jemanden, der einen Antrag gestellt hat, in der Rechtsposition als Antragsteller hin, eröffnet daraufhin das Verfahren und trennt von der Frage, wer Antragsteller ist, die Frage, ob der Antragsteller auch antragsberechtigt, d. h. richtiger Antragsteller ist. Dies entspricht dem formellen Parteibegriff in den Verfahren nach der ZPO, VwGO, FGO und dem SGG, wo der Kläger danach bestimmt wird, wer als Kläger auftritt, und davon die Frage getrennt wird, ob er prozeßführungs- bzw. klagebefugt ist. Der Antragsteller wird danach rein durch den formellen Akt der Antragstellung Verfahrensbeteiligter. Antragsteller und damit Verfahrensbeteiligter ist also selbst derjenige, dessen Stellung, Rechte und Pflichten durch die zu erwartende oder bereits erlassene gerichtliche Entscheidung gar nicht betroffen wird, der also materiell durch den der Entscheidung zugrunde liegenden Sachverhalt nicht berührt ist. Bei den übrigen Beteiligten außer dem Antragsteller wird dagegen die Frage, wer Verfahrensbeteiligter ist, mit der Frage verquickt, wer materiell beteiligt, also durch den der Entscheidung zugrunde liegenden Sachverhalt betroffen ist, und auch nur dieser als Verfahrensbeteiligter angesehen, nicht dagegen derjenige, der tatsächlich am Verfahren teilnimmt, der jedoch materiell durch den der Entscheidung zugrunde liegenden Sachverhalt nicht unmittelbar betroffen ist[23]. Dies gilt sogar für den Antragsgegner; denn Antragsgegner ist nach der Rechtssprechung des BAG nicht derjenige, der als solcher bezeichnet wird, sondern nur der vom Antrag tatsächlich materiell Betroffene[24]. Das BAG erkannte somit im arbeitsgerichtlichen Beschlußverfahren für die Verfahrensbeteiligten zwei Beteiligtenbegriffe an, einen formellen für den Antragsteller und einen materiellen für die übrigen Beteiligten[25].

bb) Neuere Rechtsprechung des BAG

Eine Änderung in der Rechtssprechung des BAG beim Begriff der Verfahrensbeteiligten hat wohl die Abhandlung von *Gerhard Müller*[26], dem Präsidenten des BAG, im Jahre 1972 bewirkt, worin er die Ausformung des arbeitsgerichtlichen Beschlußverfahrens durch die Rechtssprechung des BAG darstellt. Während das BAG bis zum Erscheinen dieser Abhandlung in den Beschlüssen, die sich mit den Verfahrensbeteiligten im arbeitsgerichtlichen Beschlußverfahren befassen, fast

[23] Vgl. BAG AP Nr. 1 zu § 56 BetrVG 52 Urlaubsplan.

[24] BAG AP Nr. 14 zu § 18 BetrVG 52; AP Nr. 11 zu § 76 BetrVG 52; AP Nr. 1 zu § 24 BetrVG 52.

[25] So auch *Bötticher*, Anm. zu AP Nr. 2 zu § 81 BetrVG 52.

[26] „Die Ausformung des arbeitsgerichtlichen Beschlußverfahrens durch die Rechtssprechung des BAG", Arbeitsrecht der Gegenwart 1972. 23 ff.

ausnahmslos[27] von der Fragestellung ausgeht, wer Beteiligter im Beschlußverfahren ist[28], versteht *Müller*, ohne auf diesen Umstand hinzuweisen, das BAG so, daß es damit nicht die Frage untersucht hat, wer Beteiligter, sondern wer beteiligungsberechtigt ist. So führt *Müller*[29] aus, daß nach der st. Rspr. des BAG diejenige Stelle oder Person *befugt* sei, Beteiligter eines konkreten Beschlußverfahrens zu sein, deren betriebsverfassungsrechtliche Interessen durch eben dieses Beschlußverfahren unmittelbar berührt werden, während jedoch in den von *Müller* zur Belegung zitierten Entscheidungen nicht von der *Befugnis* gesprochen wird, Beteiligter zu sein, sondern davon, *wer Beteiligter ist.*

Der Unterschied zwischen der Rechtssprechung des BAG und den Ausführungen *Müllers* liegt zwar sprachlich nur in der Einführung des Wortes „befugt", bedeutet aber inhaltlich einen enormen prozessualen Unterschied. Denn damit könnte man annehmen, daß das BAG nun in Übereinstimmung mit den Verfahren nach der ZPO, VwGO, FGO, des SGG und entsprechend dem Antragsteller im Beschlußverfahren die Frage, wer beteiligungsbefugt und damit wer richtiger Beteiligter ist, von der Frage trennt, wer tatsächlich am Verfahren beteiligt ist, unabhängig davon, ob dieser zu Recht oder zu Unrecht am Verfahren beteiligt ist.

Es war wohl diese Abhandlung *Müllers*, die diese Änderung der Rechtssprechung zumindest des BAG herbeiführte, nachdem der Ansatzpunkt dazu im Beschluß des BAG vom 18. 3. 1964[30] von der Rechtssprechung selbst nicht weiterentwickelt wurde. Erst im Beschluß vom 16. 2. 1973[31] hat das BAG wieder den Begriff Beteiligungsbefugnis gebraucht und nicht mehr geprüft, wer am Verfahren beteiligt ist, sondern wer beteiligungsbefugt ist.

Das BAG hat diese Rechtssprechung u. a. in den Beschlüssen vom 27. 11. 1973, 18. 12. 1973, 29. 1. 1974, 5. 3. 1974, 10. 5. 1974, 17. 9. 1974 und 27. 11. 1974 fortgesetzt[32]. Damit hat es die Frage, wer im Verfahren Beteiligter ist, von der Frage getrennt, wer richtiger Verfahrensbeteiligter ist, und damit praktisch auch für die übrigen Beteiligten den formellen Beteiligtenbegriff vertreten. Damit ist Verfahrensbeteiligter der, der im Verfahren auftritt, richtiger Verfahrensbeteiligter jedoch

---

27 Ausnahme: BAG AP Nr. 1 zu § 45 BetrVG 52.

28 BAG AP Nr. 2 zu § 81 BetrVG 52; AP Nr. 6, 11, 21 zu § 76 BetrVG 52; AP Nr. 2 zu § 88 BetrVG 52; AP Nr. 3 zu § 4 BetrVG 52; AP Nr. 14 zu § 2 TVG; AP Nr. 4 zu § 63 BetrVG 52.

29 (I) S. 36.

30 BAG AP Nr. 1 zu § 45 BetrVG 52.

31 BAG AP Nr. 1 zu § 19 BetrVG.

32 EzA § 23 BetrVG Nr. 1; EzA § 37 BetrVG Nr. 20; EzA § 40 BetrVG Nr. 12; EzA § 5 BetrVG Nr. 7; EzA § 65 BetrVG Nr. 4; EzA § 116 BetrVG Nr. 1; AP Nr. 4 zu § 40 BetrVG.

nur der, der auch beteiligungsbefugt ist. Der Begriff des Verfahrensbeteiligten wird damit von materiellen Elementen freigehalten.

Das BAG hat aber auch nach dem richtungsändernden Beschluß vom 16. 2. 1973 die neue Terminologie nicht konsequent eingehalten. So hat es in den am 6. 4. 1973[33] und 6. 11. 1973[34] ergangenen Beschlüssen ebenso wie nach der früheren Rechtssprechung geprüft, wer beteiligt ist, nicht wer beteiligungsbefugt ist. Dies ebenso in den Beschlüssen vom 22. 5. 1973, 18. 9. 1973, 9. 10. 1973 und 27. 11. 1973[35].

Einige Arbeitsgerichte scheinen die Änderung in der Rechtsprechung des BAG entweder nicht bemerkt zu haben oder nicht mitmachen zu wollen. So hat das ArbG Berlin am 5. 2. 1975[36] noch ausdrücklich geprüft, wer Beteiligter ist, nicht dagegen, wer beteiligungsbefugt ist: „Wer beteiligt in einem arbeitsgerichtlichen Beschlußverfahren ist, ergibt sich aus der Rechtsordnung. Allgemein läßt sich sagen, daß als Beteiligter stets diejenige Person oder Stelle anzusehen ist, die nach materiellem Recht unmittelbar von der Verfahrensentscheidung betroffen wird."

b) Arten der Beteiligten

Eine Regelung unterschiedlicher Verfahrenssubjekte, wie z. B. in der VwGO, der FGO und im SGG[37] ausdrücklich normiert, enthält das arbeitsgerichtliche Beschlußverfahren nicht. Dieses gliedert die Beteiligten nicht auf, sondern nimmt allenfalls den Antragsteller aus dem Kreis der Beteiligten heraus.

aa) Antragsteller

Daß im arbeitsgerichtlichen Beschlußverfahren ein Antragsteller vorhanden sein muß, ergibt sich aus § 81 Abs. 1 ArbGG, da das Verfahren nur auf Antrag eingeleitet wird und nicht von Amts wegen. Die verfahrensrechtliche Position eines Antragstellers ist daher auch von der Rechtssprechung anerkannt[38].

bb) Antragsgegner

Da im Beschlußverfahren ein Antragsteller vorhanden ist, bietet es sich an zu fragen, ob diesem Antragsteller ein Antragsgegner gegenübersteht, gegen den sich der Antrag und der sich gegen den Antrag

---

[33] EzA § 99 BetrVG Nr. 4.

[34] AP Nr. 6 zu § 37 BetrVG.

[35] EzA § 38 BetrVG Nr. 4; EzA § 80 BetrVG Nr. 4; EzA § 37 BetrVG Nr. 4; DB 1974, 731.

[36] DB 1975, 652.

[37] § 63 VwGO; § 57 FGO; § 69 SGG.

[38] Vgl. nur BAG 2, 97; AP Nr. 14 zu § 18 BetrVG 52; AP Nr. 4 und 5 zu § 94 ArbGG; AP Nr. 2 zu § 2 BetrVG; BVerwG Personalvertretung, 1959, 209.

richtet, entsprechend der Situation in den Verfahren nach der ZPO, VwGO, FGO und dem SGG, wo dem Kläger als prozessualer Gegner der Beklagte notwendigerweise gegenübersteht.

Bei dieser Frage sind jedoch die in der Rechtssprechung vertretenen Ansichten alles andere als einheitlich und klar. So ist es Rechtsprechung der Verwaltungsgerichte[39], daß es zur Durchführung eines arbeitsgerichtlichen Beschlußverfahrens eines Antragsgegners nicht bedarf. Das BVerwG ist sogar der Ansicht, daß der Begriff des Antragsgegners dem Beschlußverfahren ohnehin fremd ist[40], „was jedoch nicht hindere, daß bei entgegenstehenden Interessen ein Beteiligter praktisch in die Rolle eines Antragsgegners hineingestellt ist oder im Laufe des Verfahrens in diese Rolle hineinwächst und deshalb auch als Antragsgegner bezeichnet wird".

Diese Ansicht wird, soweit überhaupt, damit begründet, daß im Beschlußverfahren keine Parteien wie in den Verfahren nach der ZPO, VwGO, FGO und dem SGG auftreten, sondern daß es sich dabei um ein rein objektives Verfahren handele, ähnlich der abstrakten Normenkontrolle[41], und daß das Verfahren weniger der Feststellung streitiger Leistungsansprüche als vielmehr in der Regel der Abgrenzung gegenseitiger betriebs- und personalverfassungsrechtlicher Kompetenzen diene[42]. Im Ergebnis derselben Ansicht ist auch das LAG Frankfurt[43], das jedoch das Beschlußverfahren mit dem Verfahren der freiwilligen Gerichtsbarkeit vergleicht, das ebenfalls nicht auf dem Zweiparteiensystem aufgebaut sei. Dies hänge damit zusammen, daß die Zahl der Beteiligten nicht fest begrenzt sei und diese sich auch häufig nicht mit gegensätzlichen Interessen oder Rechtsbehauptungen gegenüberstehen. Auch bräuchten nicht einander widersprechende Anträge vorliegen. Es könne sogar vorkommen, daß Beteiligte im Einvernehmen miteinander dem Gericht gegenüber handeln.

Aus dieser Auffassung läßt sich entnehmen, daß danach zwar ein Antragsgegner tatsächlich vorhanden sein und als solcher auftreten kann, dies jedoch nicht zwingend ist. Dieser Ansicht ist auch das OVG Lüneburg[44], das die tatsächliche Rolle eines Antragsgegners im Beschlußverfahren anerkennt, wenn es ausführt, daß es einer ständigen Übung des BAG und des BVerwG entspricht, im Rubrum des Beschlusses neben dem Antragsteller auch den eigentlichen Antragsgegner besonders kenntlich zu machen[45].

---

[39] BVerwG Personalvertretung, 1959, 209; OVG Münster, DÖV 1957, 832; OVG Lüneburg, DÖV 1957, 833.

[40] BVerwG Personalvertretung, 1959, 209.

[41] OVG Münster, DÖV 1957, 832.

[42] OVG Lüneburg, DÖV 1957, 833.

[43] ArbuR 1953, 315.

[44] DÖV 1957, 833.

[45] Ebenso RAG ARS 5, 322; 4, 339.

Unklar ist die Rechtssprechung des RAG; während es in ARS 10, 391 ausführte, daß es sich bei einer Anfechtung der Betriebsratswahl nicht um eine Klage gegen bestimmte Parteien, sondern um einen im Beschlußverfahren gemäß §§ 80 ff. ArbGG zu bescheidenden Antrag handele, bei dem es nicht von vornherein einen bestimmten Antragsgegner, sondern zunächst nur Beteiligte gäbe, so hat es in ARS 5, 508 noch ausdrücklich ausgeführt, daß in Wahlanfechtungsverfahren ein Anfechtungsgegner vorhanden sei[46].

Das BAG hatte zur Frage, ob ein Antragsgegner im Beschlußverfahren vorhanden ist, bis zu seinem Beschluß vom 8. 4. 1976[47] ausdrücklich noch nicht Stellung genommen. Es entsprach jedoch der ständigen Übung des BAG[48], im Beschlußverfahren von einem Antragsgegner zu sprechen und auch im Rubrum des Beschlusses den Antragsgegner besonders anzuführen.

Selbst wenn man aus den eben angeführten Beschlüssen des BAG die Ansicht entnehmen wollte, daß das arbeitsgerichtliche Beschlußverfahren die prozessuale Stellung eines Antragsgegners kennt, so liegt doch noch ein erheblicher Unterschied gegenüber der Stellung des Beklagten in den Verfahren nach der ZPO, VwGO, FGO und dem SGG vor, da es nach einhelliger Auffassung in der Rechtssprechung[49] Aufgabe des Gerichtes ist, die Beteiligten von Amts wegen zu ermitteln und jeweils zum Verfahren heranzuziehen. Aus dieser Auffassung könnte man die Konsequenz ziehen, daß es gleichgültig ist, ob der Antragsteller seinen Antrag gegen einen Antragsgegner richtet und einen solchen — vielleicht sogar falschen — benennt. Es ist nach dieser Auffassung nicht notwendig, im Antrag überhaupt einen Antragsgegner zu benennen. Diese Ansicht haben das BVerwG[50], das OVG Münster[51] und das OVG Lüneburg[52] ausdrücklich ausgesprochen. Dieser Ansicht scheint auch das BAG zu sein. Im Beschluß vom 7. 7. 1954[53] hat es im Falle der Anfechtung einer Betriebsratswahl, wobei der Antrag fälschlicherweise gegen den Wahlvorstand gerichtet wurde, und dieser im ersten und zweiten Rechtszuge als Antragsgegner auch behandelt wurde, ohne weiteres das Rubrum berichtigt. Zivilprozessual gesehen

---

46 Ebenso in ARS 5, 322; 4, 339.

47 1 ABR 84/74.

48 Vgl. BAG 2, 97; EzA § 76 BetrVG Nr. 1; EzA § 2 BetrVG Nr. 4 und 5; EzA § 5 BetrVG Nr. 4, 5 und 6; EzA § 19 BetrVG Nr. 1 und 2; zur Bezeichnung im Rubrum: vgl. BAG AP Nr. 1 zu § 24 BetrVG 52.

49 BAG AP Nr. 18 zu § 76 BetrVG 52; BVerwG Personalvertretung, 1959, 209.

50 Personalvertretung, 1959, 209.

51 DÖV 1957, 832.

52 DÖV 1957, 833.

53 AP Nr. 1 zu § 24 BetrVG 52.

hätte dies einen gewillkürten Parteiwechsel auf der Beklagtenseite bedeutet, der zunächst die Erklärung des Klägers nötig gemacht hätte, daß er die Klage nunmehr gegen den neuen Beklagten richte, und hätte gemäß § 269 Abs. 1 ZPO nach Beginn der mündlichen Verhandlung die Zustimmung des ursprünglich Beklagten erforderlich gemacht[54].

Im Beschluß vom 26. 10. 1962[55] hat das BAG ausgeführt, wer Beteiligter in einem Beschlußverfahren sei, ergebe sich allein aus dem Gesetz. Unerheblich sei deshalb, wenn jemand (in dem dort entschiedenen Falle der Wahlvorstand) in der Antragsschrift als Anfechtungsgegner bezeichnet und in den Vorinstanzen auch als solcher behandelt wird. Denn über die Beteiligtenstellung entscheide allein die wahre Rechtslage und nicht die falsche Bezeichnung im Prozeß.

Im Beschluß vom 24. 5. 1965[56] hat dies das BAG ganz deutlich ausgesprochen. Im Beschlußverfahren sei es nicht erforderlich, daß der Antragsteller von sich aus den von der Wahlanfechtung Betroffenen bezeichnet. Es reiche vielmehr aus, daß er dem Arbeitsgericht gegenüber erkläre, er fechte die Wahl an. Wenn es sonach nicht erforderlich sei, daß der materiell Betroffene (Betriebsrat) als Antragsgegner bezeichnet werde, so sei auch die unrichtige Angabe des Anfechtungsgegners unschädlich.

Im Beschluß vom 6. 4. 1976[57] dagegen ist das BAG von der verfahrensrechtlichen Notwendigkeit eines Antragsgegners ausgegangen; es hat den Antrag des Antragstellers als „unbegründet zurückgewiesen", weil er sich gegen den nicht in Frage kommenden Antragsgegner gerichtet hat. Eine Auslegung des Antrages gegen den richtigen Antragsgegner hat es ausdrücklich abgelehnt.

cc) Sonstige Verfahrensbeteiligte

Das BAG hat in den meisten Beschlüssen, die es im Beschußverfahren erlassen hat, ausdrücklich oder konkludent ausgeführt, daß es außer demjenigen, der den Antrag gestellt hat, (und eventuell demjenigen, gegen den sich der Antrag tatsächlich richtet) noch andere Beteiligte gibt[58]. Ob das BAG in einer fehlenden gesetzlichen Normierung einer Untergliederung der Beteiligten eine Gesetzeslücke sieht, geht aus der Rechtssprechung des BAG nicht ausdrücklich hervor. Jedoch scheint dies nicht der Fall zu sein, da das BAG nicht einmal einen materiellen Unterschied zwischen Antragsteller und anderen Beteiligten annimmt, indem (wenn das BAG hierzu richtig verstanden wird) es an die Beteiligtenstellung bzw. nach der neuen Nomenklatur an die Beteiligungs-

---

[54] Vgl. *Thomas / Putzo*, Vorbem. § 50 IV 3 a, bb.

[55] BAG AP Nr. 11 zu § 76 BetrVG 52 mit Anm. von *Küchenhoff*.

[56] AP Nr. 14 zu § 18 BetrVG 52.

[57] 1 ABR 84/74.

[58] Vgl. nur AP Nr. 1 zu § 83 ArbGG; AP Nr. 16 und 18 zu § 76 BetrVG 52.

berechtigung dieselben Anforderungen stellen will wie an die Antragsberechtigung. Denn anders kann man z. B. die Beschlüsse des BAG vom 28. 9. 1971, 16. 2. 1973, 26. 11. 1974, 29. 1. 1974, 27. 11. 1974, 27. 9. 1974 und vom 10. 5. 1974 wohl nicht verstehen, wo die Stellung des Beteiligten bzw. die Beteiligungsbefugnis mit der Antragsberechtigung gleichgesetzt wird, wie sich aus dem Satz „Beteiligt und damit antragsberechtigt" bzw. aus dem Satz „Beteiligungsbefugt und damit antragsberechtigt" ergibt[59].

Damit wären die Rollen als „nur" Beteiligter oder Antragsteller beliebig austauschbar und damit in der Rechtsposition nicht mehr unterschiedlich.

Aber die Rechtssprechung zu dieser Frage ist alles andere als klar; während man im Beschluß vom 5. 3. 1974[60] wiederum den Eindruck gewinnen kann, das BAG begreift die Beteiligungsberechtigung nur als Voraussetzung für die Antragsberechtigung, sie aber nicht gleichsetzt, sondern die Beteiligungsberechtigung als ein Minus gegenüber der Antragsberechtigung ansieht, so wird die Verwirrung vollständig, wenn das BAG im Beschluß vom 23. 4. 1971[61] und vom 13. 3. 1973[62] die Beteiligungs*fähigkeit* mit der Antragsberechtigung gleichsetzt[63].

Ein Ansatzpunkt für eine Untergliederung der übrigen Beteiligten außer Antragsteller und eventuell Antragsgegner hätte der Begriff der notwendigen Beteiligten sein können, den das BAG im Beschluß vom 26. 11. 1968[64], soweit ersichtlich, zum ersten Male gebrauchte.

Jedoch ist ein solcher Ansatzpunkt der Rechtssprechung des BAG nicht zu entnehmen; denn es ist feststehende Rechtssprechung, daß das Gericht verpflichtet ist, von Amts wegen die Beteiligten zu ermitteln[65], und daß ein Beteiligungsberechtigter, der vom Gericht irrtümlicherweise nicht zum Verfahren hinzugezogen wurde, selbständig Rechtsmittel einlegen kann[66], dies selbst dann, wenn für den Beteiligungsbefugten keine Antragsbefugnis bestand[67]. Denn nach Auffassung des

59 AP Nr. 1 zu § 19 BetrVG; AP Nr. 6 zu § 20 BetrVG; AP Nr. 9 zu § 37 BetrVG; AP Nr. 4 zu § 40 BetrVG; AP Nr. 8 zu § 40 BetrVG; AP Nr. 2 zu § 65 BetrVG.

60 EzA § 5 BetrVG Nr. 7.

61 SAE 1972, 229.

62 AP Nr. 1 zu § 87 BetrVG.

63 „beteiligungsfähig und damit antragsberechtigt"; jedoch dürfte es sich hier um einen Lapsus handeln.

64 AP Nr. 18 zu § 76 BetrVG 52 = SAE 1969, 232 mit Anm. von *Buchner;* neuerdings BAG v. 13. 7. 1977, 1 ABR 19/75.

65 AP Nr. 18 zu § 76 BetrVG 52.

66 AP Nr. 10 und 18 zu § 76 BetrVG 52.

67 SAE 1972, 125 mit Anm. von *Buchner.*

BAG beginnt, so lange die Zustellung der Entscheidung nicht an alle Beteiligte bewirkt ist, die Rechtsmittelfrist wenigsten für diejenigen Beteiligten nicht zu laufen, an die noch keine Zustellung erfolgt ist. So lange keine formelle Rechtskraft eingetreten sei, könne auch keine materielle Rechtskraft eintreten[68]. Aus dieser Rechtssprechung ergibt sich, daß das BAG die Beteiligten bzw. die Beteiligungsberechtigten immer auch als notwendige Beteiligte des konkreten Beschlußverfahrens ansieht[69]. Damit ist ausgesagt, daß es nach der Ansicht des BAG überhaupt nur notwendig Beteiligte gibt und nicht, daß die notwendig Beteiligten in einem Gegensatz stehen würden zu nur fakultativ Beteiligten. Es ist damit kein Beteiligtenpaar herausgebildet, wie es in der VwGO in den notwendigen und einfachen Beigeladenen besteht.

Jedoch ist die Rechtssprechung des BAG nicht ganz einheitlich. So hat das BAG im Beschluß vom 6. 8. 1963[70] im Gegensatz zum Beschluß vom 26. 11. 1968[71], wo es die Pflicht des Gerichtes anerkannte, Beteiligungsberechtigte zum Verfahren hinzuzuziehen, das Gericht nicht für verpflichtet gehalten, die beteiligungsberechtigte Gewerkschaft zum Verfahren hinzuzuziehen, sondern nur deren Recht festgestellt, von sich aus am Verfahren teilzunehmen. Hieraus könnte man versucht sein zu entnehmen, daß es doch einen Unterschied zwischen den Beteiligten gibt, nämlich denjenigen, die notwendigerweise hinzugezogen werden müssen, und denjenigen, die nicht hinzugezogen werden müssen, sondern von deren Willen es abhängt, ob sie selbst dem Verfahren beitreten. Jedoch hat das BAG auch in dem Beschluß vom 30. 8. 1963 ausdrücklich die Rechtsmittelbefugnis der nicht hinzugezogenen Gewerkschaft bejaht, so daß auch hier die Gewerkschaft als notwendige Beteiligte angesehen werden muß, so daß sich im Ergebnis auch hier ein Unterschied in der Beteiligtenstellung nicht feststellen läßt.

Es ist also aus der Rechtssprechung des BAG nicht klar ersichtlich, ob verfahrensrechtlich ein Unterschied zwischen Antragsteller und sonstigen Beteiligten besteht, und wenn ja, ob unter den sonstigen Beteiligten eine weitere Aufgliederung vorgenommen werden muß.

2. Literatur

a) Beteiligtenbegriff

aa) Ältere Literatur

Auch die ältere Literatur bestimmt nach materiellen Gesichtspunkten, wer Verfahrensbeteiligter ist.

---

[68] BAG AP Nr. 18 zu § 76 BetrVG 52.

[69] *Müller* G., (I) S. 38; *Dütz,* DB 1972 Beilage 17, 13.

[70] AP Nr. 2 zu § 88 BetrVG 52.

[71] AP Nr. 18 zu § 76 BetrVG 52.

Wer im konkreten Fall Beteiligter ist, ergäbe sich jeweils aus dem Sachverhalt, d. h. aus dem durch den Antrag der Entscheidung des Gerichts unterbreiteten Bereich, ergäbe sich aus den dem jeweiligen Falle zugrunde liegenden Vorschriften des BetrVG und den dazu erlassenen Rechtsverordnungen[72]. Beteiligt sei jeder, dessen Rechtsposition unmittelbar betroffen wird[73].

Auch hier wird die Frage, wer Verfahrensbeteiligter ist, mit der Frage verknüpft, wer materiell an dem der Entscheidung zugrunde liegenden Sachverhalt beteiligt ist, und damit ein materieller Verfahrensbeteiligtenbegriff vertreten.

Dagegen wird auch die Frage, wer Antragsteller ist, einhellig formell danach bestimmt, wer einen Antrag gestellt hat. Es wird somit wie auch vom BAG zwischen dem Begriff des Antragstellers und der Antragsberechtigung getrennt. So sprechen die Kommentare von *Dersch / Volkmar, Dietz / Nikisch* und *Rohlfing / Rewolle*[74] ausdrücklich davon, wer Antragsberechtigter ist, und trennen damit diese Frage von der Frage, wer Antragsteller ist[75]. Damit wurde auch in der älteren Literatur ein doppelter Beteiligtenbegriff für die Verfahrensbeteiligten vertreten[76].

bb) Neuere Literatur

Einen Wandel im Beteiligtenbegriff hat die Abhandlung *Müllers* nicht nur in der Rechtssprechung, sondern auch in der Literatur herbeigeführt. So spricht auch *Dütz*[77] in Übereinstimmung mit *Müller* von Beteiligungsbefugnis und setzt diese mit der Prozeßführungsbefugnis gleich. Da aber im zivilprozessualen Verfahren nach heute einhelliger Ansicht die Frage der Prozeßführungsbefugnis streng von der Frage zu trennen ist, wer am Verfahren beteiligt ist, was rein nach formellen Kriterien bestimmt wird, so ergibt sich mit der Gleichsetzung von Beteiligungsbefugnis und Prozeßführungsbefugnis auch für das Beschlußverfahren dasselbe Ergebnis: nämlich wer am Verfahren beteiligt ist, bestimmt sich formal danach, wer in ihm auftritt, wogegen die Frage der Beteiligungsbefugnis die Frage beantwortet, ob jemand überhaupt berechtigt ist, als Beteiligter im Verfahren aufzutreten. Damit wird auch für das Beschlußverfahren der formelle Beteiligtenbegriff vertreten[78].

---

72 *Dietz / Nikisch*, § 83 Anm. 7; *Dersch / Volkmar*. § 83 Anm. 2.

73 *Dersch / Volkmar*, § 83 Anm. 2; *Dietz*, DRiZ 1954, 27.

74 § 81 Anm. 2; § 81 Anm. 8; § 81 Anm. 2.

75 Ebenso *Frauenkron*, S. 96; *Körnich*, S. 89; *Hueck / Nipperdey*, Bd. I S. 975.

76 Vgl. dazu *Bötticher*, Anm. zu AP Nr. 2 zu § 81 BetrVG 52.

77 DB 1972 Beilage 17, 13; Anm. zu BAG vom 30. 1. 1973, AR-Blattei XII E 58; Anm. in SAE 1975, 37; Anm. in AP Nr. 1 zu § 20 BetrVG; Anm. in SAE 1978, 5.

78 So auch *Kraft*, Anm. zu EzA § 5 BetrVG Nr. 7.

Auch *Buchner* vertritt für die Verfahrensbeteiligung einen formellen Beteiligtenbegriff, denn nichts anderes kann es bedeuten, wenn er in seiner Anmerkung in SAE 1969, 232 die formell Beteiligten von den materiell an dem der Entscheidung zugrunde liegenden Sachverhalt Beteiligten trennt.

Derselben Auffassung ist auch *Grunsky*[79], der bei Antragsteller und Antragsgegner von der Geltung der Grundsätze des formellen Parteibegriffes (Antragsteller ist, wer Rechtsschutz begehrt, während sich der Antragsgegner danach bestimmt, gegen wen Rechtsschutz begehrt wird) ausgeht. Jedoch entsteht bei *Grunsky* der Eindruck, daß er bei den von Antragsteller und Antragsgegner zu trennenden Beteiligten offensichtlich von einem materiellen Beteiligtenbegriff ausgeht, wenn er schreibt, daß entscheidendes Kriterium für deren Beteiligung die materielle Betroffenheit durch das Verfahren ist[80].

Erstaunlich ist jedoch, daß in der neueren Literatur zum Teil die Änderung der Rechtsprechung des BAG gar nicht bemerkt wurde; so verweist *Wichmann*[81] zur Begründung seiner These, daß sich grundsätzliche Änderungen in der Rechtssprechung des BAG nicht erkennen lassen, auf die beiden Beschlüsse des BAG vom 13. 7. 1955[82] und vom 26. 11. 1974[83]; während jedoch das BAG im Beschluß vom 13. 7. 1955 noch feststellte, daß die Frage, wer Beteiligter in einem arbeitsgerichtlichen Beschlußverfahren ist, nach dem materiellen Recht beantwortet werden müsse, spricht es dagegen im Beschluß vom 26. 11. 1974 von Beteiligungsbefugnis und Antragsbefugnis und führt aus, daß sich diese nach materiellem Recht bestimmen und trennt damit schlüssig die Frage, wer richtiger Verfahrensbeteiligter ist, von der Frage, wer am Verfahren tatsächlich beteiligt ist.

b) Arten der Beteiligten

Auch in der älteren Literatur fehlt es an einer tiefgreifenden und umfassenden Untersuchung darüber, ob es verschiedene Arten von Beteiligten im arbeitsgerichtlichen Beschlußverfahren gibt. Neuerdings haben sich jedoch insbesondere *Dütz, Wichmann* und auch *Grunsky* mit dem Problem der Beteiligten beschäftigt.

aa) Antragsteller

Genauso wie von der Rechtssprechung ist auch von der Literatur[84] einhellig die verfahrensrechtliche Position eines Antragstellers anerkannt.

---

[79] ArbGG § 80 Anm. 27.

[80] ArbGG § 83 Anm. 2.

[81] ArbuR 1975, 294.

[82] AP Nr. 2 zu § 81 BetrVG 52.

[83] AP Nr. 6 zu § 20 BetrVG.

[84] *Dietz / Nikisch*, § 81 Anm. 1 und 2; *Dersch / Volkmar*, § 81 Anm. 1; *Grunsky*, ArbGG § 80 Anm. 25 und 27.

bb) Antragsgegner

Die Frage, ob im arbeitsgerichtlichen Beschlußverfahren auch ein Antragsgegner notwendig vorhanden sein muß, wird dagegen nicht einheitlich beantwortet. Die überwiegende ältere Literatur[85] verneint die Notwendigkeit der Untergliederung der Beteiligten neben dem Antragsteller auch in einen Antragsgegner, wenn sie in Anlehnung an das RAG[86] meint, daß die Bezeichnung eines Antragsgegners keine rechtliche, insbesondere keine prozeßrechtliche Bedeutung habe, wenngleich es in der Praxis üblich sei, den Beteiligten, gegen den sich der Antrag richte, Antragsgegner zu nennen. *Schnorr v. Carolsfeld*[87] führt aus, daß es einen Antragsgegner im Beschlußverfahren technisch nicht geben kann. In jüngerer Zeit haben diese Ansicht auch noch *Frauenkron*[88] und *Grabendorff / Windscheid / Ilbertz*[89] vertreten. Danach ist ein Antragsgegner dem Beschlußverfahren als objektivem Nachprüfungsverfahren fremd, das nur einen das Verfahren in Gang setzenden Antragsteller und weitere Beteiligte kenne.

Diese Auffassung beruht im wesentlichen auch auf der in der Rechtsprechung vertretenen Ansicht[90], daß es im Beschlußverfahren nicht so sehr um die Durchsetzung von Ansprüchen gehe, sondern mehr um die objektive Verwirklichung und Durchsetzung der betriebsverfassungsmäßigen Ordnung[91]. Daher solle man in der arbeitsgerichtlichen Praxis die auf Gegensätzlichkeit hinweisenden Begriffe Antragsteller und Antragsgegner vermeiden und nur vom Antragsteller und den übrigen Beteiligten sprechen[92].

Nach dieser Auffassung obliegt die Ermittlung der Beteiligten daher auch nicht dem Antragsteller, sondern dem Gericht. Der Antrag des Antragstellers braucht sich daher nicht gegen einen bestimmten Beteiligten zu richten. Deshalb sei auch eine fehlerhafte Bezeichnung der Beteiligten durch den Antragsteller unschädlich[93].

Im krassen Gegensatz dazu steht die Meinung von *Grunsky*. Dieser sieht das Beschlußverfahren von seiner Struktur her als Zweiparteienverfahren an[94], da es auch im Beschlußverfahren um die Durchsetzung

---

85 *Dietz / Nikisch*, § 81 Anm. 23 und § 83 Anm. 27; *Dersch / Volkmar*, § 83 Anm. 2; *Engelhard / Ballerstedt*, § 85 Anm. 44; *Schneider*, AR-Blattei Arbeitsgerichtsbarkeit XII.

86 So *Dietz / Nikisch*, § 83 Anm. 27, die auf RAG ARS 10, 391 verweisen.

87 S. 497.

88 S. 94.

89 § 83 Anm. 34.

90 Vgl. nur BAG 3, 288.

91 Vgl. *Dersch / Volkmar*, § 80 Anm. 1; *Körnich*, S. 88.

92 *Frauenkron*, S. 94.

93 *Grabendorff / Windscheid / Ilbertz*, § 83 Anm. 31 in Anlehnung an OVG Hamburg, ZBR 1957, 300 u. BVerwG 5, 324; 8, 114.

94 ArbGG § 80 Anm. 15, 27.

subjektiver Rechte gehe[95]. Deshalb seien Beteiligte stets Antragsteller und Antragsgegner. Danach bestimmt der Antragsteller den Antragsgegner. Ob der Antragsteller ein Recht nur gegen einen oder gegen mehrere Antragsgegner geltend mache, hänge allein vom Inhalt des Antrages ab. Das Arbeitsgericht hat nach der Auffassung von *Grunsky* keine Möglichkeit, von sich aus weitere Beteiligte (gemeint sind hier wohl die Hauptverfahrensbeteiligten Antragsteller und Antragsgegner) zum Verfahren hinzuziehen.

cc) Sonstige Verfahrensbeteiligte

Auch in der älteren Literatur scheint man eine besondere Untergliederung der Verfahrensbeteiligten außer in Antragsteller und Antragsgegner nicht für nötig zu halten, zumal auch dort an die Beteiligung dieselben Anforderungen gestellt wurden wie an die Antragsberechtigung[96] und damit schon ein materieller Unterschied zwischen Antragsteller und den übrigen Beteiligten verneint wird. Der einzige Unterschied liegt danach in dem formellen Akt der Antragstellung.

Ein Ansatz zur Aufgliederung der Beteiligten findet sich in der älteren Literatur jedoch bei *Schnorr v. Carolsfeld*[97]. Nach ihm sind Beteiligte (als von einem Oberbegriff aus gesehen) all jene, die ein rechtlich beachtliches Interesse an dem Inhalt der gerichtlichen Entscheidung haben. Er unterscheidet dann diese Beteiligten in solche, die am Verfahren teilnehmen können, und in solche, die daran teilnehmen. Der ersten Gruppe rechnet er diejenigen zu, für welche die gerichtliche Entscheidung zwar von Bedeutung ist, denen aber kein subjektives Privatrecht durch die Entscheidung gekürzt werden könne, sondern die nur ein rechtliches Interesse an der Entscheidung haben. Diese nennt er freie Beteiligte. Der zweiten Gruppe werden dagegen diejenigen zugerechnet, bei denen ein subjektives Recht in Frage steht, sei es, daß um ein solches gestritten wird wie in einem normalen Streitverfahren, oder sei es, daß nur einseitig das Recht dem Beteiligten abgesprochen werden soll. Diese letzte Gruppe bezeichnet *Schnorr v. Carolsfeld* als notwendig Beteiligte; er sieht in ihnen diejenigen Personen, die in einem echten Streitverfahren als Kläger und Beklagte auftreten würden.

Diese Unterscheidung der Beteiligten baut somit auf der Unterscheidung subjektives Recht — kein subjektives Recht (sondern lediglich rechtliches Interesse) auf.

---

[95] ArbGG § 80 Anm. 3.

[96] *Dietz / Nikisch*, § 81 Anm. 8.

[97] S. 497 f.

Dagegen wird eingewandt[98], daß im arbeitsgerichtlichen Beschlußverfahren keine subjektiven Rechte in Rede stehen. Das Beschlußverfahren sei ein Verfahren, bei dem es weniger um subjektive Rechte und Rechtsstellungen als vielmehr um die Verwirklichung einer bestimmten betriebsverfassungsrechtlichen Ordnung als solcher gehe. Wird somit die Unterscheidung subjektives Recht — rechtliches Interesse abgelehnt, so ergibt sich damit zwangsläufig auch die Ablehnung der Unterscheidung von Beteiligten, die auf einem Begriffsgegensatz subjektives Recht — rechtliches Interesse beruht.

In der neueren Literatur[99] wird der Begriff des notwendig Beteiligten gebraucht, in Anlehnung an die Rechtssprechung des BAG[100]. Fraglich ist, ob damit eine Untergliederung unter den übrigen Beteiligten vorgenommen wurde, wie zum Beispiel in der VwGO, wo dem notwendig Beigeladenen der einfache Beigeladene gegenübersteht.

Als notwendig Beteiligter des Beschlußverfahrens wird angesehen, „wer zum Kreis derjenigen zu rechnen ist, die durch den Ausgang des Beschlußverfahrens betroffen werden“[101]. Da jedoch in Anlehnung an die st. Rspr. des BAG antrags- und beteiligungsbefugt ist, wer durch die arbeitsgerichtliche Entscheidung betroffen wird[102], so sind danach die Antrags- und Beteiligungsberechtigten stets zugleich notwendig Beteiligte[103]. Der Begriff notwendig Beteiligter steht damit in keinem Gegensatz zum fakultativ Beteiligten.

Auch wird sonst in der neueren Literatur keine besondere Untergliederung der Beteiligten vorgenommen. Auch die Dissertationen von *Frauenkron* und *Körnich*[104] über das arbeitsgerichtliche Beschlußverfahren trennen nur zwischen Antragsteller und sonstigen Beteiligten, gliedern aber die sonstigen Beteiligten nicht auf.

Grunsky[105] geht zwar von verschiedenen Beteiligtenkategorien aus, wobei er zwischen den Beteiligten, die Rechtsschutz begehren bzw. gegen die Rechtsschutz begehrt wird und die den Parteien im Urteilsverfahren entsprechen (also Antragsteller und Antragsgegner), und den Beteiligten im weiteren Sinne trennt, die zwar gehört werden müssen, § 83 Abs. 1 ArbGG, die aber über das Verfahren nicht disponieren kön-

---

98 *Dersch / Volkmar*, § 83 Anm. 2.

99 Vor allem *Dütz* gebraucht den Begriff des „notwendig Beteiligten“: DB 1973 Beilage 17, 13; SAE 1975, 40; Anm. zu BAG AP Nr. 17 zu § 37 BetrVG; Anm. zu AP Nr. 1 zu § 20 BetrVG; Anm. zu BAG vom 30. 1. 1973 in AR-Blattei Arbeitsgerichtsbarkeit XII E 58.

100 Vgl. BAG AP Nr. 18 zu § 76 BetrVG 52.

101 *Dütz*, Anm. zu AP Nr. 17 zu § 37 BetrVG.

102 *Dütz*, Anm. zu AP Nr. 1 zu § 20 BetrVG.

103 Vgl. *Dütz* DB 1972 Beilage 17 S. 13; *Müller*, G., (I) S. 38.

104 *Frauenkron*, S. 102; *Körnich*, S. 100.

105 ArbGG § 80 Anm. 27, 28; § 83 Anm. 1 und 2.

nen; jedoch hat auch *Grunsky* diese weiteren Beteiligten außer Antragsteller und Antragsgegner nicht aufzugliedern versucht, sondern nur darauf hingewiesen, daß ihre verfahrensrechtliche Stellung wenig geklärt ist.

C. Begriff und Arten der Verfahrensbeteiligten in anderen Verfahrensordnungen

Eine Darstellung der Verfahrenssubjekte gerade im zivilprozessualen und in den Verfahren nach der VwGO, FGO, dem SGG und dem Verfahren der freiwilligen Gerichtsbarkeit scheint erforderlich, da das arbeitsgerichtliche Beschlußverfahren unterschiedlich sowohl als Verfahren der Verwaltungsgerichtsbarkeit, als auch als ein Verfahren der streitigen und freiwilligen Gerichtsbarkeit charakterisiert wurde[1] und aus dieser vergleichenden Gegenüberstellung auch Ansatzpunkte für die Lösung der Problematik der Verfahrensbeteiligten im arbeitsgerichtlichen Beschlußverfahren gewonnen werden können.

I. ZPO

1. Arten der Verfahrensbeteiligten

Die möglichen Verfahrenssubjekte im zivilprozessualen Verfahren sind in der ZPO ausdrücklich aufgeführt. Die Aufführung ist abschließend, weitere als in der ZPO aufgeführte Verfahrenssubjekte kennt der Zivilprozeß nicht. Die ZPO kennt verschiedene Verfahrenssubjektsrollen.

a) Hauptverfahrensbeteiligte

Die Hauptverfahrenssubjekte der ZPO sind die Parteien (vgl. 1. Buch, 2. Abschnitt der ZPO), die sich untergliedern in Kläger und Beklagter[2]. Sie müssen im zivilprozessualen Verfahren beteiligt sein, wenn es überhaupt zu einem Verfahren und zu einer Entscheidung kommen soll, da hier im Gegensatz zu Amtsverfahren das Verfahren nur durch Handlungen der Parteien zustandekommt, und es im zivilprozessualen Verfahren um Ansprüche geht, die einer gegen einen anderen geltend macht, mithin um eine prozessual konträre Stellung.

Es müssen also an jedem Prozeßrechtsverhältnis zwei Parteien beteiligt sein, die einander prozessual gegenüberstehen, nämlich Kläger und Beklagter. Es können aber auch nicht mehr als zwei Parteien an einem Prozeßrechtsverhältnis beteiligt sein; zwar kennt die ZPO durch

---

[1] Vgl. dazu *Körnich*, S. 24 ff.

[2] *Blomeyer*, S. 40; *Rosenberg / Schwab*, S. 182.

die Regelung der Streitgenossenschaft in § 59 die Mehrheit von Parteien in einem Verfahren, indem in einem Verfahren entweder mehr als ein Kläger oder mehr als ein Beklagter auftreten können; es bestehen aber dann mehrere Prozeßrechtsverhältnisse und Prozesse: nämlich soviele, wie sich jeweils Kläger und Beklagte gegenüberstehen, die nur in einem Verfahren zur gemeinsamen Verhandlung, Beweisaufnahme und Entscheidung verbunden sind[3].

b) Nebenverfahrensbeteiligte

Neben den Parteien kennt die ZPO noch die Beteiligung von Dritten am Verfahren, nämlich der Nebenverfahrensbeteiligten. Nebenverfahrensbeteiligte sind vornehmlich die Nebenintervenienten, §§ 66, 74 ZPO.

Der Prätendentenstreit, § 75 ZPO, und die Urheberbenennung, §§ 76, 77 ZPO, sind dagegen Fälle des Parteiwechsels und nicht der Nebenverfahrensbeteiligung. Keine Nebenverfahrensbeteiligung ist auch die Hauptintervention, § 64 ZPO, da sie einen selbständigen Prozeß, den sogenannten Interventionsprozeß begründet. Der Hauptintervenient ist am Hauptprozeß nicht beteiligt[4].

Ferner kennt die ZPO in § 640 e als Beteiligung Dritter am Rechtsstreit auch noch die Beiladung, deren Anwendung aber auf das Verfahren in Kindschaftssachen beschränkt ist; da die Beiladung in den übrigen Verfahren der ZPO keine Anwendung findet, kommt ihr für den Zivilprozeß keine größere Bedeutung zu.

2. Beteiligtenbegriff

a) Bezüglich der Partei

Auch die ZPO enthält keine Regelung darüber, wer im konkreten Verfahren Partei ist, und damit wer die der Partei zugeordnete Verfahrensposition innehat. Die Ausfüllung des Begriffes der Partei blieb somit auch hier der Rechtssprechung und Literatur überlassen.

In Rechtssprechung und Rechtslehre herrscht heute für den Zivilprozeß unangefochten ein *formeller Parteibegriff* vor. Wer Partei ist, wird nach formellen Kriterien bestimmt. Parteien sind danach im Zivilprozeß diejenigen Personen, von welchen und gegen welche Rechtsschutz vor Gericht begehrt wird[5]. Aus dem Inhalt der Klageschrift ergibt sich somit, wer die Parteien sind, §§ 253 Abs. 2 Ziffer 1, 130 Nr. 1 ZPO. Der formelle Parteibegriff ist unabhängig von der materiellen, d. h. der sachlich-rechtlichen Rechtsgestaltung[6]. Es ist somit für die

---

[3] Vgl. *Thomas / Putzo*, Vorbem. § 59 Anm. I.

[4] *Thomas / Putzo*, § 64.

[5] *Rosenberg / Schwab*, S. 182; *Blomeyer*, S. 40.

[6] *Rosenberg / Schwab*, S. 182.

Stellung als Partei unbeachtlich, ob dem Kläger der behauptete Anspruch zusteht oder nicht, und ob der Beklagte der wahre Verpflichtete ist oder nicht; allein entscheidend für die Stellung als Kläger ist es, daß er den Anspruch geltend macht und für die Stellung als Beklagter, daß gegen ihn der Anspruch geltend gemacht wird[7]. Allein daraus, daß der Kläger einen Anspruch geltend macht bzw. Rechtsschutz sucht, und zwar gegen den Beklagten, begründet sich die Parteieigenschaft der Prozeßsubjekte[8].

Vom Begriff der Partei ist jedoch streng zu unterscheiden, ob eine Partei partei- und prozeßfähig ist, und ob sie prozeßführungsbefugt ist. Dies sind Fragen, die nicht die tatsächliche Stellung als Partei betreffen, sondern Fragen der Zulässigkeit einer Klage derjenigen Person, die als Partei auftritt.

b) Bezüglich des Nebenintervenienten

Auch bei der Beteiligung Dritter am zivilprozessualen Verfahren ist es für das Verfahren wichtig zu wissen, wem die Rechtsposition als Nebenintervenienten zusteht. Die Bestimmung der Nebenintervention, § 66 ZPO, sagt zwar aus, wann der Dritte berechtigt ist, am Verfahren teilzunehmen, nämlich, wenn er ein rechtliches Interesse daran hat, daß in einem zwischen anderen Personen anhängigen Rechtsstreit die eine Partei obsiegt, sagt jedoch nicht aus, wer tatsächlich Nebenintervenient ist. Jedoch wird auch hier der Begriff des Nebenintervenienten heute formell bestimmt. Nebenintervenient ist, wer die Rolle des Nebenintervenienten übernimmt, wer sich als Dritter an der Führung eines fremden Rechtsstreites im eigenen Namen zur Unterstützung einer Partei durch eine Beitrittserklärung gemäß § 70 ZPO beteiligt, auch hier unabhängig davon, ob die persönlichen Prozeßvoraussetzungen wie Partei- und Prozeßfähigkeit und ob das rechtliche Interesse (die Interventionsbefugnis) tatsächlich gegeben sind; hier gilt nichts anderes als beim Parteibegriff. Ein Mangel bei den persönlichen Prozeßvoraussetzungen ist zwar von Amts wegen zu beachten[9] und führt zur Zurückweisung der Nebenintervention. Bis zur Zurückweisung ist der als Nebenintervenient Auftretende jedoch als Nebenintervenient anzusehen. Dies ergibt sich zumal aus § 71 ZPO, wo ausdrücklich festgehalten ist, daß der Nebenintervenient im Zwischenstreit an der mündlichen Verhandlung beteiligt ist. Aber auch wenn es zu keinem Zwischenstreit kommt, und das Gericht durch Beschluß wegen fehlender persönlicher Prozeßvoraussetzungen die Nebenintervention zurückweist, so ist bis zum Schluß die Stellung als Nebenintervenient gegeben, da der Nebenintervenient genauso wie der Kläger die Entscheidung durch sein Vorbringen beein-

---

7 *Rosenberg / Schwab*, S. 182; *Blomeyer*, S. 41.

8 *Henckel*, S. 17.

9 *Rosenberg / Schwab*, S. 226.

flussen kann und der Beschluß dem Nebenintervenienten gegenüber ergehen muß.

Für die Gewinnung der Stellung eines Nebenintervenienten ist somit der formelle Beitrittsakt als solcher entscheidend, ohne Rücksicht auf eine materielle Berechtigung. Die Berechtigung, d. h. die Interventionsbefugnis, ist eine vom Begriff des Nebenintervenienten zu trennende Frage, genauso wie vom Parteibegriff die Frage der Prozeßführungsbefugnis, nämlich die Frage, wer richtige Partei ist, zu trennen ist.

c) Bezüglich des Beigeladenen

Nicht anders ist auch die Situation bei der Beiladung gemäß § 640 e ZPO zu sehen. Beigeladener ist hier verfahrensrechtlich nur, wer tatsächlich beigeladen ist. Also wird der Begriff des Beigeladenen auch hier formell bestimmt.

II. VwGO, SGG, FGO

Die VwGO, das SGG und die FGO können gemeinsam behandelt werden, da sich beim Begriff der Beteiligten keine Abweichung und bei den Arten der Beteiligten nur geringfügige Abweichungen ergeben.

1. Arten der Verfahrensbeteiligten

Auch in der VwGO, FGO und im SGG sind die möglichen Verfahrenssubjekte aufgeführt. Die VwGO spricht in § 63, das SGG in § 69 und die FGO in § 57 ausdrücklich von Beteiligten. Hierbei handelt es sich um einen Oberbegriff, denn Beteiligte am Verfahren sind in diesen Verfahrensordnungen gleichlautend der Kläger, der Beklagte und der Beigeladene[10]. Da es in den Verwaltungsgerichtsverfahren einen Kläger und einen Beklagten gibt und diese am Verfahren beteiligt sein müssen, damit es zu einer Sachentscheidung kommt, sind diese die Hauptverfahrensbeteiligten[11].

Die Nebenverfahrensbeteiligten sind die Beigeladenen[12]. Die Beigeladenen sind „Dritte", die vom Gericht in einem zwischen Kläger und Beklagten anhängigen Rechtsstreit zugezogen werden[13]. Der Beigeladene wird nicht Partei, sondern bleibt Dritter in einem fremden Rechts-

---

[10] Abgesehen von der Sonderregelung in der VwGO mit dem Oberbundesanwalt oder dem Vertreter des öffentlichen Interesses, falls er von seiner Beteiligungsbefugnis Gebrauch macht, sowie in der FGO mit der Behörde, die dem Verfahren beigetreten ist.

[11] *Ule*, § 18 II 1.

[12] *Schlosser*, S. 191 f.; *Müller*, H., NJW 1954, 869.

[13] *Eyermann / Fröhler*, § 65 Anm. 1.

streit[14]. Zweck der Beiladung ist es, Dritte, deren rechtliche Interessen durch die Entscheidung in einem fremden Rechtsstreit berührt werden, am Verfahren zu beteiligen, um ihnen Gelegenheit zu geben, auf die Entscheidung des Gerichtes Einfluß zu nehmen, ferner um die Rechtskraft des zwischen den Hauptbeteiligten ergehenden Urteils auf die Dritten zu erstrecken, um damit der Prozeßökonomie und der Rechtssicherheit zu dienen, da somit widersprechende Entscheidungen über denselben Gegenstand verhindert werden können[15].

Die Beigeladenen werden unterschieden in einfache und notwendige Beigeladene, §§ 65 Abs. 1 und 2 VwGO, 75 Abs. 1 und 2 SGG, 60 Abs. 1 und 2 FGO. Eine notwendige Beiladung liegt vor, wenn nicht nur die rechtlichen Interessen des Beigeladenen durch die Entscheidung berührt werden, sondern wenn der Dritte an dem streitigen Rechtsverhältnis derart beteiligt ist, daß die Entscheidung auch ihm gegenüber nur einheitlich ergehen kann. Während der notwendig Beigeladene, der zwar ebenfalls nicht Partei ist, die Stellung einer Partei hat[16], indem er von den Parteianträgen abweichende Sachanträge stellen darf, § 66 VwGO, kann der einfach Beigeladene nur im Rahmen des Klageanspruches liegende Anträge stellen.

Der Kreis der Beteiligten ist in den Verfahrensordnungen der VwGO, FGO und des SGG abschließend geregelt[17]. Einen Nebenintervenienten kennen diese Verfahren nicht, da die Nebenintervention durch die einfache Beiladung ersetzt wird. Diese will diejenigen Sachverhalte regeln, für die die ZPO die Nebenintervention und die Streitverkündung vorsieht[18].

2. Beteiligtenbegriff

Die §§ 63 VwGO, 69 SGG und 57 FGO enthalten nicht nur eine Aufzählung der möglichen Verfahrenssubjekte, sondern beinhalten zugleich eine Regelung, wer im konkreten Verfahren Beteiligter ist. Die Beteiligten werden somit nach ganz einhelliger Meinung rein formell bestimmt. Beteiligt ist, wer eine der möglichen Beteiligtenrollen übernimmt. Beteiligter eines Verfahrens ist damit jeder, der eine Klage erhebt, gegen den sich die Klage richtet und der vom Gericht tatsächlich beigeladen wird[19].

Beim Beigeladenen ist dies vor allem deshalb interessant, weil dieser genauso wie der nichtantragstellende Beteiligte im arbeitsgerichtlichen

---

14 *Eyermann / Fröhler*, § 65 Anm. 1.

15 *Eyermann / Fröhler*, § 65 Anm. 1; *Ule*, § 22 I 1.

16 *Eyermann / Fröhler*, § 65 Anm. 1.

17 *Eyermann / Fröhler*, § 63 Anm. 1.

18 *Redeker / v. Oertzen*, § 66 Anm. 1; *Ule*, § 22 I 1; vgl. auch *Grunsky*, § 30 I 1.

19 *Ule*, § 18 II 1.

Beschlußverfahren zum Verfahren nur durch einen Gerichtsakt hinzugezogen wird. Trotzdem wurde der Beigeladene als Verfahrensbeteiligter immer nach formellen, nie nach materiellen Kriterien bestimmt. Beigeladener war also immer der, der tatsächlich beigeladen wurde, nicht der, dessen rechtliche Interessen durch die Entscheidung berührt werden. Die Frage, wer richtiger Beigeladener ist (Beiladungsberechtigung), wird von der Frage, wer Beigeladener ist, ebenso unterschieden wie im Zivilprozeß die Nebeninterventionsbefugnis von der Frage, wer Nebenintervenient ist. Das gleiche gilt auch in den öffentlich-rechtlichen Verfahrensordnungen für Kläger und Beklagten; auch hier wird die Frage, wer richtiger Kläger bzw. Beklagter ist, von der Frage, wer tatsächlich Kläger und Beklagter ist, getrennt.

III. Verfahren der freiwilligen Gerichtsbarkeit

1. Beteiligtenbegriff

In den Verfahren der freiwilligen Gerichtsbarkeit kennt man genausowenig wie im arbeitsgerichtlichen Beschlußverfahren den Begriff der Partei, sondern den der Beteiligten, wenngleich hier neben den dem klassischen Bereich der freiwilligen Gerichtsbarkeit angehörenden Rechtsfürsorgeangelegenheiten wie Vormundschaftssachen, Nachlaßsachen, Registersachen, Personenstandssachen und Beurkundungstätigkeit auch echte privatrechtliche und öffentlichrechtliche Streitigkeiten durchgeführt werden, wo es wie im zivilprozessualen Verfahren um die Durchsetzung echter subjektiver Rechte der Beteiligten geht[20].

Die Beteiligten sind die Verfahrenssubjekte in den Verfahren der freiwilligen Gerichtsbarkeit. Das FGG verwendet den Begriff des Beteiligten an verschiedenen Stellen[21], eine Begriffsbestimmung fehlt jedoch genauso wie im ArbGG für das arbeitsgerichtliche Beschlußverfahren. Auch hier war die Begriffsbestimmung somit Rechtssprechung und -lehre überlassen. Auch hier hatten es aber Rechtssprechung und -lehre wesentlich schwerer als im zivilprozessualen Verfahren, wo sich die Stellung der Parteien rein formell aus der Klageerhebung (§ 253 Abs. 2 Nr. 1 ZPO) und die Stellung des Nebenintervenienten rein formal aus der Einreichung eines Schriftsatzes (§ 70 ZPO) ergibt. Die Bestimmung der Verfahrensbeteiligten ist hier insoweit schwieriger, da in einigen Verfahren in der freiwilligen Gerichtsbarkeit eine Beteiligung am Verfahren nicht oder nicht nur durch Beteiligungsakte wie im zivil-

---

[20] Eine Aufzählung der echten Streitsachen befindet sich bei *Keidel*, § 12 Anm. 110.

[21] Vgl. §§ 6, 13, 13 a, 15 Abs. 2, 41, 86, 94, 97, 127, 132, 134, 138, 140, 142, 150, 151 - 153, 164, 165, 166 FGG.

prozessualen Verfahren, sondern durch Gerichtsbestimmung zustande kommt.

Zwar gilt auch in den echten Streitsachen, wo es um subjektive Rechte der Beteiligten geht und die damit eine dem Zivil- oder dem Verwaltungsprozeß entsprechende Sachlage aufweisen, ein formeller Beteiligtenbegriff, indem die Beteiligtenstellung rein formal aus der Antragstellung folgt: Antragsteller und Antragsgegner entsprechen hier dem Kläger und dem Beklagten im Zivil- bzw. im Verwaltungsprozeß[22]. Jedoch kann es auch hier vorkommen, daß vom Gericht von Amts wegen noch andere Personen hinzuzuziehen sind[23].

Anders als im Streitverfahren ist es im klassischen Bereich der freiwilligen Gerichtsbarkeit, den man als Rechtsfürsorge bezeichnen kann[24]. Diese Rechtsfürsorgeverfahren werden teils von Amts wegen und teils auf Antrag eingeleitet. In den Rechtsfürsorgeangelegenheiten geht es jedoch im Gegensatz zu den Streitverfahren nicht um subjektive private oder öffentliche Rechte, so daß sich auch in den Angelegenheiten, die nur auf Antrag eingeleitet werden, der Antrag nicht gegen jemanden zu richten braucht, sondern nur ein Verlangen an das Gericht darstellen kann, wenngleich durchaus dem Antragsteller jemand gegenübertreten kann, der sich gegen den Antrag richtet. In diesen Fällen müssen die Beteiligten durch das Gericht bestimmt werden. Formell wird in derartigen Antragsverfahren der Antragsteller bestimmt, die übrigen Beteiligten werden aber genauso wie in den Amtsverfahren, die eine Einleitung durch einen Antrag nicht kennen, durch einen *materiellen* Beteiligtenbegriff bestimmt.

Nach der bisher ganz h. M.[25] versagt hier bei der Bestimmung der übrigen Beteiligten der formelle Beteiligtenbegriff, da er nur Auskunft gibt, wer tatsächlich bereits am Verfahren beteiligt ist, und nicht, wer zum Verfahren hinzuzuziehen ist.

So führt *Bärmann*[26] aus, „Wer Rechtssubjekt eines Amtsverfahrens ist, läßt sich aus dem Formalakt einer Antragstellung nicht ableiten, weil es zur Verfahrenseinleitung keines Antrags bedarf. Aber auch in den Antragsverfahren des klassischen Bereiches der freiwilligen Gerichtsbarkeit kann der Formalakt der Antragstellung kein ausreichendes Kriterium für die Beteiligtenstellung sein. Aber selbst in den echten Streitsachen, wo wir in der Regel ein dem Zivilprozeß entsprechendes Streitverhältnis sich gegenüberstehender Beteiligter haben, reicht der formelle Beteiligtenbegriff nicht

---

[22] *Bärmann*, § 8 II; *Habscheid*, § 14 III 1.

[23] Vgl. *Bärmann*, § 8 III 1.

[24] *Habscheid*, § 6 I 2; *Bärmann*, § 4 I 2 b.

[25] *Baur*, § 12; *Bärmann*, § 8; *Habscheid*, § 14; *Keidel*, § 6 Anm. 14 - 18; *Jansen*, § 6 Anm. 5.

[26] § 8 III 1.

aus. So bestimmt etwa § 43 Abs. 4 Nr. 2 WEG ausdrücklich, daß im Streit eines Wohnungseigentümers mit dem Verwalter über dessen Rechte und Pflichten bei der Verwaltung des gemeinschaftlichen Eigentums alle Wohnungseigentümer beteiligt sind.“

Die Rechtssprechung und die h. M. in der Rechtslehre suchen das Problem, wer vom Gericht zu beteiligen ist, mit dem sogenannten materiellen Beteiligtenbegriff zu lösen. Jedoch wird dieser Begriff nicht einheitlich gebraucht. Die heute ganz einhellige Meinung sieht in Streit- und Antragsverfahren unter dem materiellen Beteiligtenbegriff das Kriterium dafür, wer vom Gericht am Verfahren beteiligt werden muß, wer sich beteiligen darf[27], also eine Frage der Verpflichtung des Gerichts zur Verfahrensbeteiligung des materiell am Streitgegenstand Beteiligten bzw. dessen Verfahrensbeteiligungsbefugnis, und nicht mehr eine Frage, wer tatsächlich Verfahrensbeteiligter ist. Denn Verfahrensbeteiligter kann auch sein, „wer ohne materielle Beteiligung (also zu Unrecht) in ein Verfahren hineingezogen wird oder in ihm z. B. durch Einlegung einer Beschwerde auftritt“[28]. Der Begriff der materiellen Beteiligung hat damit mit der Verfahrensbeteiligung an sich nichts mehr zu tun, und ist aus diesem ausgegliedert. Dagegen wird für das Amtsverfahren in Übereinstimmung mit dem ursprünglichen materiellen Parteibegriff im zivilprozessualen Verfahren noch zum Teil[29] die Ansicht vertreten, daß Verfahrensbeteiligter grundsätzlich nur sein kann, wer materiell (am Streitgegenstand) Beteiligter ist, womit der materielle Beteiligtenbegriff als Verfahrensbeteiligtenbegriff gebraucht wird. Hier wird die Frage der materiellen Beteiligung am Streitgegenstand mit der Frage verquickt, wer tatsächlich ein am Verfahren Beteiligter ist. Damit findet sich hier dieselbe Situation, wie zumindest in der älteren Rechtssprechung das BAG[30], wo ebenfalls die Frage der Verfahrensbeteiligung vom Vorhandensein der materiellen Beteiligung am Streitgegenstand abhängig gemacht wurde.

2. Arten der Verfahrensbeteiligten

Das Verfahren der freiwilligen Gerichtsbarkeit kennt im Gegensatz zur VwGO, FGO und zum SGG keine ausdrückliche Regelung oder Aufzählung von verschiedenen Beteiligtenarten. Es besteht hier die gleiche Situation wie im arbeitsgerichtlichen Beschlußverfahren. Die Möglichkeit und die Notwendigkeit einer Untergliederung der Beteiligten in verschiedene Arten von Beteiligten ist auch im Bereich der freiwilligen

[27] *Bärmann*, § 8 III 1; *Grunsky*, § 32 II 2; *Jansen*, § 6 Anm. 5.

[28] *Jansen*, § 6 Anm. 5; *Habscheid*, § 14 V; *Keidel*, § 6 Anm. 14.

[29] Vgl. *Kollhosser*, S. 29 Fußnote 71 mit weiteren Nachweisen.

[30] Vgl. BAG AP Nr. 2 zu § 81 BetrVG 52; AP Nr. 1 zu § 56 BetrVG 52 Urlaubsplan.

Gerichtsbarkeit bis in die jüngste Zeit nicht in stärkerem Maße erörtert worden[31].

Lediglich bei den echten privatrechtlichen Streitsachen, wo um subjektive Rechte gestritten wird und sich somit der Situation im Zivilprozeß entsprechend zwei Beteiligte oder zwei Gruppen von Beteiligten mit entgegengesetzten Interessen gegenüberstehen, ergibt sich somit schon notwendig eine Aufgliederung aus dem Beteiligtenkreis in Antragsteller und Antragsgegner. Eine weitere Aufgliederung des Beteiligtenkreises liegt darin, daß in der Rechtssprechung[32] und in der Literatur[33] die zivilprozessualen Bestimmungen über die Nebenintervention und Streitverkündung für entsprechend anwendbar gehalten werden. Das gleiche gilt entsprechend für die öffentlichrechtlichen Streitsachen im Rahmen der freiwilligen Gerichtsbarkeit, nur wird hierfür anstatt der Nebenintervention die Beiladung gemäß § 65 VwGO für entsprechend anwendbar gehalten[34] und damit eine Aufgliederung der Verfahrensbeteiligten in Kläger, Beklagter und Beigeladene erzielt.

Im klassischen Bereich der freiwilligen Gerichtsbarkeit wird aber die Verwendung der Rechtsfigur der Nebenintervention und der Beiladung abgelehnt[35], so daß auch hier der Ansatz zur Aufgliederung der Verfahrensbeteiligten, wie er in den Streitverfahren besteht, nicht vorhanden ist.

Einen bemerkenswerten Versuch, die Verfahrensbeteiligten aufzugliedern, hat in jüngster Zeit *Kollhosser*[36] unternommen. Er gliedert die Verfahrensbeteiligten unter in Antragsteller, Hauptverfahrensbeteiligte und Nebenverfahrensbeteiligte. Als Hauptverfahrensbeteiligte sieht er dabei diejenigen Personen an, die „Inhaber oder Wahrer von Interessen sind, die von der möglichen Entscheidung des Verfahrens so intensiv berührt werden, daß zu ihrem vollen Rechtsschutz wie zur Entlastung des Gerichts ihre Wahrnehmung in diesem Verfahren notwendig ist".

---

[31] Vgl. *Kollhosser*, S. 347.

[32] SchHOLG RdL 1955, 174; BGH 38, 110 = ZZP 77, 305 mit Anm. von *Fenn*.

[33] *Habscheid*, § 16 II; *Bärmann*, § 11 III; *Keidel*, § 12 Anm. 111; a. A. *Baur*, § 14 II, da jeder, dessen Rechtsposition durch die Entscheidung des Gerichts berührt werden könne, materiell Beteiligter sei und sich auch formell am Verfahren beteiligen könne; die Einführung des Institutes der Nebenintervention sei deshalb überflüssig; jedoch ist hierzu zu bemerken, daß von der überwiegenden Meinung (vgl. *Habscheid*, § 16 II; *Bärmann*, § 11 III) der Begriff der materiell Beteiligten so eng gefaßt wird, daß darunter schon nicht mehr diejenigen Personen fallen, die nur ein rechtliches Interesse i. S. v. § 66 ZPO haben. Da somit das rechtliche Interesse als ein minus gegenüber dem materiell Beteiligtsein angesehen wird, ist die Einführung der Nebenintervention konsequent.

[34] *Habscheid*, § 16 III; *Bärmann*, § 11 IV; *Keidel*, § 12 Anm. 112 l.

[35] *Bärmann*, § 11 III; *Habscheid*, § 16 II.

[36] S. 346 ff.

Nebenverfahrensbeteiligte sind dagegen diejenigen, „deren Beteiligung gerade an diesem Verfahren zwar zum Schutze der von ihnen wahrgenommenen Interessen nicht objektiv notwendig, wohl aber nützlich ist, um ihr Vertrauen in die Gerichtsbarkeit zu stärken und um die Gefahr eines weiteren Verfahrens zu verringern oder aus anderen, gleichwertigen Gründen“[37].

D. Die Partei- bzw. die Beteiligtenlehren

I. Entwicklungsgeschichte

Um entscheiden zu können, welchem Verfahrensbeteiligtenbegriff im Bereiche des arbeitsgerichtlichen Beschlußverfahrens der Vorzug zu geben ist, einem dualistischen, der zwischen Antragsteller und den übrigen Verfahrensbeteiligten trennt, einem einheitlich materiellen Beteiligtenbegriff oder einem einheitlich formellen Beteiligtenbegriff, ist ein kurzer Blick in die Entwicklungsgeschichte der Partei- bzw. Beteiligtenlehren anderer Verfahrensordnungen unerläßlich, weil die Entwicklungsgeschichte in anderen Verfahrensordnungen auch Aufschluß für das Beschlußverfahren geben kann.

1. ZPO

a) Materieller Parteibegriff

Wie die meisten, gesetzlich nicht definierten Begriffe hat auch der Parteibegriff einer fortwährenden Entwicklung unterlegen. Ausgehend vom römischen Recht bestand im germanischen Recht kein allgemeiner Justizgewährungsanspruch, sondern das materielle Recht verwirklichte sich allein in der actio, „d. h. in der Befugnis, für den Fall der Rechtsverletzung eine Klage zu erheben und vom Gericht Recht zu verlangen“[1]. Damit ging man von einer Einheit von materiellem Recht und Prozeßrecht aus; die Partei war zugleich Subjekt des Prozeßrechtsverhältnisses und des materiellen Rechtsverhältnisses[2]. Damit ergab sich aber die Schwierigkeit, daß mit der Erörterung der Frage, wer Partei ist, bereits die Prüfung der materiellen Rechtslage vorweggenommen werden mußte, obwohl zur materiellen Rechtslage erst verhandelt werden durfte, wenn feststand, daß der Auftretende Partei ist[3]. Um aus diesem Dilemma herauszukommen, wurde versucht, zwischen dem Bestehen des materiellen Rechtes und der subjektiven Berechtigung zu

[37] *Kollhosser*, S. 410.

[1] *Lüke*, ZZP 76, 6.

[2] *Henckel*, S. 15.

[3] *Heintzmann*, S. 3; *Lüke*, ZZP 76, 7.

unterscheiden[4]. Obwohl damit der materielle Parteibegriff von seiner Starrheit verloren hatte, war damit noch nicht das Problem gelöst, weshalb nach dem Gesetz[5] ein Nichtrechtsinhaber wirksam Kläger sein konnte.

b) Formeller Parteibegriff

Die Lösung des Problems ergab sich erst durch den von *Oetker*, *Stegemann* und *Richard Schmidt* entwickelten formellen Parteibegriff. Das materielle Rechtsverhältnis wurde vom Prozeßrechtsverhältnis getrennt und als Partei wurde angesehen, wer im eigenen Namen Rechtsschutz begehrt oder gegen wen Rechtsschutz in Anspruch genommen wird, unabhängig vom materiellen Rechtsverhältnis[6]. Damit fehlte aber dem formellen Parteibegriff die dem materiellen Parteibegriff innewohnende Schranke gegen Klagen Unbeteiligter, das Korrektiv, um eine Popularklage auszuschließen[7]. Dieses Korrektiv übernimmt der daraufhin neu geschaffene Begriff der Prozeßführungsbefugnis[8], die die Frage betrifft, ob die Partei die richtige Partei ist, d. h. ob sie befugt ist, einen Prozeß als die richtige Partei im eigenen Namen zu führen[9]. Die Prozeßführungsbefugnis ist nach der h. M.[10] eine Sachurteilsvoraussetzung, deren Fehlen die Klage nicht unbegründet, sondern nur unzulässig macht. Mit der Prozeßführungsbefugnis ist jedoch noch nicht entschieden, wem die Zuständigkeit in bezug auf das streitige Recht zusteht, also die Sachlegitimation. Dies ist keine Frage der Zulässigkeit, sondern des materiellen Rechtes und damit eine Frage der Begründetheit.

c) Funktioneller Parteibegriff

De Boor will den formellen Parteibegriff im Prozeß um Vermögensrechte durch einen funktionellen Parteibegriff ersetzen. Nach ihm ist jeder Vermögensprozeß ein Akt der Vermögensverwaltung[11]; Partei im Vermögensprozeß sei deshalb derjenige, der zur Verwaltung des Streitvermögens befugt ist[12]. Damit wird die Frage der Prozeßführungsbefugnis wieder mit dem Parteibegriff verschmolzen, denn nur wer zur Verwaltung des Streitvermögens befugt ist, ist nach *de Boor* Partei[13]. Die

---

4 *Heintzmann*, S. 3 mit weiteren Nachweisen.

5 Das Gesetz sieht nämlich die Möglichkeit vor, ein *fremdes* Recht im eigenen Namen geltend zu machen: vgl. §§ 265 ZPO, 1368, 1422 BGB.

6 *Lüke*, ZZP 76, 8.

7 *Lüke*, ZZP 76, 10; *Henckel*, S. 17.

8 *Lüke*, ZZP 76, 11; *Henckel*, S. 17.

9 *Lüke*, ZZP 76, 6; *Grunsky*, § 28.

10 *Thomas / Putzo*, § 51 IV 1; *Rosenberg / Schwab*, § 46 I 2; *Lüke*, ZZP 76, 6.

11 *De Boor*, S. 52.

12 *De Boor*, S. 53.

13 *Heintzmann*, S. 7.

Anregung *de Boors* wurde zwar insbesondere von *Henckel* in der Hinsicht aufgenommen, daß der Parteibegriff mit dem Interessenvermögen verknüpft wird[14], jedoch bezieht auch *Henckel* mit der einhelligen Meinung in Rechtssprechung und Literatur die Prozeßführungsbefugnis nicht in den Parteibegriff mit ein, sondern behandelt sie als eine vom Parteibegriff unabhängige Sachurteilsvoraussetzung[15].

2. VwGO, FGO, SGG

Der für das zivilprozessuale Verfahren herausgebildete formelle Parteibegriff wurde ohne Diskussion stillschweigend auch in den Verfahren der VwGO, FGO und des SGG für die Beteiligten übernommen. Dies ergibt sich daraus, daß die VwGO in § 42 Abs. 2, die FGO in § 40 Abs. 2 und das SGG in § 54 Abs. 1 ausdrücklich die Klagebefugnis regeln, die das Gegenstück zur im zivilprozessualen Verfahren entwickelten Prozeßführungsbefugnis darstellt, da es auch deren Funktion ist, die Popularklage auszuschließen[16]. Durch die ausdrückliche Statuierung der Klagebefugnis wurde damit auch die Unterscheidung Kläger — Klagebefugter anerkannt. Der formelle Beteiligtenbegriff galt aber von Anfang an nicht nur für Kläger und Beklagten, sondern auch für die übrigen Beteiligten, wie die Beigeladenen, da die Gewinnung der Beigeladenenstellung allein durch einen formellen Akt des Gerichts als solchen ohne Rücksicht auf die Berechtigung erfolgt, ebenso wie bei Kläger und Beklagten.

Somit bleibt als Ergebnis festzuhalten, daß in den Verfahrensordnungen, die heute eindeutig nur einen formellen Parteibegriff kennen, sich eine Entwicklung vom materiellen zum formellen Parteibegriff vollzogen hat (ZPO) bzw. diese Entwicklung den Parteibegriff geprägt hat (VwGO, FGO, SGG).

II. Gründe für die Entwicklung vom materiellen zum formellen Parteibegriff

1. Die Anerkennung des Institutes der Prozeßstandschaft

Mit dem materiellen Parteibegriff, wonach die Partei das Subjekt des Prozeßrechtsverhältnisses und zugleich Subjekt des materiellen Rechtsverhältnisses ist, das dem jeweiligen Prozeß zugrunde liegt, konnte Partei also nur sein, wer Träger des streitigen materiellen Rechtes bzw. Rechtsverhältnisses ist. Mit dieser Aussage kann man aber nicht die Fälle erfassen, in denen ein Nichtrechtsträger oder an einem

---

14 *Henckel*, S. 188.

15 *Henckel*, S. 189.

16 *Eyermann / Fröhler*, § 42 Anm. 85; *Ziemer / Birkholz*, § 40 Anm. 79, 80; *Lüke*, ZZP 76, 15.

Recht oder Rechtsverhältnis nur Teilberechtigter nach dem Gesetz das Recht im eigenen Namen geltend machen und damit Partei sein kann[17], während es Fälle gibt, wo die Klage eines Rechtsinhabers abgewiesen werden muß[18].

Zwar hätte diese Tatsache, daß auch ein Nichtrechtsträger als Partei auftreten kann, nicht unbedingt dazu führen müssen, den materiellen Parteibegriff aufzugeben, weil diese gesetzlich geregelten Fälle die Ausnahme darstellen; denn in aller Regel werden die Prozeßparteien mit den Subjekten des streitigen Rechtsverhältnisses identisch sein. Die wenigen Fälle der gesetzlichen Prozeßstandschaft wären enumerativ erfaßbar gewesen. Nun haben sich aber Rechtssprechung und -lehre nicht mit der Erkenntnis begnügt, daß es gesetzlich geregelte Fälle einer Prozeßstandschaft gibt, sondern haben die Prozeßstandschaft auch ohne gesetzliche Regelung unter bestimmten Voraussetzungen anerkannt[19], wenn der Rechtsträger durch Rechtsgeschäft die Befugnis, das Recht gerichtlich geltend zu machen auf einen Rechtsfremden oder nur Teilberechtigten überträgt. Die Zulässigkeit der sogenannten gewillkürten Prozeßstandschaft ist heute nicht mehr umstritten; worüber man streitet, ist lediglich, ob neben der Zustimmung bzw. Ermächtigung zur Prozeßführung im eigenen Namen ein eigenes schutzwürdiges rechtliches Interesse des Prozeßstandschafters hinzukommen muß[20].

Durch die Anerkennung der gewillkürten Prozeßstandschaft wurde konkludent auch der formelle Parteibegriff anerkannt, denn wenn die Befugnis zur prozessualen Geltendmachung von der Rechtsträgerschaft abgetrennt werden kann, und jemand fremde Rechte im eigenen Namen geltend machen kann, so kann es auch nicht Voraussetzung der Parteistellung sein, daß dieser Rechtsträger ist. Wollte man dagegen auch angesichts der Anerkennung der gewillkürten Prozeßstandschaft am materiellen Parteibegriff festhalten, so würde man nur einen Begriff aufrechterhalten, der mit Ausnahmen durchlöchert ist, und damit mehr um des Begriffes und nicht der Sache willen die Einführung eines Begriffes verhindern, der allen Fällen gerecht wird.

Aus der Anerkennung der Prozeßstandschaft verbietet sich zwar der materielle Parteibegriff, jedoch ist der formelle Parteibegriff, der für die Stellung als Partei nicht einmal als Erfordernis eine Prozeßführungsbefugnis verlangt, sondern nur das Auftreten als Partei genügen läßt, nicht zwingend. Denn auch wenn man anerkennt, daß auch der Nichtrechtsträger im eigenen Namen ein fremdes Recht geltend machen

---

17 s. dazu *Rosenberg / Schwab*, § 46 II 1 u. 2.

18 Vgl. *Lüke*, ZZP 76, 9.

19 s. dazu RG 91, 390; 166, 238; BGH 4, 165; *Thomas / Putzo*, § 51 IV 3; *Rosenberg / Schwab*, § 46 III.

20 Vgl. dazu BGH 30, 166; *Grunsky*, § 28 I 4; *Lüke*, ZZP 76, 29 ff.

kann, und damit für die Parteistellung die Möglichkeit einer Trennung von materieller Rechtsinhaberschaft und Prozeßführungsbefugnis bejaht, so wäre es durchaus logisch, für die Stellung als Partei wenigstens das Prozeßführungsrecht zu verlangen[21]. Das wird meistens verkannt. Die Fälle der Prozeßstandschaft reichen zwar somit aus, den materiellen Parteibegriff zu verneinen, nicht aber dazu, den formellen zu bejahen. Dazu bedarf es weiterer Argumente.

2. Die Notwendigkeit eines klaren Parteibegriffes

Die Bedeutung der Parteirolle im Prozeß, insbesondere bei einem unter der Herrschaft der Parteien stehenden Verfahren mit Geltung der Dispositionsmaxime[22] ist erfahrungsgemäß sehr groß. Denn als Ausfluß des Parteiverfahrens mit Geltung der Dispositionsmaxime kommt ein Prozeß nur durch die Initiative einer Partei zustande (Klageerhebung, Antragstellung), und ebenso werden der Ablauf und das Ende des Prozesses von den Parteien beherrscht. Denn durch ihre Anträge bestimmen die Parteien den Umfang der richterlichen Prüfung (§§ 308, 536, 559 ZPO), der Kläger kann unter gewissen Voraussetzungen seine Klage (§ 269 ZPO), der Rechtsmittelkläger sein Rechtsmittel (§§ 515, 566 ZPO) zurücknehmen sowie darauf verzichten (§§ 514, 566 ZPO), der Kläger kann durch Klageverzicht (§ 306 ZPO) und der Beklagte durch Anerkenntnis (§ 307 ZPO) das Verfahren beenden und den Inhalt des Urteils bestimmen, ebenso wie beide Parteien durch Vergleich oder durch übereinstimmende Erledigungserklärung das Verfahren ohne Urteil beenden können. Daneben nehmen noch zahlreiche prozessuale Regelungen auf die Parteien Bezug, so die Bestimmung über den Gerichtsstand, die Ausschließung oder Ablehnung von Gerichtspersonen, über Streitverkündung und Streithilfe, das Armenrecht, die Verfahrensunterbrechung, das Beweisverfahren (so Zeugen- oder Parteivernehmung, Zeugnisverweigerungsrecht) und nicht zu vergessen über die Urteilswirkungen (Rechtskraft und Vollstreckbarkeit). Damit liegt klar auf der Hand, daß der Begriff der Partei klar und leicht bestimmbar sein muß.

---

[21] So im Ergebnis: *de Boor*, der den formellen Parteibegriff um die Prozeßführungsbefugnis ergänzt und als Partei die prozeßführungsbefugte Partei ansieht; vgl. hierzu auch *Blomeyer*, § 41 II 4.

[22] Die ganz h. M. versteht unter Dispositionsmaxime die Verfügungsfreiheit der Parteien über den Streitgegenstand und damit auch über den Gang und Inhalt des Verfahrens: *Thomas / Putzo*, E I 1; *Bruns*, § 16 II 2; *Blomeyer*, § 13 I; *Grunsky*, § 4 I. *Rosenberg / Schwab*, § 79 I versteht dagegen unter Dispositionsmaxime nur die Verfügungsfreiheit über den Streitgegenstand, gliedert aber die Befugnis aus, einen Prozeß in Gang zu setzen, zu halten oder zu beenden; dies rechnet er zum Prozeßbetrieb (Partei- o. Amtsbetrieb); derselben Ansicht ist *Dütz*, Anm. zu BAG AP Nr. 1 zu § 20 BetrVG.

3. Die Notwendigkeit der Trennung von Parteibegriff und Prozeßführungsbefugnis

Diesen Anforderungen kann nur der formelle Parteibegriff gerecht werden. Denn würde man fordern, wie dies die Anhänger des funktionellen Parteibegriffes tun, daß Partei nur sein kann, wem die Prozeßführungsbefugnis zusteht, so wäre damit konsequenterweise die Beantwortung der Frage, wer Partei ist, wieder alles andere als einfach. Dabei ist jedoch nicht zu übersehen, daß sich der Grad der Schwierigkeit daraus ergibt, wie man das Verhältnis der Prozeßführungsbefugnis zum materiellen Recht sieht. Zwar ist die Prozeßführungsbefugnis heute ganz allgemein als prozessualer Begriff charakterisiert[23], jedoch ist damit noch nichts darüber ausgesagt, ob die Prozeßführungsbefugnis im materiellen Recht ihre Grundlage findet, oder ob sie vom materiellen Recht völlig getrennt ist. Davon hängt aber ab, wie schwer oder wie leicht zu bestimmen ist, wer Partei ist, wenn man den Begriff der Prozeßführungsbefugnis als Bestandteil des Parteibegriffes ansehen würde.

Wenn man mit dem BGH[24] die Prozeßführungsbefugnis so begreift, daß sie „inhaltlich weitgehend vom materiellen Recht her bestimmt wird", so muß, um die Parteistellung bejahen zu können, geprüft werden, ob die sachlich-rechtliche Verfügungsbefugnis vorhanden ist. Damit steht man wieder vor der gleichen, wenn auch graduell minderen Schwierigkeit, daß man in eine, mag sein oberflächliche Prüfung des materiellen Rechtes eintreten muß, wenn man prüft, ob jemand Partei ist.

Fraglich ist, ob diese aufgezeigten Schwierigkeiten vermieden werden können, wenn man für die Prozeßführungsbefugnis die grundsätzliche Trennung von Prozeßrecht und materiellem Recht vollzieht, wie dies beispielsweise *Lüke*[25] tut, indem er als prozeßführungsbefugt den anerkennt, der „ein behauptetes Recht als eigenes in Anspruch nimmt bzw. gegen wen eine Rechtspflicht als eigene geltend gemacht wird oder wem kraft Gesetzes, kraft Hoheitsaktes oder kraft besonderen Verwaltungs- und Verfügungsrechtes die Befugnis zur Verfolgung fremder Rechte zusteht".

Hier ist zwar die Trennung von Prozeßrecht und materiellem Recht geglückt, wenn jemand ein Recht als eigenes in Anspruch nimmt, nicht dagegen, wenn jemand ein fremdes Recht in eigenem Namen geltend macht; denn in diesem Falle ist das Feststehen des Verwaltungs- und Verfügungsrechtes erforderlich, im Falle der gewillkürten Prozeßstand-

---

23 *Rosenberg / Schwab*, § 46 I 2; *Thomas / Putzo*, § 51 IV 1; *Lüke*, ZZP 76, 17; *Baumbach / Lauterbach*, vor § 50 4 A.

24 BGH 31, 279.

25 ZZP 76, 19.

schaft, daß der materiell Berechtigte dem Prozeßstandschafter dieses erteilt hat. Hiermit wäre der Parteibegriff wieder schwierig zu handhaben und alles andere als klar und praktisch, es sei denn, es würde auch im Falle der Prozeßstandschaft genügen, daß der Prozeßstandschafter lediglich behauptet, daß er zur gerichtlichen Geltendmachung befugt ist.

Die Probleme, die sich um die Prozeßführungsbefugnis ergeben können, lassen es daher als angezeigt erscheinen, auch die Prozeßführungsbefugnis aus dem Parteibegriff auszugliedern und die Partei rein nach formellen Kriterien zu bestimmen. Zwar sagt der formelle Parteibegriff dann eben nichts mehr anderes aus, als daß die Parteien eben Parteien sind[26], jedoch kann nur der formelle Parteibegriff der richtige sein, wenn in einem Verfahren, in dem dem Kläger die Prozeßführungsbefugnis fehlt, es zu einem Urteil, wenn auch nur zu einem Prozeßurteil kommt[27]. Denn Urteile können nur Parteien gegenüber ergehen.

4. Die Gewährleistung eines vollwertigen Rechtsschutzes

Wollte man dagegen verlangen, daß Partei nur sein kann, wer prozeßführungsbefugt ist, dann würde es bei Fehlen der Prozeßführungsbefugnis mangels Parteieigenschaft nicht einmal zu einem Prozeßurteil kommen; es würde nicht einmal ein Verfahren zustandekommen, da im Zivilprozeß ein solches ohne Parteien nicht denkbar ist. Damit ergäbe sich die für unser Rechtsempfinden unvorstellbare Situation, daß die Frage der Prozeßführungsbefugnis vor oder außerhalb des Verfahrens geprüft würde und nicht innerhalb des Verfahrens mit dessen vollen Rechtsschutzgarantien[28], insbesondere der Möglichkeit der Rechtsmitteleinlegung. Damit wäre auch der verfassungsrechtlich garantierte Anspruch auf rechtliches Gehör, Art. 103 Abs. 1 GG, verletzt, es sei denn, man würde vor dem eigentlichen Prozeß noch eine Art Parteizulassungsverfahren vorschalten, in welchem dann derjenige, der die Prozeßführungsbefugnis geltend macht, gehört wird. Denn durch Art. 103 Abs. 1 GG soll sichergestellt werden, daß jeder Beteiligte im gerichtlichen Verfahren die Gelegenheit erhält, sich zu dem einer gerichtlichen Entscheidung zugrunde liegenden Sachverhalt vor Erlaß der Entscheidung zu äußern[29] und damit das Gericht in seiner Willensbildung zu beeinflussen[30]. Würde jedoch die Entscheidung, daß jemand

[26] *De Boor*, S. 45.

[27] BGH 31, 279.

[28] *Kollhosser*, S. 346.

[29] BVerfG 1, 429; 3, 365; 7, 57; 17, 197; 24, 213.

[30] BVerfG 22, 114.

nicht Partei ist, außerhalb eines Verfahrens getroffen, so hätte der Betroffene keine Möglichkeit, sich zu dem Sachverhalt zu äußern, aus dem er seine Parteistellung begründen will. Ein eigenes Parteizulassungsverfahren ist aber weder im Gesetz vorgesehen, noch hat die Praxis bisher seine Notwendigkeit erbracht, da sich diese Frage mit dem formellen Parteibegriff und innerhalb des Urteilsverfahrens problemlos bewältigen läßt.

Zweites Kapitel

Der Begriff der Verfahrensbeteiligten im arbeitsgerichtlichen Beschlußverfahren

A. Gründe für einen formellen Verfahrensbeteiligtenbegriff für Antragsteller, Antragsgegner und Beschwerdeführer

Die Gründe, die im zivilprozessualen Verfahren für den formellen Parteibegriff beim Kläger sprechen, lassen sich ohne weiteres auch im arbeitsgerichtlichen Beschlußverfahren auf Antragsteller und Beschwerdeführer übertragen.

I. Die Anerkennung des Institutes der Prozeßstandschaft

Auch im arbeitsgerichtlichen Beschlußverfahren ist die gewillkürte Prozeßstandschaft entsprechend der im Zivilprozeß entwickelten Regeln zur Prozeßführungsbefugnis anerkannt[1]. Danach kann auch ein Nichtantragsberechtigter von einem Antragsberechtigten ermächtigt werden, im eigenen Namen die fremden Rechte des an sich Antragsberechtigten geltend zu machen bzw. auszuüben. Entsprechend der h. M. wird aber auch im arbeitsgerichtlichen Beschlußverfahren jeweils ein schutzwürdiges eigenes Interesse des Prozeßstandschafters an der Geltendmachung des fremden Rechtes verlangt[2].

Durch die Anerkennung der gewillkürten Prozeßstandschaft ist daher auch im arbeitsgerichtlichen Beschlußverfahren für Antragsteller und Beschwerdeführer der materielle Beteiligtenbegriff genauso wie im zivilprozessualen Verfahren nicht angezeigt, da auch hier ein Nichtrechtsträger oder materiell nicht Betroffener Antragsteller sein kann.

II. Die Notwendigkeit eines klaren Beteiligtenbegriffes

Die Bedeutung der Beteiligtenrolle des Antragstellers, Beschwerdeführers und Antraggegners (soweit es ihn gibt) hängt davon ab, ob es

---

1 BAG 18, 185; BAG RdA 1974, 123; *Müller*, G., (I) S. 40; *Dütz*, ArbuR 1973, 371.

2 *Dütz*, ArbuR 1973, 371; *Etzel*, RdA 1974, 225; *Herschel*, ArbuR 67, 63; vgl. auch BAG RdA 1974, 123.

sich auch im arbeitsgerichtlichen Beschlußverfahren um ein Partei- bzw. Beteiligtenverfahren unter Geltung der Dispositionsmaxime handelt. Wie bereits dargelegt, würde dies einen klaren Beteiligtenbegriff erfordern, dem nur ein formeller Begriff gerecht werden kann. Es ist deshalb zu prüfen, ob es sich beim arbeitsgerichtlichen Beschlußverfahren um ein Beteiligtenverfahren mit Geltung der Dispositionsmaxime handelt.

1. Gegensatz Amtsverfahren—Beteiligtenverfahren

In der Prozeßrechtslehre, namentlich in der freiwilligen Gerichtsbarkeit[3] werden zwei Verfahrensarten unterschieden: das Amts-(Offizial-) verfahren und das Parteiverfahren bzw. Antragsverfahren. Während im Offizialverfahren das Gericht Herr des Verfahrens ist, sind im Parteiverfahren die Parteien Herren des Verfahrens. Das Offizialverfahren wird von der Offizialmaxime, das Parteiverfahren von der Dispositionsmaxime beherrscht. Die Unterschiede von Offizialverfahren und Antragsverfahren sind wie folgt: im Offizialverfahren wird das Verfahren von Amts wegen eingeleitet, eines Antrags der Beteiligten bedarf es nicht; das Gericht bestimmt den Verfahrensgegenstand; es kann ihn während des Verfahrens nach pflichtgemäßem Ermessen ändern, und zwar sowohl einschränken als auch erweitern; das Gericht bestimmt das Ende des Verfahrens; im Antrags- bzw. Parteiverfahren bestimmen die Beteiligten die Verfahrenseröffnung; sie bestimmen den Verfahrensgegenstand; das Gericht darf bei seiner Entscheidung über einen zulässigen Antrag nicht hinaus gehen, vgl. § 308 ZPO; die Beteiligten bestimmen auch das Ende des Verfahrens[4].

Das BAG sieht das arbeitsgerichtliche Beschlußverfahren als Offizialverfahren an, denn es verwendet in mehreren Beschlüssen[5] den Ausdruck Offizial-(Amts-)verfahren, wenn es den Charakter des Beschlußverfahrens bestimmt.

Vom Gegensatzpaar Dispositions- und Offizialmaxime, das die Frage der Verfügungsfreiheit der Parteien über den Streitgegenstand betrifft, ist das Gegensatzpaar Verhandlungs- und Untersuchungs(Inquisitions-) maxime, das die Frage der Beibringung und Erforschung des Tatsachenstoffes betrifft, streng zu unterscheiden. Wenn in einem Verfahren die Beibringung des Tatsachenstoffes und die Beschaffung von Beweisen den Parteien überlassen ist, so herrscht die Verhandlungsmaxime, wenn dies dem Gericht überlassen ist, so herrscht die Untersuchungsmaxime[6].

---

[3] *Keidel,* § 12 Anm. 1; *Habscheid,* § 18 Anm. 19.

[4] *Habscheid,* § 19 I; *Bärmann,* § 13 I, II; *Fenn,* Festschrift für G. Schiedermair S. 120.

[5] BAG AP 2 zu § 16 BetrVG 52; AP Nr. 8 u. 9 zu § 81 ArbGG.

[6] Vgl. *Fenn,* Festschrift für G. Schiedermair S. 120 mit weiteren Nachweisen.

Die Verhandlungsmaxime braucht nun nicht zwingend mit der Dispositionsmaxime verbunden zu sein, wenngleich dies im normalen zivilprozessualen Verfahren der Fall ist. Dagegen ist in allen Verfahren, wo öffentliche Interessen mit beteiligt sind (§ 86 VwGO, § 103 SGG, § 76 FGO, im Ehe-, Kindschafts- und Entmündigungsverfahren §§ 617, 622, 640, 653 ZPO), eine Verbindung von Dispositionsmaxime und Untersuchungsgrundsatz gegeben.

In der Rechtssprechung des BAG herrscht bezüglich der Verfahrensprinzipien eine Art babylonische Begriffsverwirrung; so spricht das BAG in mehreren Beschlüssen[7] von der Offizialmaxime und meint jedoch in Wirklichkeit den Untersuchungsgrundsatz, wenn es ausführt, daß das Gericht wegen Geltung der Offizialmaxime nicht an das Parteivorbringen gebunden ist, sondern berechtigt ist, von sich aus Erhebungen anzustellen, nicht aber berechtigt ist, über die Anträge der Beteiligten hinaus zu gehen[8].

2. Das Beschlußverfahren als Beteiligtenverfahren

Anhand der vorstehend aufgeführten Kriterien ist zu untersuchen, ob es sich beim Beschlußverfahren um ein Amts- oder Beteiligtenverfahren handelt.

a) Einleitung des Verfahrens

Was das Ingangsetzen des Verfahrens betrifft, so ist das Beschlußverfahren eindeutig ein Beteiligtenverfahren und kein Amtsverfahren; denn das Beschlußverfahren beginnt nicht von Amts wegen, sondern auf Antrag eines Antragstellers, § 81 Abs. 1 ArbGG. Allerdings wird vereinzelt in der Literatur darauf hingewiesen, daß das Beschlußverfahren nicht wie im Zivilprozeß mit einer reinen Parteihandlung (Klageerhebung) eröffnet wird[9], sondern eine Einleitung durch das Gericht erforderlich ist, § 81 Abs. 1 Satz 1 ArbGG, und daß somit eine „Mischung von Offizial- und Parteibetrieb" gelte[10].

Dieser Schluß ist jedoch nicht zwingend; der Antrag im Beschlußverfahren muß nämlich mehr sein als eine bloße Anregung an das

---

7 BAG AP Nr. 10 zu § 13 BetrVG 52; Nr. 2 zu § 20 BetrVG 52 Jugendvertreter; Nr. 10 u. 15 zu § 76 BetrVG 52.
EzA § 20 BetrVG Nr. 1 u. 3; § 17 BetrVG Nr. 1; § 37 BetrVG Nr. 16; § 38 BetrVG Nr. 3.

8 Vgl. nur BAG AP Nr. 10 zu § 76 BetrVG 52.

9 *Müller*, G., (I) S. 42; *Dersch / Volkmar*, § 81 Anm. 1 b.

10 *Müller*, G., (I) S. 42, gebraucht entgegen der h. M. für die Ausdrücke Offizialverfahren — Parteiverfahren die Ausdrücke Offizialbetrieb — Parteibetrieb, wogegen die h. M. (*Blomeyer*, § 13 I; *Henckel*, S. 119; *Redeker / v. Oertzen*, § 86, 3; *Ule*, § 27 I; *Mellwitz*, § 63 Anm. 3; *Keidel*, § 12 Anm. 2) unter Prozeß*betrieb* nur die technischen Verfahrenshandlungen wie Terminsanberaumungen, Ladungen und Zustellungen versteht.

Gericht zur Verfahrenseinleitung, denn bloße Anregungen sind auch in den Verfahren möglich, die von Amts wegen eingeleitet werden; einer Regelung der Antragsstellung in § 81 Abs. 1 ArbGG hätte es dann nicht bedurft; es muß deshalb vielmehr auf den Antrag hin ein Anspruch auf Verfahrenseinleitung bestehen; somit liegt es allein in den Händen des Antragstellers, ob ein Verfahren zustande kommt. Der Antragsteller bestimmt damit, ob ein Verfahren in Gang gesetzt wird.

Wenn *Müller* zur Stützung seiner gegenteiligen Ansicht darauf hinweist, daß das Gericht bei der Einleitung zu prüfen hat, ob der Antrag wirksam gestellt wurde, d. h., ob er der Form des § 81 Abs. 1 ArbGG genügt, und ob der Antragssteller die Antragsbefugnis hat, so ist dies verfehlt. Denn auch im zivilprozessualen Verfahren muß das Gericht prüfen, ob die Klageschrift den Erfordernissen des § 253 Abs. 2 ZPO genügt; ferner muß es auch die Prozeßführungsbefugnis des Klägers prüfen, jedoch innerhalb des Verfahrens, nicht außerhalb; nichts anderes kann für die Antragsbefugnis im arbeitsgerichtlichen Beschlußverfahren gelten[11].

b) Bestimmung des Verfahrensgegenstandes

aa) § 308 Abs. 1 ZPO

Der Antragsteller bestimmt auch den Verfahrensgegenstand. Das BAG hat in st. Rspr.[12] anerkannt, daß die Beteiligten durch ihre Anträge „Ziel und Umfang des Verfahrens und der richterlichen Prüfung" bestimmen, und daß damit die Grundregel des § 308 Abs. 1 ZPO auch im Beschlußverfahren gilt.

Das BAG hat auch in mehreren Entscheidungen ausgeführt, daß das Gericht im Beschlußverfahren nicht befugt ist, von sich aus neuen Streitstoff in das Verfahren einzuführen[13]. Wenngleich das BAG der Ansicht ist, daß das Gericht berechtigt ist, bei der Auslegung der Anträge freier zu verfahren als im Urteilsverfahren[14], so gilt auch bei der Bestimmung des Verfahrensgegenstandes die Dispositionsmaxime.

bb) Antragsänderung

Das BAG hat auch anerkannt, daß Anträge in der ersten Instanz entsprechend der Klageänderung im Urteilsverfahren unbegrenzt ge-

---

[11] Im Ergebnis ebenso *Grunsky*, ArbGG § 80 Anm. 24; *Fenn*, Festschrift für G. Schiedermair S. 124.

[12] BAG AP Nr. 10 und 15 zu § 76 BetrVG 52; Nr. 3 zu § 89 ArbGG; EzA § 2 BetrVG Nr. 5; ebenso *Grunsky*, ArbGG § 80 Anm. 25.

[13] BAG AP Nr. 7 zu § 76 BetrVG 52; AP Nr. 10 zu § 13 BetrVG 52.

[14] BAG AP Nr. 1 zu § 82 BetrVG 52; AP Nr. 2 zu § 56 BetrVG 52 Entlohnung; AP Nr. 4 zu § 63 BetrVG 52; dagegen wendet sich *Grunsky*, ArbGG § 81 Anm. 5.

ändert werden können, soweit die Gegenseite einer Änderung nicht widerspricht, oder das Gericht eine solche für sachdienlich erklärt[15]. Auch daraus ergibt sich für den Verfahrenscharakter des Beschlußverfahrens, daß es sich um ein Beteiligtenverfahren mit Geltung der Dispositionsmaxime und nicht um ein Amtsverfahren mit Geltung der Offizialmaxime handelt.

Dagegen ist nach der Rechtssprechung des BAG in der Beschwerdeinstanz außerhalb der Rechtsmittelfristen eine Antragsänderung nicht mehr zulässig[16]. Das BAG hat jedoch seine Rechtssprechung hierzu im Beschluß vom 20. 1. 1976[17] dahingehend modifiziert, daß, wenn auf Anregung des Gerichts in der Beschwerdeinstanz in Anpassung an einen veränderten Sachverhalt der Übergang von einem Feststellungsantrag zu einem Leistungsantrag erfolgt, diese Antragsänderung anerkannt und als sachdienlich zugelassen wird.

Der Ansatzpunkt des BAG, der von der entsprechenden Anwendung des § 264 ZPO ausgeht, ist richtig, denn soweit die Regelung des Beschlußverfahrens Lücken enthält, sind die Regeln des Urteilsverfahrens, soweit mit dem Verfahrenscharakter des Beschlußverfahrens vereinbar, auf das Beschlußverfahren entsprechend anzuwenden[18]. Jedoch dürfte bei der entsprechenden Anwendung des § 264 ZPO zu differenzieren sein, ob es sich im Beschlußverfahren um eine echte Streitsache oder nur um eine Art von „Fürsorgeangelegenheit" nicht notwendig streitiger Art handelt. Denn nur wenn eine echte Streitsache vorliegt, rechtfertigt es sich, die für die echten Rechtsstreitigkeiten geschaffene Regelung der ZPO zu übernehmen; bei Verfahren nicht streitiger Art ist äußerst fraglich, ob eine Anwendung des § 264 ZPO gerechtfertigt ist, denn Grund der Regelung war, den Beklagten zu schützen, um nicht plötzlich mit einem Angriff aus einer nicht erwarteten Richtung überfallen zu werden[19]. Wird jedoch im Beschlußverfahren eine Angelegenheit durchgeführt, in der ein Antragsgegner notwendig nicht vorhanden sein muß, so kann auch dieser Gesichtspunkt keine Berücksichtigung finden, und es dürfte dann § 264 ZPO nicht entsprechend anwendbar sein.

Im Verfahren der freiwilligen Gerichtsbarkeit stellt sich die gleiche Problematik, nur ausgeprägter. Dort ist bereits allgemein anerkannt, daß es echte Streitsachen und Antragsverfahren nicht streitiger Art gibt, worüber für den Bereich des Beschlußverfahrens noch keine Einig-

---

15 BAG AP Nr. 4 zu § 4 BetrVG 52; AP Nr. 4 zu § 94 ArbGG.

16 BAG AP Nr. 4 zu § 4 BetrVG 52; AP Nr. 4 zu § 94 ArbGG; AP Nr. 8 zu § 89 ArbGG.

17 BAG BB 1976, 727.

18 BAG AP Nr. 4 zu § 4 BetrVG 52.

19 *Grunsky*, § 13 I mit weiteren Nachweisen.

keit besteht. Da das FGG keine Bestimmungen über die Antragsänderung enthält, nimmt die h. M.[20] an, daß ein Verbot der Antragsänderung nicht existiert. Jedoch ist, worauf bereits von einer gewichtigen Mindermeinung[21] hingewiesen wird, bei den echten Streitsachen die Interessenlage genauso wie in den anderen Streitverfahren, so daß hier entsprechend § 264 ZPO anzuwenden ist.

Für die Beantwortung der Frage, ob § 264 ZPO auch bei den nicht kontradiktorischen Antragssachen gilt, ist *Grunsky*[22] der Ansicht, daß § 264 ZPO immer dann anwendbar ist, wenn die Interessenlage der vom Gesetzgeber in § 264 ZPO geregelten entspricht; dies sei bei Antragssachen im Verfahren der freiwilligen Gerichtsbarkeit der Fall, sofern die Entscheidung in Rechtskraft erwachsen könne; sofern dagegen die durch den Antrag angestrebte Entscheidung nicht rechtskraftfähig ist, seien die Verfahrensbeteiligten erheblich weniger schutzbedürftig, da sie die zu ihren Ungunsten ergangene Entscheidung durch Einleitung eines neuen Verfahrens in Frage stellen könnten; in einem solchen Falle sei es gerechtfertigt, die Antragsänderung uneingeschränkt zuzulassen.

Dieser Abgrenzungsgesichtspunkt trägt auch im Beschlußverfahren; soweit echte Streitsachen vorliegen, ist § 264 ZPO entsprechend anzuwenden, soweit keine Streitsachen vorliegen, ist die entsprechende Anwendbarkeit von § 264 ZPO nur dann geboten, soweit die Entscheidung rechtskraftfähig ist, ansonsten ist die Antragsänderung uneingeschränkt zulässig[23].

In Fällen, in denen § 264 ZPO entsprechend angewendet werden muß, ist jedoch kein einleuchtender Grund ersichtlich, die Zulässigkeit der Antragsänderung unter den Voraussetzungen des § 264 ZPO in der Beschwerdeinstanz auf die Zeit bis zum Ablauf der Beschwerdefrist zu beschränken. Das Argument, daß das besonders wichtige Prinzip der Beschleunigung sonst aufgehoben würde, vermag diese Ansicht nicht zu rechtfertigen. Es wäre verfehlt, den Grundsatz der Konzentration soweit auszudehnen, daß die Dispositionsbefugnis des Antragstellers verlorengeht. Denn was soll die Entscheidung über einen Antrag, wenn der Antragsteller im Einvernehmen mit dem Antragsgegner sein Interesse an dem bisherigen Antrag aufgibt und die Entscheidung über einen geänderten Antrag wünscht.

Im Ergebnis ist der hier vertretenen Ansicht auch *Grunsky*[24], der die Begründung des BAG für die Unzulässigkeit der Antragsänderung in

---

20 *Baur*, § 17 IV 2 a; *Bärmann*, § 13 II 4 a; *Jansen*, Vorbem. 13 zu §§ 8 - 18.

21 *Grunsky*, § 13 II 3; *Habscheid*, § 19 I 1.

22 § 13 II 3.

23 Im Ergebnis ähnlich *Schnorr v. Carolsfeld*, S. 502.

24 ArbGG § 80 Anm. 34.

der Beschwerdeinstanz, daß in der Beschwerdeschrift die Beschwerdeanträge enthalten sein müssen, für nicht überzeugend ansieht, weil auch im Urteilsverfahren bis zu einem bestimmten Zeitpunkt Rechtsmittelanträge gestellt werden müssen[25], gleichwohl die Klage später im selben Umfang wie in erster Instanz geändert werden kann.

c) Beendigung des Verfahrens

aa) Antragsrücknahme

α) Im ersten Rechtszug

Gemäß § 81 Abs. 2 S. 1 ArbGG kann der Antrag jederzeit zurückgenommen werden; das Verfahren ist in diesem Falle vom Vorsitzenden des Arbeitsgerichtes einzustellen. Auch hier ist also insoweit ein Ausdruck des Beteiligtenverfahrens mit Geltung der Dispositionsmaxime festzustellen. Daran ändert nichts, daß die Einstellung des Verfahrens vom Vorsitzenden durch Beschluß auszusprechen ist. Hier ist dieselbe Situation wie bei der Antragstellung; wie das Beschlußverfahren nach Antragstellung vom Gericht eingeleitet werden muß, § 81 Abs. 1 ArbGG, damit es zustande kommt, so muß es bei Antragsrücknahme vom Vorsitzenden eingestellt werden, damit es beendet ist, § 81 Abs. 2 ArbGG.

Bei der Klagerücknahme besteht gemäß § 92 Abs. 2 VwGO und § 72 Abs. 2 FGO im Verwaltungs- bzw. Finanzgerichtsverfahren dieselbe Situation wie bei der Antragsrücknahme im Beschlußverfahren, denn auch hier stellt das Gericht das Verfahren durch Beschluß ein. In diesen Verfahren ist jedoch anerkannt, daß der Einstellungsbeschluß nur deklaratorische Bedeutung hat[26], die Rechtshängigkeit wird durch die Klagerücknahme ex tunc beseitigt. Es ist kein einleuchtender Grund vorhanden, warum die Situation im Beschlußverfahren anders sein soll[27], so daß auch hier bei der Antragsrücknahme keine Mischung von Beteiligten- und Amtsverfahren vorliegt, sondern ein reiner Ausdruck des Beteiligtenverfahrens. Die Entscheidung darüber, ob das Verfahren beendet wird, liegt allein beim Antragsteller. Die Einstellung des Verfahrens durch den Vorsitzenden hat die Bedeutung eines gerichtlichen Formalaktes, der ohne nähere Sachprüfung vorgenommen werden muß[28].

Die Antragsrücknahme in der ersten Instanz ist zulässig bis zum rechtskräftigen Abschluß der ersten Instanz und nicht nur bis zum Erlaß eines die erste Instanz abschließenden Beschlusses gemäß § 84

---

[25] Vgl. § 519 Abs. 3 S. 1 ZPO.

[26] *Eyermann / Fröhler*, § 92 Anm. 18; *Ziemer / Birkholz*, § 72 Anm. 22.

[27] So auch *Grunsky*, ArbGG § 81 Anm. 9.

[28] *Lepke*, DB 1975, 1938; *Fenn*, Festschrift für G. Schiedermair S. 128.

ArbGG, wie dies vielfach vertreten wird[29]. Zum einen ergibt sich dies schon aus dem Wort „jederzeit“, denn die erste Instanz ist erst mit Rechtskraft oder Rechtsmitteleinlegung und nicht bereits mit dem Erlaß eines Beschlusses beendet, und zum andern läßt sich für eine von § 269 Abs. 3 ZPO (wonach im Urteilsverfahren die Klage bis zur Rechtskraft des Urteils zurückgenommen werden kann) abweichende Ansicht, zumindest für die erste Instanz, kein sachlich überzeugender Grund anführen[30]. So ist es auch nicht verwunderlich, daß für die Gegenansicht eine Begründung nicht angeführt wird.

β) *Im zweiten und dritten Rechtszug*

Das BAG schränkt jedoch den Grundsatz des Beteiligtenverfahrens bezüglich der Antragsrücknahme insoweit ein, als es in st. Rspr.[31] vertritt, daß die Rücknahme des Antrages mit der Wirkung der Verfahrensbeendigung nur in der ersten Instanz möglich sei. Die Begründung des BAG, daß das Gesetz die Antragsrücknahme lediglich im ersten Rechtszug erwähnt und in den Rechtsvorschriften den zweiten und dritten Rechtszug betreffend nicht auf § 81 Abs. 2 ArbGG Bezug genommen ist, vermag nicht zu überzeugen. Wie *Pohle*[32] zutreffend darauf hinweist, kann das „Schweigen auch nur den Willen ausdrücken, in der zweiten und dritten Instanz nicht § 81 Abs. 2 ArbGG heranzuziehen, wohl aber die allgemeinen Regeln über die Antragsrücknahme aus § 269 ZPO für die höheren Instanzen gelten zu lassen“; denn gerade das Beschlußverfahren habe erhebliche, zum Teil bewußt gelassene Lücken, die durch Ergänzung durch die Vorschriften über das Urteilsverfahren zu schließen seien, soweit sich nicht aus den Beschlußverfahrensvorschriften etwas anderes ergäbe.

Dies scheint in der Tat der entscheidende Gesichtspunkt zu sein. Ergibt sich im Beschlußverfahren dieselbe prozessuale Lage wie im Urteilsverfahren, fehlt aber eine Regelung im Beschlußverfahren, so ist auf die Regelung im Urteilsverfahren zurückzugreifen. Zwar benennt § 80 Abs. 2, § 87 Abs. 2 und § 92 Abs. 2 ArbGG ausdrücklich einzelne Vorschriften des Urteilsverfahrens, jedoch sind diese Aufzählungen nicht erschöpfend. Es gelten nämlich weiterhin die allgemeinen Vorschriften des GVG und der ZPO entsprechend, soweit sich nicht aus §§ 80 ff. ArbGG ein anderes ergibt[33].

---

29 So *Dietz / Nikisch*, § 81 Anm. 28; *Dersch / Volkmar*, § 81 Anm. 7; wohl auch BAG AP Nr. 2 zu § 91 ArbGG.

30 *Lepke*, DB 1975, 1938; im Ergebnis wohl ebenso *Grunsky*, ArbGG § 81 Anm. 7.

31 BAG AP Nr. 2 u. 8 zu § 81 ArbGG; AP Nr. 7 zu § 23 BetrVG 52; EzA § 37 BetrVG Nr. 18.

32 Anm. zu BAG AP Nr. 2 zu § 81 ArbGG.

Hier ist jedoch die Situation wie im Urteilsverfahren, daß der Antrag ebenso wie die Klage die notwendige Voraussetzung einer rechtswirksamen, die Beteiligten bindenden Tätigkeit des Gerichts ist. Es ist aber nicht einzusehen, warum bei der Antragsrücknahme die Regeln des Urteilsverfahrens, soweit nichts anderes ausdrücklich im Beschlußverfahren geregelt, nicht gelten sollten. Da nur für die erste Instanz eine vom Urteilsverfahren bezüglich des Zustimmungserfordernisses des Prozeßgegners abweichende Regelung vorliegt, muß für die zweite und dritte Instanz die entsprechende Regelung des Urteilsverfahrens gelten. Wenn ein Verfahren nur auf Antrag eingeleitet werden kann und der Antrag echte Verfahrensvoraussetzung und nicht bloße Anregung an das Gericht ist, der Beginn des Verfahrens also vom Willen des Antragstellers abhängt, so darf konsequenterweise das Gericht auch nicht mehr tätig werden, wenn der Antragsteller es nicht mehr will[34], da es dann an der Verfahrensvoraussetzung des Antrages fehlen würde. Wie schon *Pohle*[35] darauf hinwies, ist das im Beschlußverfahren bestehende öffentliche Interesse nicht so stark, daß es entgegen dem Willen der Beteiligten zu einer gerichtlichen Entscheidung kommen muß. Obwohl auch in den Verfahren nach der VwGO, der FGO und dem SGG ein zumindest ebenso großes öffentliches Interesse besteht, ist auch dort die Zurücknahme der Klage bis zur Rechtskraft des Urteils zulässig, § 92 Abs. 1 VwGO, § 72 Abs. 1 S. 1 FGO bzw. im SGG bis zum Schluß der mündlichen Verhandlung, wobei die Berufungs- und Revisionsinstanz mit eingeschlossen ist[36]. Dieses Ergebnis wird auch in den Antragsverfahren der freiwilligen Gerichtsbarkeit als Ausfluß der Dispositionsmaxime anerkannt, wo die Zurücknahme durch den Antragsteller bis zum Eintritt der formellen Rechtskraft der Entscheidung zulässig ist[37]. Jedoch ist dort streitig, ob § 269 Abs. 1 ZPO entsprechend anwendbar ist, d. h. ob der Antragsteller zur wirksamen Rücknahme des Antrages die Einwilligung der übrigen Beteiligten benötigt. Die h. M.[38] verneint sogar eine solche Beschränkung der Dispositionsmacht des Antragstellers und verneint die entsprechende Anwendbarkeit des § 269 Abs. 1 ZPO. Dies ist nun durchaus berechtigt in den Antragsverfahren nicht streitiger Art, wo es einen Antragsgegner nicht gibt. Nicht dagegen in den echten Streitverfahren. Ebenso wie das arbeitsgericht-

---

[33] *Rohlfing / Rewolle*, § 80 Anm. 2; BAG AP Nr. 2 zu § 81 ArbGG bezüglich des Ergänzungsbeschlusses gem. § 321 ZPO; AP Nr. 7 zu § 92 ArbGG für entsprechende Anwendung des § 320 ZPO; AP Nr. 10 zu § 76 BetrVG 52 für entsprechende Anwendung von § 276 ZPO.

[34] *Rohlfing / Rewolle*, § 81 Anm. 5.

[35] Anm. zu AP Nr. 2 zu § 81 ArbGG.

[36] *Mellwitz*, § 102 Anm. 3.

[37] BGH NJW 1959, 1323; *Bärmann*, § 18 I.

[38] OLG Hamm, RdL 1961, 205; *Keidel*, § 12 Anm. 6; *Bärmann*, § 18 I.

liche Beschlußverfahren ist das Verfahren der freiwilligen Gerichtsbarkeit in vielen Punkten lückenhaft geregelt, und ebenso wie im Beschlußverfahren gehen Rechtssprechung und -lehre auch dort davon aus, daß bei Lücken für das echte Streitverfahren ZPO- bzw. VwGO-Vorschriften entsprechend anzuwenden sind, soweit nicht das Wesen der Verfahrensart entgegensteht[39]. Da nun in den echten Streitverfahren dieselbe Situation besteht wie im zivilprozessualen bzw. verwaltungsgerichtlichen Verfahren, in dem sich zwei Beteiligte oder zwei Gruppen von Beteiligten mit entgegengesetzten Interessen gegenüberstehen und das Gericht über behauptete subjektive Rechte zu entscheiden hat, so sind auch hier keine abweichenden Verfahrensweisen angebracht. Der eigentliche Zweck des § 269 Abs. 1 S. 2 ZPO und des § 92 Abs. 1 S. 2 VwGO ist die Berücksichtigung der Interessen des Klagegegners an einer ihm günstigen Sachentscheidung[40]. Während der Kläger nach Klagerücknahme jederzeit ein neues Verfahren über den gleichen Streitgegenstand anhängig machen kann, müßte bei Fehlen der Einwilligung des Klagegegners ein Urteil ergehen, dessen materielle Rechtskraft ein neues Verfahren über denselben Gegenstand verhindert. Wie *Lindacher* bemerkt, ergibt sich demgegenüber im Verfahren der freiwilligen Gerichtsbarkeit kein Unterschied; auch hier könnte der Antragsteller nach Antragsrücknahme ein neues Verfahren anstrengen, während eine Sachentscheidung, da Erkenntnisse in echten Streitverfahren im Gegensatz zu solchen im Rechtsfürsorgebereich der materiellen Rechtskraft fähig sind, eine neue Antragstellung über den gleichen Streitgegenstand verhindern würde[41].

In diesem Sinne ist auch im arbeitsgerichtlichen Beschlußverfahren zu verfahren; es wäre eine durch nichts gerechtfertigte Abweichung von den übrigen Verfahrensordnungen, würde man die Antragsrücknahme in den Rechtsmittelinstanzen nicht mehr zulassen[42].

Für die Frage des Zustimmungserfordernisses ist nach den vorstehenden Ausführungen entscheidend, ob es sich im Beschlußverfahren um ein echtes Streitverfahren oder nur um ein Verfahren mit Angelegenheiten nicht streitiger Art handelt. Bei erstem muß § 269 Abs. 1 ZPO analog angewendet werden, wonach der Antragsgegner der Antrags-

---

[39] BGH 14, 183; *Keidel*, vor § 8 Anm. 3; *Habscheid*, § 7 III; *Bärmann*, § 4 III 3.

[40] Vgl. *Lindacher*, Rpfleger 1965, 41.

[41] Für die Differenzierung in der Anwendung des § 269 Abs. 1 ZPO auch *Habscheid*, § 19 I d.

[42] Für die Antragsrücknahme auch in den Rechtsmittelinstanzen: *Baumgärtel*, SAE 1963, 32; *Fenn*, SAE 1970, 248; *ders.*, Festschrift für G. Schiedermair, S. 131; *Lepke*, RdA 1974, 230; *ders.*, DB 1975, 1942; *Pohle*, Anm. zu BAG AP Nr. 2 zu § 81 ArbGG; *Grunsky*, ArbGG § 80 Anm. 31; *Dütz*, Anm. zu BAG SAE 1976, 39; *Schumann*, Anm. zu BAG AP Nr. 9 zu § 81 ArbGG.

rücknahme zustimmen muß[43], bei zweitem wäre die entsprechende Anwendung des § 269 Abs. 1 ZPO ausgeschlossen und die Antragsrücknahme unbeschränkt zulässig, da insoweit auch hier kein Interesse eines Antragsgegners mangels einer konträren Parteistellung an einer ihm günstigen Sachentscheidung besteht[44].

Damit wäre auch dem Argument des BAG[45], daß bei Rücknahme des Antrages in einer höheren Instanz die dem Antragsgegner zugewiesene Prozeß- und Rechtsstellung einseitig zunichte gemacht würde, der Boden entzogen, wenn in einem (streitigen) Verfahren mit Antragsgegner gemäß § 269 Abs. 1 ZPO im Gegensatz zu § 81 Abs. 2 ArbGG zur Antragsrücknahme die Einwilligung des Antragsgegners erforderlich ist.

Eine weitere Frage ist, ob außer dem Antragsgegner bei einem streitigen Verfahren auch noch die sonstigen Beteiligten zustimmen müssen. Für den notwendig Beigeladenen im Verwaltungsgerichtsprozeß wird dies von der h. M.[46] verneint, von *Grunsky*[47] dagegen mit der Erwägung befürwortet, daß sich die notwendige Beiladung daraus rechtfertige, daß es in dem Prozeß auch um das Recht des Beigeladenen gehe; deshalb müsse der notwendig Beigeladene ebenso wie der Beklagte dagegen geschützt werden, seine Rechtsposition in einem zweiten Prozeß mit demselben Streitgegenstand verteidigen zu müssen[48].

Im Grunde kann jedoch für die Beantwortung der Frage, ob die Antragsrücknahme auch in der zweiten und dritten Instanz möglich ist, und damit die Dispositionsmaxime gilt, offen bleiben, ob die Einwilligung des Antragsgegners oder auch sämtlicher Beteiligter erforderlich ist[49], denn jedenfalls sind die Beteiligten zumindest gemeinsam in der Lage, das Verfahren zu beenden, unabhängig davon, ob das Gericht dies will. Damit gilt auch bei der Antragsrücknahme die Dispositionsmaxime.

---

[43] So *Grunsky*, ArbGG § 80 Anm. 31, 26, 28, da er das BV als Streitverfahren ansieht, in welchem es um die Durchsetzung subjektiver Rechte geht.

[44] So auch *Lepke*, DB 1975, 1938, der jedoch konsequenterweise deshalb keine Einwilligung der Beteiligten zur Antragsrücknahme fordert, weil er der Ansicht ist, daß im BV kein Prozeßrechtsverhältnis vorliegt, das durch die individuell-rechtliche Gegnerschaft der Parteien gekennzeichnet ist und dem von der Rechtssprechung verwendeten Begriff des Antragsgegners keine Bedeutung zukommt.

[45] AP Nr. 2 zu § 81 ArbGG.

[46] *Eyermann / Fröhler*, § 92 Anm. 12; *Schunk / de Clerk*, § 92 Anm. 3 a.

[47] § 8 II 3.

[48] Der Gemeinsame Senat hat sich in seinem Beschluß v. 14. 3. 1976, NJW 1976, 1682 mit der Frage beschäftigt, ob die Zustimmung des Beigeladenen zur Sprungrevision erforderlich ist, und dabei auch die Frage berührt, ob die Hauptbeteiligten den Rechtsstreit durch Klagerücknahme beenden können, ohne daß dies der Beigeladene verhindern kann, hat aber diese Frage nicht entschieden.

[49] So *Fenn*, Festschrift für G. Schiedermair, S. 131.

bb) Übereinstimmende Erledigungserklärung in der Hauptsache

Auch die Erledigungserklärung in der Hauptsache ist ein Dispositionsakt eines Beteiligten[50]. Das BAG hat aber in st. Rspr.[51] verneint, daß die übereinstimmende Erledigungserklärung der Beteiligten das Verfahren beendet. Es sieht in den Erledigungserklärungen lediglich unverbindliche Anregungen für eine von Amts wegen vorzunehmende Prüfung, ob eine „substantielle Verfahrensbeendigung" eingetreten ist[52]. Die Begründung dafür ist, daß die Erledigungserklärung dem arbeitsgerichtlichen Beschlußverfahren fremd sei[53] und lediglich für den von der Parteimaxime beherrschten Rechtsstreit passe, in dem zwei Prozeßparteien einander gegenüberstehen und die Herrschaft über den Streitstoff besitzen. Dagegen lasse sie sich auf das von der Offizialmaxime beherrschte Beschlußverfahren, das nur Beteiligte kenne, nicht ohne nähere gesetzliche Regelung übertragen.

Diese Ansicht des BAG ist kaum verständlich, da es in einem anderen Beschluß ausführt[54], daß das Beschlußverfahren als Verfahren eigener Art allenfalls mit den im Wege des Verfahrens der freiwilligen Gerichtsbarkeit auszutragenden echten Streitsachen verglichen werden könne, und daß diese echten Streitsachen der Verfügung der Beteiligten unterliegen. Wenn man nun schon das Beschlußverfahren mit den echten Streitverfahren der freiwilligen Gerichtsbarkeit vergleicht, diese jedoch vom Verfahren her entsprechend von den Regeln der ZPO bzw. der VwGO beherrscht werden und in echten Streitverfahren die Bindung des Gerichts an die übereinstimmenden Erledigungserklärungen anerkannt ist[55], so muß man diese verfahrensrechtliche Konsequenz auch für das Beschlußverfahren ziehen.

Auch die weiteren Argumente, mit denen das BAG die Möglichkeit der Erledigungserklärung in der Hauptsache verneint, nämlich daß das Beschlußverfahren vom Untersuchungsgrundsatz beherrscht werde, und daß überdies die Erledigungserklärung voraussetze, daß eine Kostenentscheidung getroffen werden könne[56], sind nicht stichhaltig. Wie *Grunsky*[57] zutreffend ausführt, hindert die Geltung des Untersuchungs-

---

[50] *Bärmann*, § 13 II 4 a; *Grunsky*, § 12 II 1; *Grunsky*, ArbGG § 80 Anm. 32.

[51] BAG AP Nr. 2 zu § 81 ArbGG; AP Nr. 7 zu § 23 BetrVG 52; AP Nr. 2 zu § 2 TVG.

[52] AP Nr. 2 u. 9 zu § 81 ArbGG.

[53] AP Nr. 7 zu § 23 BetrVG 52; BVerwG AP Nr. 12 zu § 31 PersVG.

[54] EzA § 20 BetrVG Nr. 1.

[55] *Bärmann*, § 18 IV 3; *Jansen*, § 19 Anm. 36; *Keidel*, § 20 a Anm. 7; BGH NJW 1968, 1725 läßt dagegen die Frage der Bindung des Gerichts an übereinstimmende Erledigungserklärungen in echten Streitsachen offen.

[56] BAG 22, 293.

[57] ArbGG § 80 Anm. 32.

grundsatzes weder die einseitige noch die übereinstimmende Erledigungserklärung; denn zum einen sind Erledigungserklärungen auch im Verfahren mit Geltung des Untersuchungsgrundsatzes möglich, wie sich aus §§ 161 Abs. 2 VwGO und 138 FGO ergibt[58], zum anderen betrifft der Untersuchungsgrundsatz nur die Tatsachenermittlung[59], nicht jedoch die Befugnis, über die Beendigung des Verfahrens zu befinden; dies ist ein Ausfluß der Dispositionsmaxime. Auch der Hinweis auf die Bedeutung der im Beschlußverfahren zu klärenden Fragen der Unternehmens- und Betriebsverfassung kann nicht rechtfertigen, daß im Beschlußverfahren die Dispositionsmacht der Beteiligten schwächer sein soll als etwa im Verwaltungs- und Finanzprozeß, wo es ebenfalls auch um öffentliche Interessen geht.

Im übrigen ist kein ersichtlicher Grund vorhanden, warum eine Erledigungserklärung in der Hauptsache nicht möglich sein soll, wenn keine Kostenentscheidung ergehen kann. Dies kann aus § 91 a ZPO nicht entnommen werden; denn diese Vorschrift begründet nicht die Zulässigkeit der Erledigungserklärung, sondern setzt sie voraus und regelt nur die kostenrechtlichen Folgen. Daraus ergibt sich jedoch nicht, daß eine Erledigungserklärung in der Hauptsache unzulässig wäre, wenn ein Verfahren kostenfrei ist[60].

Da in allen Verfahrensordnungen[61] die übereinstimmende Erledigungserklärung in der Hauptsache das Verfahren ohne Rücksicht darauf beendet, ob tatsächlich eine Erledigung eingetreten ist, so kann auch für das arbeitsgerichtliche Beschlußverfahren nichts anderes gelten.

Da es sich bei der Erledigungserklärung in der Hauptsache um eine Beendigung des Verfahrens ohne eine Entscheidung in der Hauptsache handelt, so ist auch unerheblich, ob die Beteiligten über das streitbefangene Rechtsverhältnis verfügen dürfen[62]. Damit ist aber auch eine einseitige Erledigungserklärung im arbeitsgerichtlichen Beschlußverfahren zuzulassen[63]. Wie auch in den übrigen Verfahren[64], hat jedoch

---

[58] Vgl. *Redeker / v. Oertzen*, § 107 Anm. 16; *Ziemer / Birkholz*, § 72 Anm. 34.

[59] BVerwG 1, 178.

[60] Im Ergebnis ebenso *Grunsky*, ArbGG § 80 Anm. 32; für die Erledigungserklärung in der Hauptsache ferner *Pohle*, Anm. zu AP Nr. 2 zu § 81 ArbGG; *ders.*, Festschrift für Hueck, S. 184; *Schumann*, Anm. zu AP Nr. 9 zu § 81 ArbGG; *Dütz*, Anm. zu BAG SAE 1975, 40; *Fenn*, Anm. zu BAG SAE 1970, 248; *ders.*, Festschrift für G. Schiedermair, S. 134; aus der Rspr. in neuerer Zeit: LAG Berlin vom 27. 10. 1975, BB 1976, 420.

[61] Für die ZPO: *Thomas / Putzo*, § 91 a Anm. 6; für die VwGO: *Eyermann / Fröhler*, § 161 Anm. 8; für die freiwillige Gerichtsbarkeit: *Grunsky*, § 12 IV.

[62] *Grunsky*, § 12 II 1.

[63] *Fenn*, SAE 1970, 248; *ders.*, Festschrift für Schiedermair, S. 135; *Dütz*, SAE 1975, 40; *Lepke*, DB 1975, 1990.

[64] Für die ZPO: vgl. *Thomas / Putzo*, Anm. 7 zu § 91 a; für die VwGO: vgl. *Eyermann / Fröhler*, Anm. 8 zu § 161.

im Falle der einseitigen Erledigungserklärung das Gericht zu prüfen, ob sich der Rechtsstreit auch tatsächlich erledigt hat; denn hier ist wie in allen Verfahren dieselbe Situation, daß der Antragsteller ohne Zustimmung des Antragsgegners die Abweisung seines unzulässigen oder unbegründeten Antrages nicht soll vermeiden können, indem er die Hauptsache für erledigt erklärt[65].

Das Erfordernis der Zustimmung ist jedoch kein Ausfluß der Offizialmaxime, sondern ebenfalls der Dispositionsmaxime. Mit Zulässigkeit der Erledigungserklärung in der Hauptsache ist wiederum bestätigt, daß das arbeitsgerichtliche Beschlußverfahren kein Offizialverfahren, sondern ein Beteiligtenverfahren mit Geltung der Dispositionsmaxime darstellt.

cc) Vergleich

Das BAG hat die Frage, ob überhaupt im arbeitsgerichtlichen Beschlußverfahren ein Vergleich abgeschlossen werden kann, bisher offen gelassen[66], jedoch hat es zu erkennen gegeben, daß es wohl auch einem gerichtlichen Vergleich nicht eine unmittelbar verfahrensbeendende Wirkung zubilligt[67]; vielmehr müsse das Gericht ermitteln, ob der Vergleich dem Verfahren das Rechtsschutzinteresse nimmt, worauf dann das Gericht die Feststellung zu treffen habe, daß das Verfahren erledigt ist[68].

Auch im arbeitsgerichtlichen Beschlußverfahren ist der Abschluß eines Vergleiches grundsätzlich als zulässig zu erachten[69]. Zum einen muß man konsequenterweise die Zulässigkeit eines Prozeßvergleiches im Beschlußverfahren anerkennen, wenn man das Beschlußverfahren mit den echten Streitsachen in der freiwilligen Gerichtsbarkeit vergleicht[70], denn dort ist die Zulässigkeit des Prozeßvergleiches anerkannt[71], indem je nachdem, ob es sich um öffentlichrechtliche oder privatrechtliche Streitigkeiten handelt, die Vorschriften der ZPO oder VwGO entsprechend angewendet werden. Zum anderen ist auch in den Verfahren, wo ebenfalls ein starkes öffentliches Interesse besteht, die Zulässigkeit des Vergleiches nicht ausgeschlossen, sondern nur davon abhängig gemacht, daß die den Vergleich Abschließenden über den Ver-

---

[65] *Thomas / Putzo*, § 91 a Anm. 7.

[66] Vgl. BAG AP Nr. 8 u. 9 zu § 81 ArbGG.

[67] So auch *Müller*, G., (I) S. 44.

[68] So BAG AP Nr. 9 zu § 81 ArbGG für einen allerdings außergerichtlichen Vergleich.

[69] *Fenn*, Festschrift für Schiedermair, S. 137; *Grunsky*, ArbGG § 80 Anm. 30.

[70] BAG DB 1973, 1257.

[71] *Keidel*, Vorbem. §§ 8 - 18 Anm. 24; *Bärmann*, § 18 III 2; *Habscheid*, § 22 II 3; *Jansen*, Vorbem. §§ 8 - 18 Anm. 81.

fahrensgegenstand verfügen können[72]. Keine andere Regelung rechtfertigt sich für das Beschlußverfahren. Auch im Beschlußverfahren ist ein öffentliches Interesse vorhanden; dies wird jedoch nicht immer so stark sein, daß das Interesse der Beteiligten stets hinter dem öffentlichen Interesse zurücktritt; denn nur dann wäre eine Verfügungsbefugnis der Beteiligten nicht gegeben[73]. Jedoch gibt es genügend im Beschlußverfahren zu behandelnde Streitigkeiten, in denen das öffentliche Interesse im Vergleich zum Interesse der Beteiligten verschwindend gering ist. So zum Beispiel bei einem Streit, ob der Gewerkschaftsbeauftragte in einem konkreten Betrieb ein Zutrittsrecht hat, § 2 Abs. 2 BetrVG, bei einem Streit über den Umfang von Freistellungen gemäß § 37 Abs. 2 BetrVG, bei einem Streit über den Anspruch auf Erstattung von Aufwendungen, § 40 Abs. 1 BetrVG und bei einem Streit gemäß § 99 Abs. 4 BetrVG auf Ersetzung der Zustimmung zu einer persönlichen Einzelmaßnahme.

Die Tatsache, daß im Beschlußverfahren die Untersuchungsmaxime gilt, kann kein anderes Ergebnis rechtfertigen; denn die Verfügung über den Streitgegenstand wird von der Untersuchungsmaxime nicht berührt, denn die Verfügungsmacht gehört zur Dispositionsmaxime und hat mit der Untersuchungsmaxime, die nur die Beschaffung der tatsächlichen Unterlagen für die gerichtliche Entscheidung betrifft, nichts zu tun[74].

Natürlich ist auch im Beschlußverfahren, entsprechend der Regelung in § 106 VwGO und § 101 Abs. 1 SGG, zu berücksichtigen, daß ein Vergleich nur insoweit zulässig ist, als die Beteiligten über den Gegenstand des Antrages verfügen können. Dies ist ein allgemeiner Grundsatz, der für alle Verfahren gilt[75]. Es ist somit auf die materielle Verfügungsbefugnis der Beteiligten abzustellen und hiervon die Zulässigkeit eines Verfahrensvergleiches abhängig zu machen[76]. Der Entscheidungsspielraum der Arbeitsgerichte im Beschlußverfahren beschränkt sich daher beim Vergleich darauf, zu prüfen, ob und inwieweit das zur Anwendung stehende Betriebsverfassungsrecht dispositiv oder zwingend ist. Ist es dispositiv, so ist ein Vergleich bindend[77].

dd) Anerkenntnis und Verzicht

Das BAG hat sich zu Fragen des Anerkenntnisses und des Verzichtes, soweit ersichtlich, noch nicht geäußert. Jedoch ist nach der Rechtsspre-

---

[72] § 106 VwGO; § 101 Abs. 1 SGG.

[73] Vgl. *Eyermann / Fröhler*, § 106 Anm. 3.

[74] *Pohle*, Festschrift für Hueck, S. 186.

[75] Für das Verfahren der freiwilligen Gerichtsbarkeit: vgl. BGH 13, 387; *Jansen*, Vorbem. §§ 8 - 18 Anm. 80.

[76] Im Ergebnis ebenso LAG Bremen, BB 1965, 1108; *Grunsky*, ArbGG § 80 Anm. 30; *Schumann*, Anm. zu BAG AP Nr. 9 zu § 81 ArbGG.

[77] *Fenn*, Festschrift für Schiedermair, S. 138.

chung des BAG zur Zulässigkeit des Vergleiches anzunehmen, daß Anerkenntnis und Verzicht im arbeitsgerichtlichen Beschlußverfahren als ausgeschlossen angesehen werden[78], und sogar von einem Verfechter[79] der Zulässigkeit von übereinstimmender Erledigungserklärung und Vergleich wird dieses Ergebnis vertreten. Jedoch ist dies inkonsequent, denn auch Anerkenntnis und Verzicht setzen voraus, daß der sich Unterwerfende über den Streitgegenstand verfügen kann[80]. Damit taucht aber bei Anerkenntnis und Verzicht dieselbe Problematik auf wie bei der Zulässigkeit des Prozeßvergleiches. Die vorstehend geltend gemachten Gründe für die Zulässigkeit des Prozeßvergleiches sprechen daher ebenso für die Zulässigkeit von Anerkenntnis und Verzicht.

Genauso wie beim Prozeßvergleich kann aus der Tatsache, daß eine Verfügungsbefugnis nicht bei allen Streitgegenständen besteht, nicht geschlossen werden, daß daher Anerkenntnis und Verzicht schon generell unzulässig wären. So gibt es gerade bei öffentlichrechtlichen Streitigkeiten gemäß der VwGO Streitgegenstände, über die die Parteien nicht verfügen können, dennoch ist der Vergleich gemäß § 106 VwGO grundsätzlich zulässig, ebenso sind zulässig Verzicht und Anerkenntnis dort, wo ein Vergleich möglich ist[81].

Eine andere Frage ist nun, inwieweit der Untersuchungsgrundsatz die Zulässigkeit von Anerkenntnis und Verzicht zurückdrängt oder ausschließt.

In der Tat wird sogar zum Teil[82] für die echten Streitverfahren in der freiwilligen Gerichtsbarkeit keine bindende Wirkung von Anerkenntnis und Verzicht angenommen, und zwar mit der Begründung, daß das Gericht bei Prüfung und Feststellung der Wahrheit einer Behauptung oder Tatsache an die Erklärungen der Beteiligten nicht gebunden sei. Diese Ansicht ist jedoch nicht haltbar. Sie ist zutreffend für das Geständnis, das die von der Gegenseite vorgebrachten Tatsachenbehauptungen betrifft, da wegen Geltung der Untersuchungsmaxime das Gericht den Sachverhalt von Amts wegen erforscht. Bei Anerkenntnis und Verzicht handelt es sich dagegen nicht um das Eingeständnis von Tatsachen, sondern um die Anerkennung und den Verzicht von Ansprüchen. Dies hat jedoch nichts mit der Untersuchungsmaxime zu tun, denn wenn der Streitgegenstand beseitigt ist, braucht das Gericht auch den Sachverhalt nicht mehr von Amts wegen zu

---

[78] So *Müller*, G., (I) S. 45.

[79] *Pohle*, Festschrift für Hueck, S. 187.

[80] *Ule*, § 43 I 1; *Eyermann / Fröhler*, § 86 Anm. 3; *Grunsky*, § 10 I.

[81] *Eyermann / Fröhler*, § 107 Anm. 7.

[82] *Habscheid*, § 19 II 1; die h. M. sieht dagegen Anerkenntnis und Verzicht bei den echten Streitverfahren als zulässig an, vgl. *Keidel*, § 12 Anm. 111; *Bärmann*, § 18 II.

erforschen; die Untersuchungsmaxime besagt nicht, daß ein Verfahren von den Beteiligten nicht beendet werden kann, dies ist allein eine Frage der Geltung von Dispositions- bzw. Offizialmaxime. Wie es im Rahmen der Dispositionsfreiheit des Antragstellers liegt, ob er einen betriebsverfassungsrechtlichen Anspruch geltend machen will, so muß es auch in seiner Dispositionsfreiheit liegen, ob er auf einen Anspruch verzichten will, wenn er darüber verfügungsbefugt ist; denn ein öffentliches Interesse an einer Verfolgung eines betriebsverfassungsrechtlichen Anspruches von Amts wegen (gegen den Willen des Antragsstellers) besteht nicht, wie sich aus dem Antragsprinzip ergibt. Entsprechendes gilt mit umgekehrten Vorzeichen für das Anerkenntnis. In den Streitigkeiten, in denen eine Verfügungsbefugnis der Beteiligten über einen betriebsverfassungsrechtlichen Anspruch besteht, sind daher Anerkenntnis und Verzicht genauso zuzulassen wie der Vergleich[83].

ee) Säumnis

Das Beschlußverfahren kann dagegen nicht durch Versäumnisbeschluß beendet werden. Dieses Ergebnis ist jedoch ein Ausfluß der Untersuchungsmaxime, wonach das Gericht an ein bestimmtes Verhalten und Vorbringen der Beteiligten bei der Sachverhaltsermittlung nicht gebunden ist. Das Gericht braucht deshalb das tatsächliche mündliche Vorbringen des Gegners nicht als zugestanden anzusehen (vgl. § 331 Abs. 1 ZPO). Daß es im Beschlußverfahren kein Versäumnisurteil gibt, ist jedoch nicht Ausfluß der Offizialmaxime, sondern der Untersuchungsmaxime.

Mit den vorstehenden Ausführungen ist dargetan, daß es sich beim Beschlußverfahren nicht um ein Offizialverfahren, sondern um ein Beteiligtenverfahren mit Geltung der Dispositionsmaxime handelt. Somit müssen, genauso wie in den Urteilsverfahren nach der ZPO, VwGO, FGO und dem SGG die Begriffe „Kläger“ und „Beklagter“, auch im arbeitsgerichtlichen Beschlußverfahren die Begriffe „Antragsteller“, „Beschwerdeführer“ und — soweit ein solcher vorhanden ist — „Antragsgegner“ klar und einfach bestimmbar sein; denn die Funktionen und Rechte im Verfahren sind für Antragsteller, Antragsgegner und Beschwerdeführer ebenso wie in allen Parteiverfahren so erheblich, daß in jeder Phase des Verfahrens Klarheit darüber bestehen soll, wem diese Funktionen und Rechte zustehen. Wie auch in den anderen Partei- bzw. Beteiligtenverfahren kann auch dem Erfordernis der Klarheit am besten ein formeller Beteiligtenbegriff entsprechen, der von in der Regel mit nicht leicht nachprüfbaren materiellen Erfordernissen frei ist.

---

[83] Für die Zulässigkeit von Anerkenntnis und Verzicht im BV: *Grunsky*, ArbGG § 80 Anm. 30; *Fenn*, Festschrift für Schiedermair, S. 138.

III. Die Gewährleistung eines vollwertigen Rechtsschutzes

Wollte man nicht den formellen Beteiligtenbegriff für Antragssteller und Beschwerdeführer annehmen, sondern gemäß dem materiellen Beteiligtenbegriff nur diejenigen als Verfahrensbeteiligte ansehen, die zugleich materiell am Rechtsverhältnis beteiligt sind, so dürfte es auch hier konsequenterweise zu keinem das Verfahren entscheidenden Beschluß im Sinne des § 84 ArbGG kommen, wenn der Antrag von jemandem gestellt wurde, der nicht materiell am Rechtsverhältnis beteiligt ist, da dieser somit durch die Verknüpfung des Verfahrensbeteiligtenbegriffes mit dem materiellen Recht auch nicht als Antragsteller angesehen werden könnte. Dies ergäbe die für unser Rechtsempfinden unvorstellbare Situation, daß die Frage, ob jemand Antragsteller bzw. Beschwerdeführer ist, vor oder außerhalb des Verfahrens geprüft werden müßte und nicht innerhalb des Verfahrens mit dessen Rechtsschutzgarantien. Dagegen wird, wenn derjenige als Antragsteller oder Beschwerdeführer hingenommen wird, der einen Antrag stellt bzw. Beschwerde einlegt, innerhalb des Verfahrens geprüft, ob er auch berechtigterweise als Antragsteller oder Beschwerdeführer aufgetreten ist. Daß dies allein ein tragbares Ergebnis ist, wurde bereits unter 1. Kap. D. II. 4. ausgeführt.

IV. Die Notwendigkeit der Trennung des Beteiligtenbegriffes von der Antrags- bzw. der Beschwerdebefugnis

Dem formellen Beteiligtenbegriff für Antragsteller und Beschwerdeführer fehlt aber genauso wie dem formellen Parteibegriff für den Kläger das Korrektiv, um Popularanträge auszuschließen. Dieses Korrektiv übernimmt bei Antragsteller und Beschwerdeführer im Beschlußverfahren die Antrags- bzw. die Beschwerdeberechtigung, genauso wie beim Kläger im zivilprozessualen oder verwaltungsgerichtlichen Verfahren die Prozeßführungsbefugnis bzw. die Klagebefugnis. Die Antragsberechtigung entspricht in ihrer Funktion der Prozeßführungsbefugnis[84] bzw. der Klagebefugnis. Wie die Prozeßführungsbefugnis die Frage betrifft, ob die Partei auch richtige Partei ist[85], betrifft die Antragsberechtigung bzw. die Beschwerdeberechtigung die Frage, ob der Antragsteller bzw. der Beschwerdeführer auch zur Antragstellung und zur Beschwerdeeinlegung berechtigt ist und damit richtiger Antragsteller bzw. richtiger Beschwerdeführer ist. Genauso wie die Prozeßführungsbefugnis nicht Bestandteil des Parteibegriffes ist, so ist auch die Antrags- bzw. Beschwerdeberechtigung nicht Bestandteil des Verfahrensbeteiligtenbegriffes. Denn wie bereits für den formellen Partei-

---

[84] *Müller*, G., (I) S. 38; *Etzel*, ArbuR 1974, 224; *Dütz*, SAE 1975, 38; *ders.*, Anm. zu BAG AP Nr. 1 zu § 20 BetrVG.

[85] *Lüke*, ZZP 76, 6; *Grunsky*, vor § 26.

begriff ausgeführt[86], würde damit der Beteiligtenbegriff alles andere als einfach, in der Schwierigkeit abgestuft, je nachdem, ob die Antrags- bzw. Beschwerdeberechtigung ihre Grundlage im materiellen Recht findet, oder ob sie vom materiellen Recht getrennt ist. Wenn man mit dem BAG[87] die Antragsberechtigung als sich aus dem materiellen Recht ergebend begreift, so müßte, wenn die Antragsberechtigung bzw. Beschwerdeberechtigung Inhalt des Beteiligtenbegriffes wäre, um die Stellung als Antragsteller und Beschwerdeführer bejahen zu können, geprüft werden, ob eine sachlich-rechtliche Berechtigung vorhanden ist. Damit stünde man auch hier wieder vor der gleichen, wenn vielleicht auch graduell minderen Schwierigkeit, in eine Prüfung der materiellen Berechtigung einzutreten, wenn man die Stellung als Antragsteller oder Beschwerdeführer prüft. Deshalb ist es angezeigt, die Frage der Antragsberechtigung bzw. Beschwerdeberechtigung aus dem Verfahrensbeteiligtenbegriff herauszuhalten. So verstanden wird also durch den Begriff des Antragstellers, Antragsgegners oder Beschwerdeführers nichts anderes ausgesagt, als daß derjenige, der einen Antrag stellt, der eine Beschwerde einlegt, und gegen den sich ein Antrag richtet, eben Antragsteller, Beschwerdeführer oder Antragsgegner ist. Im Gegensatz zur Auffassung *de Boors*[88] ist dies nicht „ein durchaus ungesunder Zustand“, sondern wie *Kollhosser*[89] ausführt, „eine notwendige Voraussetzung vollwertigen Rechtsschutzes und damit eine wesentliche Konsequenz verfahrensrechtlichen Denkens. Denn wie allgemein das Verfahrensrecht auf das materielle Recht bezogen ist, so ist es auch die Rechtsposition der Verfahrensbeteiligung auf die Rechtsposition der materiellen Beteiligung. Aber die formale Abschichtung und Trennung — und nur sie — ermöglicht es, daß auch nur alle möglicherweise rechtsschutzbedürftigen Sachfragen — wie auch alle Zweifelsfragen der Beteiligungsbefugnis — unter den vollen Rechtsschutzgarantien des Verfahrensrechts geprüft werden.“

B. Gründe für einen formellen Verfahrensbeteiligtenbegriff auch für die sonstigen Verfahrensbeteiligten

I. Die Beteiligung von Amts wegen erfordert keinen materiellen Verfahrensbeteiligtenbegriff

Während derjenige, der einen Antrag stellt, durch einen eigenen Akt Verfahrensbeteiligter wird, werden die sonstigen am Verfahren betei-

---

86 Vgl. 1. Kap. D. II. 3.

87 BAG AP Nr. 1 zu § 19 BetrVG; AP Nr. 8 zu § 37 BetrVG.

88 S. 51.

89 S. 346 Fußnote 79.

ligten Personen gemäß der bisher ständigen Übung der Arbeitsgerichte von Amts wegen ermittelt und zum Verfahren hinzugezogen[1]; sie erwerben damit die Stellung eines Verfahrensbeteiligten durch einen Gerichtsakt und nicht durch einen eigenen Dispositionsakt wie der Antragsteller. Selbst die Richtigkeit dieser Praxis unterstellt, ist es jedoch fraglich, ob dies einen materiellen Verfahrensbeteiligtenbegriff fordert oder rechtfertigt.

So ist auf §§ 65 Abs. 1 VwGO, 60 Abs. 1 FGO und 75 Abs. 1 SGG zu verweisen, wo ebenfalls „andere" Personen (außer Kläger und Beklagtem) von Amts wegen durch das Gericht in das Verfahren hereingenommen werden. Es wird aber dennoch nicht behauptet, daß in diesen Verfahren neben dem formellen ein materieller *Verfahrens*beteiligtenbegriff nötig ist[2]. Beigeladener ist dort, wer tatsächlich beigeladen worden ist; die Frage, ob jemand Beigeladener ist, wird also nicht mit der Frage verbunden, ob jemand auch materiell am Verfahrensgegenstand beteiligt und damit zu Recht Beigeladener ist. Ob jemand richtiger Beigeladener ist, beantwortet sich danach, ob er die gesetzlich geforderten Voraussetzungen erfüllt, insbesondere ob seine rechtlichen Interessen durch die Entscheidung berührt werden. Dieses ist nichts anderes als die Frage nach der „Beiladungsberechtigung", die dieselbe Funktion hat wie beim Kläger die Prozeßführungsbefugnis bzw. die Klagebefugnis, nämlich eine Art „Popularbeteiligung" auszuschließen.

Damit ist dargelegt, daß bei einer Hinzuziehung von Personen oder Stellen von Amts wegen zu einem Verfahren nicht notwendig auch ein materieller Verfahrensbeteiligtenbegriff erforderlich ist. Wenn dies für andere Verfahren, die ebenfalls eine Heranziehung von Personen oder Stellen von Amts wegen kennen, anerkannt ist, so muß dieses Ergebnis auch im Beschlußverfahren möglich sein.

Im übrigen herrscht auch im Bereich der freiwilligen Gerichtsbarkeit, wo ebenfalls von Amts wegen vom Gericht Personen oder Stellen am Verfahren zu beteiligen sind, zumindest für die Streit- und Antragsverfahren[3] nicht mehr ein materieller Verfahrensbeteiligtenbegriff, da Beteiligter im verfahrensrechtlichen (formellen) Sinne auch derjenige wird, der zu Unrecht vom Gericht am Verfahren beteiligt wird oder sich von sich aus zu Unrecht am Verfahren beteiligt, der also nicht materiell am Streitgegenstand beteiligt ist, weil seine Rechte und Pflichten durch die Regelung der Angelegenheit nicht unmittelbar betroffen werden können[4]. Damit ist auch im Verfahren der freiwilligen Gerichts-

---

1 BAG AP Nr. 18 zu § 76 BetrVG 52.

2 Vgl. *Kollhosser*, S. 11.

3 Wie unter 1. Kap. C. III. 1. dargestellt.

4 Vgl. *Jansen*, § 6 Anm. 5.

barkeit für die Verfahrensbeteiligung zumindest bei den Streit- und Antragsverfahren nur ein einheitlich formeller Verfahrensbeteiligtenbegriff gültig. Mit einem materiellen Verfahrensbeteiligtenbegriff würde das arbeitsgerichtliche Beschlußverfahren sogar noch hinter dem Verfahrensbeteiligtenbegriff in der freiwilligen Gerichtsbarkeit hinterherhinken.

II. Unzweckmäßigkeit eines materiellen Verfahrensbeteiligtenbegriffes

Wie *Kollhosser*[5] für den Beteiligtenbegriff in der freiwilligen Gerichtsbarkeit dargelegt hat, ergibt sich die Ungeeignetheit des materiellen Verfahrensbeteiligtenbegriffes daraus, daß der Gebrauch zum einen schwerfällig ist, und daß er zum anderen die Beteiligtenlehre unsicher macht. Die Argumente Kollhossers lassen sich auch auf eine Beteiligtenlehre für das arbeitsgerichtliche Beschlußverfahren übertragen.

Auch eine Verfahrensbeteiligtenlehre im Beschlußverfahren wird schwerfällig, wenn in ihr mit zwei verschiedenen Verfahrensbeteiligtenbegriffen gearbeitet wird, mit einem formellen für Antragsteller, Beschwerdeführer und — soweit es ihn gibt — Antragsgegner, und einem materiellen für die übrigen Verfahrensbeteiligten. Daß eine solche dualistische Verfahrensbeteiligtenlehre nicht sehr übersichtlich ist, liegt klar auf der Hand.

Die Unsicherheit ergibt sich daraus, daß der Begriff der Verfahrensbeteiligung mit der materiellen Beteiligung am Streitgegenstand verknüpft ist, wenn als Verfahrensbeteiligte nur diejenigen angesehen werden, deren betriebsverfassungsrechtliche Interessen unmittelbar berührt bzw. betroffen werden. Wird die Stellung als Verfahrensbeteiligter mit den sich daraus zur Einflußnahme auf das Verfahren ergebenden Befugnissen an die materielle Beteiligung am Streitgegenstand gekoppelt, so wird damit die Frage, wer Verfahrensbeteiligter ist, genauso unsicher und unklar wie die Frage, wer materiell am Streitgegenstand beteiligt ist. Deshalb ist es besser, den Begriff der Verfahrensbeteiligung von der Frage der materiellen Beteiligung zu lösen. Denn daß die Feststellung der materiellen Beteiligung Schwierigkeiten bereitet, hat sich in der Vergangenheit in der Rechtssprechung des BAG hinreichend bewiesen. Dies ergibt sich insbesondere aus den Verfahren, die sich mit der Beteiligung einzelner Arbeitnehmer[6] und der Gewerkschaften[7] am Beschlußverfahren befassen.

---

[5] S. 327 ff.

[6] BAG AP Nr. 2 zu § 81 BetrVG 52; AP Nr. 1 zu § 83 ArbGG; AP Nr. 6 zu § 76 BetrVG 52.

[7] BAG 15, 307; 17, 72; 23, 130; 18, 319; AP Nr. 1 zu § 19 BetrVG; AP Nr. 1 zu § 26 BetrVG.

III. Notwendigkeit eines formellen Verfahrensbeteiligtenbegriffes wegen der Möglichkeit der Verfahrensbeteiligung durch Eigeninitiative

Es dürfte für das arbeitsgerichtliche Beschlußverfahren anzuerkennen sein, daß die „anderen Personen oder Stellen“ außer dem Antragsteller und Antragsgegner am Verfahren neben einer Beteiligung von Amts wegen sich auch von sich aus am Verfahren beteiligen können, also durch Eigeninitiative. Zwar muß das Gericht im Beschlußverfahren gemäß der Rechtssprechung des BAG[8] alle materiell am Streitgegenstand Beteiligten von Amts wegen ermitteln und zum Verfahren hinzuziehen, jedoch muß es auch möglich sein, daß sich jemand von sich aus am Verfahren beteiligt. Die Bestimmung des § 83 Abs. 1 ArbGG sagt nur aus, daß die nach dem Betriebsverfassungsgesetz, dem Mitbestimmungsgesetz und dem Betriebsverfassungsgesetz 1952 und den zu diesen Gesetzen erlassenen Rechtsverordnungen im einzelnen Falle Beteiligten im Verfahren zu hören sind, sagt jedoch nicht ausdrücklich, wie diese Personen oder Stellen ins Verfahren gelangen. Nun ist es durchaus logisch und zwingend, daraus zu folgern, daß diese materiell Beteiligten, die im Verfahren gehört werden müssen, von Amts wegen zum Verfahren hinzugezogen werden müssen, um der Anhörungspflicht Genüge zu tun; die Pflicht, von Amts wegen zu beteiligen, kann aber nur so weit gelten, als sich diese Personen oder Stellen nicht bereits von sich aus am Verfahren beteiligt haben. Es kann also aus einer „Amtspflicht“ des Gerichts nicht geschlossen werden, daß eine Eigeninitiative dieser Personen oder Stellen ausgeschlossen wäre.

Im übrigen scheint das BAG im Beschluß vom 30. 8. 1963[9] anerkannt zu haben, daß sich jemand auch von sich aus außer als Antragsteller auch als sonstiger Beteiligter am Verfahren beteiligen kann, ohne von Amts wegen hinzugezogen zu werden.

Die Möglichkeit, sich als sonstiger Verfahrensbeteiligter, das heißt außer als Kläger und Beklagter, von sich aus am Verfahren zu beteiligen, ist in der ZPO durch die Nebenintervention ausdrücklich anerkannt. Aus §§ 70, 71 ZPO ergibt sich, daß derjenige, der durch Einreichung eines Schriftsatzes einem Verfahren als Nebenintervenient beitritt, auch Nebenintervenient ist, unabhängig davon, ob er auch zu Recht als Nebenintervenient auftritt. Denn so lange die Unzulässigkeit der Nebenintervention nicht rechtskräftig ausgesprochen wurde, hat der Intervenierende die Stellung als Nebenintervenient, § 71 Abs. 3 ZPO.

---

[8] BAG AP Nr. 18 zu § 76 BetrVG 52.

[9] BAG AP Nr. 2 zu § 88 BetrVG 52: „Beteiligt ist vielmehr — neben dem Antragsteller — grds. nur die Gewerkschaft, die von sich aus dem Verfahren beitritt.“

Dieses Ergebnis fordert auch das Recht auf rechtliches Gehör, Art. 103 Abs. 1 GG. Denn derjenige, dessen Berechtigung in einem Verfahren aufzutreten bestritten wird, muß vor Gericht auch das Recht zum Tatsachen- und Rechtsvortrag haben, bis zu dem Zeitpunkt, an dem das Gericht über die Berechtigung zur Verfahrensteilnahme entscheidet. Damit ergibt sich zwingend, daß er bis zur Entscheidung als am Verfahren Beteiligter hingenommen werden muß, damit er vor Gericht überhaupt sein Recht zum Tatsachen- und Rechtsvortrag ausüben kann.

Aus der Regelung der Beiladung im Verwaltungsgerichtsverfahren kann nichts anderes abgeleitet werden. Dort bedarf zwar die Beteiligung von „anderen" als Kläger und Beklagtem, nämlich die Beiladung, nach allgemeiner Meinung stets eines Gerichtsbeschlusses, auch bei einer Beiladung auf Antrag. Daraus wird gefolgert, daß der Beitritt eines Dritten zum Verfahren durch Eigeninitiative, wie im zivilprozessualen Verfahren durch die Nebenintervention, nicht möglich ist[10]. Hier wird also Beteiligter als Beigeladener auch verfahrensrechtlich erst der, der durch Beschluß förmlich beigeladen wird. Bis zum Beiladungsbeschluß hat der die Beiladung Beantragende nicht die Stellung eines Beigeladenen.

Diese Ansicht, wonach die Rechtsmacht zur Beteiligung am Verfahren allein beim Gericht liegt, kann jedoch für die Beteiligung von sonstigen Verfahrensbeteiligten im Beschlußverfahren nicht übernommen werden. Zum einen ist nämlich auch im Verwaltungsgerichtsverfahren außer dem notwendig Beigeladenen auch dem einfach Beigeladenen entgegen der h. M.[11] ein Rechtsanspruch auf Beiladung zuzugestehen[12]. Es wäre unverständlich, wenn man die Initiative der Beteiligten zur Verfahrensbeteiligung im Gegensatz zur Nebenintervention als durch die Beiladungsvorschriften ausgeschlossenen ansehen würde. Denn das verwaltungsgerichtliche und das zivilprozessuale Verfahren sind nicht so unterschiedlich strukturiert, daß sich die Möglichkeit einer Beteiligung durch Eigeninitiative nur für den Zivilprozeß rechtfertigen läßt. Wenn man aber die Nebenintervention im verwaltungsgerichtlichen Verfahren als durch die Beiladung ausgeschlossen ansieht[13], so muß man wenigstens einen Anspruch auf Beiladung anerkennen[14]. Ist jedoch bereits ein Anspruch auf Beteiligung durch das Gericht anzuerkennen, so macht es keinen Unterschied mehr, wenn man dem einzelnen ein Recht gibt, sich durch eigene Initiative am Verfahren zu beteiligen. Zum anderen ent-

---

10 Vgl. *Eyermann / Fröhler*, § 65 Anm. 3 mit weiteren Nachweisen.

11 *Eyermann / Fröhler*, § 65 Anm. 10, 23; *Redeker / v. Oertzen*, § 65 Anm. 12; *Ule*, § 22 II 1.

12 *Grunsky*, § 30 I 1.

13 *Eyermann / Fröhler*, § 65 Anm. 6; *Ule*, § 22 I 1.

14 Zu diesem Ergebnis ausführlich unter 3. Kap. C. III. 4. d.

spricht die Berechtigung zur Beteiligung durch Eigeninitiative weitaus mehr rechtsstaatlichen Anforderungen unter dem Gesichtspunkt des Rechtes auf rechtliches Gehör, Art. 103 Abs. 1 GG. Es ist nämlich umstritten, ob das Recht auf rechtliches Gehör nicht nur ein Recht auf Tatsachen- und Rechtsvortrag innerhalb eines Verfahrens gibt, sondern auch einen Justizgewährungsanspruch, nämlich einen Anspruch auf Zugang zum Gericht und auf die Entscheidung des Gerichts[15]. Nach der h. M.[16] setzt die Gewährung des rechtlichen Gehörs gedanklich voraus, daß überhaupt ein Justizgewährungsanspruch besteht; dieser wäre damit nicht Bestandteil des rechtlichen Gehörs. Eine Mindermeinung[17] stellt dagegen auch den Justizgewährungsanspruch unter die Garantie des Art. 103 Abs. 1 GG.

Ohne diesen Streit entscheiden zu wollen, so ist doch davon auszugehen, daß es, wenn wie im Beschlußverfahren eine Lücke zu schließen ist, rechtsstaatlich geboten ist, diese Lücke nicht mit einer Regelung zu schließen, die allenfalls rechtsstaatlichen Minimalanforderungen[18] genügt, sondern auf diejenige Regelung zurückzugreifen, die mit Sicherheit dem Recht auf rechtliches Gehör gerecht wird oder sogar noch darüber hinaus geht.

Damit ist entsprechend der Regelung der Nebenintervention im Zivilprozeß auch im arbeitsgerichtlichen Beschlußverfahren (neben einer Beteiligung von Amts wegen) auch eine Verfahrensbeteiligung durch Eigeninitiative anzuerkennen. Damit ergibt sich aber aus den gleichen Gründen wie beim Antragsteller und Beschwerdeführer auch bei den sonstigen Verfahrensbeteiligten die Notwendigkeit eines formellen Verfahrensbeteiligtenbegriffes.

IV. Keine Rechtfertigung eines unterschiedlichen Verfahrensbeteiligtenbegriffes für von Amts wegen und auf eigene Initiative am Verfahren Beteiligte

Es wäre nun aber unzweckmäßig, für diejenigen sonstigen Verfahrensbeteiligte, die von Amts wegen in das Verfahren eintreten, mit einem anderen Verfahrensbeteiligtenbegriff zu arbeiten als bei denjenigen, die durch einen eigenen Dispositionsakt ins Verfahren eintreten. Zwar wird das Gericht nur jemanden von sich aus zum Verfahren heranziehen, der materiell an dem der Entscheidung zugrunde

---

[15] *Baur*, AcP 153, 399.

[16] *Maunz / Dürig*, Art. 103 Anm. 88; BVerfG 1, 429; 22, 273.

[17] *Baur*, AcP 153, 396 ff.

[18] „Das Recht auf rechtliches Gehör stellt nur eine verfassungsrechtliche Minimalforderung dar", BVerfG 7, 57.

liegenden Sachverhalt beteiligt ist, jedoch läßt sich auch in diesem Falle durchaus die Stellung als Verfahrensbeteiligter von der materiellen Beteiligung am Streitgegenstand selbst abtrennen. So ist es durchaus möglich, als Verfahrensbeteiligten formell nur den anzusehen, der vom Gericht hinzugezogen wurde, ohne Rücksicht auf seine materielle Beteiligung am Streitgegenstand. Wird jedoch vom Gericht jemand zu Unrecht zum Verfahren hinzugezogen und nimmt dieser am Verfahren teil, so wäre es ein unmögliches Ergebnis[19], diesen nicht als Verfahrensbeteiligten anzusehen. Was einem zu Unrecht zum Verfahren Beigezogenen fehlt, ist nicht die tatsächliche Stellung als Verfahrensbeteiligter, sondern nur die Berechtigung, als solcher aufzutreten. Damit ergibt sich dieselbe Situation wie beim Antragsteller und bei dem Verfahrensbeteiligten, der sich von sich aus am Verfahren beteiligt.

Als Ergebnis bleibt somit festzuhalten, daß der Begriff der Verfahrensbeteiligung von materiellen Elementen streng zu trennen ist und für die Verfahrensbeteiligung nur ein rein formeller Verfahrensbeteiligtenbegriff zu gelten hat.

V. § 83 Abs. 1 ArbGG fordert keinen materiellen Verfahrensbeteiligtenbegriff

§ 83 Abs. 1 ArbGG steht diesem Ergebnis nicht entgegen. Diese Bestimmung verlangt für die Verfahrensbeteiligten keinen materiellen Verfahrensbeteiligtenbegriff. Wenn § 83 Abs. 1 ArbGG fordert, daß im Beschlußverfahren der Arbeitgeber, die Arbeitnehmer und die Stellen zu hören sind, die nach dem Betriebsverfassungsgesetz, dem Mitbestimmungsgesetz und dem Betriebsverfassungsgesetz 1952 und den zu diesen Gesetzen erlassenen Rechtsverordnungen im einzelnen Falle beteiligt sind, so ist damit nicht ausgesagt, daß diese am konkreten Sachverhalt Beteiligten zugleich auch automatisch Verfahrensbeteiligte sind. Verfahrensbeteiligte werden diese materiell Beteiligten erst, wenn sie am Verfahren teilnehmen. Dies wurde sowohl in der früheren Rechtsprechung als auch zum Teil in der Literatur verkannt. § 83 Abs. 1 ArbGG statuiert nur eine Verpflichtung des Gerichts, die materiell im Einzelfalle an dem Streitgegenstand Beteiligten im Beschlußverfahren zu hören und damit am Verfahren zu beteiligen. Am Verfahren selbst beteiligt ist ein materiell am Streitgegenstand Beteiligter jedoch erst, wenn er tatsächlich im Verfahren auftritt bzw. zu diesem herangezogen wird.

---

[19] Was mittlerweile auch im Bereich der freiwilligen Gerichtsbarkeit weitestgehend anerkannt ist, vgl. *Jansen*, § 6 Anm. 5; *Habscheid*, § 14 V; *Keidel*, § 6 Anm. 14.

Aus § 83 Abs. 1 ArbGG ergibt sich auch nicht, wer die nach dem Betriebsverfassungsgesetz, dem Mitbestimmungsgesetz und dem Betriebsverfassungsgesetz 1952 und den zu diesen Gesetzen erlassenen Rechtsverordnungen im einzelnen Falle Beteiligten sind, denn dies läßt sich jeweils nur aus diesen Gesetzen und den zu diesen Gesetzen erlassenen Rechtsverordnungen im Einzelfalle ermitteln. § 83 Abs. 1 ArbGG bestimmt nicht, wer am Streitgegenstand materiell beteiligt ist, sondern setzt diese Kenntnis voraus. Die eigentliche Bedeutung von § 83 Abs. 1 ArbGG liegt, wie *Grunsky*[20] zu Recht ausführt, darin, daß er die Anhörung (und damit die Verfahrensbeteiligung) von Personen und betriebsverfassungsrechtlichen Stellen, und zwar von Amts wegen, vorschreibt, die weder als Antragsteller noch als Antragsgegner von sich aus im Verfahren auftreten.

C. Aufgabe des materiellen Beteiligtenbegriffes zugunsten des Begriffes der Beteiligungsverpflichtung bzw. -berechtigung

I. Begriffsbestimmung der materiellen Beteiligung

Da wie vorstehend ausgeführt, der materielle Verfahrensbeteiligtenbegriff im Beschlußverfahren keine Rechtfertigung findet und somit von der Geltung eines einheitlich formellen Verfahrensbeteiligtenbegriffes für alle Verfahrensbeteiligten auszugehen ist, so bleibt noch zu prüfen, ob neben dem formellen Verfahrensbeteiligtenbegriff noch ein materieller Beteiligtenbegriff erforderlich ist. Zur Verdeutlichung sei nochmals erläutert, daß der *materielle Verfahrensbeteiligtenbegriff* besagt, daß Verfahrensbeteiligter nur der sein kann, der ein materiell (am Streitgegenstand) Beteiligter ist. Der *materielle Beteiligtenbegriff* (losgelöst und unabhängig vom Verfahrensbeteiligtenbegriff) besagt dagegen nur, wer materiell an dem dem Verfahren zugrunde liegenden Streitgegenstand beteiligt ist.

Die Notwendigkeit eines materiellen Beteiligtenbegriffes wird für die Verfahren der freiwilligen Gerichtsbarkeit noch bejaht[1], auch nachdem die Koppelung des materiellen Beteiligtenbegriffes mit dem Verfahrensbeteiligtenbegriff aufgegeben ist und Verfahrensbeteiligter nicht nur der materiell am Streitgegenstand Beteiligte, sondern auch der nicht materiell am Streitgegenstand Beteiligte sein kann. Begründet wird die Ansicht, daß man in der freiwilligen Gerichtsbarkeit mit einem formel-

---

[20] ArbGG § 83 Anm. 1 und 2.

[1] Vgl. *Habscheid*, § 14 I 2; *Bärmann*, § 8 III 1 u. 2; *Keidel*, § 6 Anm. 14.

len Verfahrensbeteiligtenbegriff nicht auskommt, da sich die Bestimmung der Verfahrenssubjekte nicht wie im Zivilprozeß rein aus der bloßen Tatsache der Klageerhebung ergibt und im Gegensatz zum Zivilprozeß in den Verfahren der freiwilligen Gerichtsbarkeit die Verfahrenssubjekte gänzlich (Amtsverfahren) oder zumindest teilweise (Antragsverfahren, echtes Streitverfahren vgl. § 43 Abs. 1 Nr. 2 WEG) von Amts wegen zu bestimmen sind. Da aber der formelle Verfahrensbeteiligtenbegriff nur Auskunft darüber gibt, wer tatsächlich am Verfahren beteiligt ist, so muß es ein Kriterium dafür geben, wer am Verfahren zu beteiligen ist, wer sich beteiligen darf[2]. Da dies ein formales Kriterium (mangels formaler Eigenbeteiligung) nicht sein kann, müsse es ein materielles sein, das aus dem materiellen Rechtsverhältnis geschöpft wird[3].

Diese Situation ergibt sich auch im arbeitsgerichtlichen Beschlußverfahren, wo vom Gericht ebenfalls von Amts wegen Personen oder Stellen zum Verfahren hinzugezogen werden müssen, die an dem dem Verfahren zugrunde liegenden Streitgegenstand materiell beteiligt sind, § 83 Abs. 1 ArbGG. Auch hier ist das Kriterium für die Verfahrensbeteiligung durch das Gericht ein materielles. Dies ist auch die Ansicht des BAG[4], wonach die Beantwortung der Frage, wer im Einzelfalle Beteiligter ist, sich aus dem materiellen Recht ergibt, das der Entscheidung durch das Gericht zugrunde liegt[5].

II. Funktionsbestimmung des materiellen Beteiligtenbegriffes

Die Funktion des materiellen Beteiligtenbegriffes liegt somit darin, zu bestimmen, wer vom Gericht zum Verfahren hinzugezogen werden muß[6]; wenn die materielle Beteiligung die Verpflichtung des Gerichts beinhaltet, den materiell Beteiligten zum Verfahren hinzuzuziehen, so entspricht dieser Verpflichtung in denjenigen Verfahren, wo auch eine Beteiligung durch Eigeninitiative möglich ist, die Berechtigung des materiell Beteiligten, sich von sich aus am Verfahren zu beteiligen. Der Begriff der materiellen Beteiligung regelt damit die Verpflichtung des Gerichts, den materiell Beteiligten zum Verfahren hinzuziehen und als Kehrseite die Befugnis des materiell Beteiligten, sich von sich aus selbst am Verfahren zu beteiligen[7]. Die Frage der materiellen Beteili-

---

[2] Vgl. *Bärmann*, § 8 III 1.

[3] *Bärmann*, § 8 III 2.

[4] BAG AP Nr. 2 zu § 81 BetrVG 52; AP Nr. 9 zu § 37 BetrVG; AP Nr. 2 zu § 65 BetrVG.

[5] *Müller*, G., (I) S. 36.

[6] *Grunsky*, § 32 II 2.

[7] Vgl. *Jansen*, § 6 Anm. 5; *Kollhosser*, S. 345.

gung ist damit gleichbedeutend mit der Frage, wer richtiger Verfahrensbeteiligter ist[8], die in den Verfahren nach der ZPO, VwGO, FGO und dem SGG für den Kläger eine Frage der Prozeßführungs- bzw. Klagebefugnis und für die Verfahrensbeteiligten neben Kläger und Beklagtem eine Frage der Nebeninterventionsbefugnis bzw. der Beiladungsberechtigung ist. Die Funktion des Begriffes der materiellen Beteiligung ist damit gleichbedeutend mit der Funktion der Begriffe in anderen Verfahrensordnungen, die bestimmen sollen, ob jemand richtiger Verfahrensbeteiligter ist, d. h. ob jemand, je nachdem wo die Rechtsmacht zur Verfahrensbeteiligung liegt, befugt ist, sich selbst am Verfahren zu beteiligen oder vom Gericht am Verfahren beteiligt werden muß. Auch durch den Begriff der materiellen Beteiligung soll eine „Popularbeteiligung" am Verfahren ausgeschlossen werden.

III. Zweckmäßigkeit der Begriffsvereinheitlichung

Es ist zweckmäßig, den Begriff der materiellen Beteiligung durch den Begriff Beteiligungsbefugnis bzw. -verpflichtung zu ersetzen. Es liegt zwar auf der Hand, daß durch die Auswechslung der Begriffe die Frage, wer vom Gericht am Verfahren beteiligt werden muß bzw. wer sich am Verfahren beteiligen darf, *sachlich* keiner Lösung zugeführt wird. Jedoch ergibt sich die Zweckmäßigkeit der Begriffsauswechslung daraus, daß damit eine Begriffsvereinheitlichung unter den Verfahrensordnungen stattfindet und dadurch der Anschluß an den vom Inhalt der dogmatisch besser entwickelten Begriffsstand anderer Verfahrensordnungen gestattet und die bewußte Auswertung der Ergebnisse gefördert wird, die dort schon zur Frage der richtigen Verfahrensbeteiligung unter dem Begriff der Verfahrensbeteiligungsbefugnis (Prozeßführungsbefugnis, Klagebefugnis, Interventionsbefugnis, Beiladungsbefugnis bzw. -verpflichtung) gemacht worden sind, so insbesondere zu der Frage, welche Anforderungen an eine Beteiligungsverpflichtung bzw. -berechtigung zu stellen sind[9].

D. Zusammenfassung

Im arbeitsgerichtlichen Beschlußverfahren hat für alle Verfahrensbeteiligten ein formeller Verfahrensbeteiligtenbegriff zu gelten. Verfahrensbeteiligter ist damit, wer tatsächlich am Verfahren teilnimmt, sei es durch Eigeninitiative oder von Amts wegen, und nicht nur der-

---

8 *Kollhosser*, S. 345.

9 Vgl. dazu ausführlich unter 3. Kap. A. III.

jenige, der auch materiell an dem dem Verfahren zugrunde liegenden Streitgegenstand beteiligt ist.

Materielle Beteiligung am Streitgegenstand und Verfahrensbeteiligung sind somit streng zu trennen. Die Frage der materiellen Beteiligung darf nicht mit der Frage verquickt werden, wer Verfahrensbeteiligter ist. § 83 Abs. 1 ArbGG steht diesem Ergebnis nicht entgegen; diese Bestimmung besagt nicht, daß Verfahrensbeteiligte nur diejenigen sind, die auch materiell am Streitgegenstand beteiligt sind; diese Bestimmung besagt nur, daß die materiell Beteiligten von Amts wegen zu hören und damit zu Verfahrensbeteiligten zu machen sind.

Der Begriff der materiellen Beteiligung ist kein Kriterium dafür, wer Verfahrensbeteiligter ist, sondern dafür, wer richtiger Verfahrensbeteiligter ist, also verfahrensbeteiligungsberechtigt ist. Dieser Verfahrensbeteiligungsberechtigung entspricht bei der Beteiligung von Amts wegen eine Beteiligungsverpflichtung des Gerichts.

Es ist zweckmäßig, den Begriff der materiellen Beteiligung durch den Begriff der Beteiligungsbefugnis bzw. Beteiligungsberechtigung zu ersetzen.

Drittes Kapitel

Die Arten der Verfahrensbeteiligten im arbeitsgerichtlichen Beschlußverfahren

A. Antragsteller

I. Unterscheidung zwischen Antragsteller und sonstigen Verfahrensbeteiligten

Aus dem Erfordernis der Antragstellung, § 81 Abs. 1 ArbGG, ergibt sich, daß immer notwendig ein Antragsteller vorhanden sein muß, damit das Beschlußverfahren überhaupt in Gang kommt. Damit könnte sich aus dem ArbGG zumindest ein Ansatz zur Aufgliederung der Verfahrensbeteiligten ergeben. Jedoch ist eine Aufgliederung in Antragsteller und sonstige Verfahrensbeteiligte sinnlos, wenn zwischen ihnen, außer der Tatsache der Antragstellung, kein Unterschied besteht.

1. Meinungsstand

Das BAG scheint auch in der Tat zwischen Antragsteller und sonstigen Verfahrensbeteiligten, abgesehen von der Tatsache der Antragstellung, keinen Unterschied zu machen[1]. Dies folgt daraus, daß es wohl die Voraussetzungen für die Antragstellung und für die Beteiligung gleichsetzt, wenn es ausführt, daß *beteiligt und damit antragsberechtigt* immer nur der ist, der nach materiellem Recht, also insbesondere nach Betriebsverfassungsrecht im konkreten Falle durch die begehrte Entscheidung unmittelbar betroffen wird[2].

Auch das BVerwG stellt an die Antragsberechtigung dieselben Anforderungen wie an die Beteiligungsberechtigung und verlangt für die Antragsberechtigung keine strengeren Voraussetzungen.

---

[1] Zustimmend: *Müller* G., (I) S. 40; *Körnich,* S. 102; *Dütz,* SAE 1975, 38, der ebenfalls der Ansicht ist, daß an die Antragsberechtigung dieselben Anforderungen zu stellen sind wie an die Beteiligungsbefugnis, mit der Einschränkung, soweit im BetrVG nicht ausdrücklich besondere Bestimmungen enthalten sind; *ders.,* in Anm. zu EzA § 40 BetrVG Nr. 1 und SAE 1978, 5.

[2] BAG EzA § 23 BetrVG Nr. 1 unter Hinweis auf st. Rspr. seit BAG 2, 97; ferner BAG 23, 450; DB 1974, 73; EzA § 65 BetrVG Nr. 4; § 116 BetrVG Nr. 1; § 19 BetrVG Nr. 1; § 37 BetrVG Nr. 20; § 5 BetrVG Nr. 17, 18; für eine Trennung von Antragsteller und Beteiligten dagegen LAG Berlin, AP Nr. 10 zu § 81 ArbGG.

Es entspricht nämlich der st. Rspr. des BVerwG[3], daß die Antragsbefugnis besitzt, wem sie durch ausdrückliche Vorschrift eingeräumt ist, oder wer aus sachlichen Gründen an der Entscheidung interessiert ist und damit ein beachtliches Interesse an ihr hat; nicht anders sind jedoch die Voraussetzungen, die das BVerwG in Anlehnung an das BAG an die Beteiligung stellt, wonach am Beschlußverfahren derjenige zu beteiligen ist, dessen unmittelbare Interessen durch die Entscheidung berührt werden[4], was aufgrund eines konkreten Verhältnisses zur Sache nach materiellem Recht zu prüfen sei. Nicht anders wird das BVerwG auch von *Engelhard / Ballerstedt*[5] und von *Grabendorff / Windscheid / Ilbertz*[6] verstanden.

Dagegen machen einige Autoren einen Unterschied zwischen Antragsteller und den sonstigen Verfahrensbeteiligten. *Grunsky*[7], der von den Grundsätzen des formellen Parteibegriffes ausgeht, trennt den Antragsteller und den Antragsgegner, als diejenigen, die Rechtsschutz begehren bzw. gegen die Rechtsschutz begehrt wird, streng von den übrigen Beteiligten, die gemäß § 83 Abs. 1 ArbGG zu hören sind. Nach ihm ist die Folgerung unzulässig, daß die Beteiligten im Sinne von § 83 Abs. 1 ArbGG auch Beteiligte im Sinne von Antragsteller und Antragsgegner sind. Derselben Ansicht ist wohl auch *Etzel*[8], wenn er ausführt, daß die Antragsbefugnis nicht auf den Personenkreis beschränkt ist, der gemäß § 83 Abs. 1 ArbGG beteiligt ist. Auch *Lepke*[9] ist der Ansicht, daß nicht jeder Beteiligte schlechthin zu den Antragsberechtigten gehört.

2. Notwendigkeit der Unterscheidung

a) Gesetzliche Regelung

Das BetrVG enthält in mehreren Bestimmungen[10] die Regelung der Antragsberechtigung im Beschlußverfahren, regelt jedoch nur in einem Falle, nämlich in § 103 Abs. 2 BetrVG, die (sonstige) Beteiligung am Verfahren. In dieser Bestimmung wird neben dem Antragsrecht des

---

[3] BVerwG 5, 118; 5, 263.

[4] BVerwG vom 18. 9. 1970, Personalvertretung, 1971, 61 unter Hinweis auf BAG 2, 97.

[5] § 85 Anm. 36.

[6] § 83 Anm. 19.

[7] ArbGG § 80 Anm. 27, 28.

[8] RdA 1974, 225.

[9] ArbuR 1973, 107.

[10] So für:
Arbeitgeber: §§ 4, 18 Abs. 2; § 19 Abs. 2; § 63 Abs. 2; § 23 Abs. 1; § 48; § 56; § 65 Abs. 1 i. V. m. § 23 Abs. 1; § 73 Abs. 2 i. V. m. § 48; § 76 Abs. 5; § 99 Abs. 4; § 100 Abs. 2; § 103 Abs. 2;
Arbeitnehmer und Gruppen von Arbeitnehmern: § 16 Abs. 2; § 17 Abs. 3; § 63 Abs. 3; § 18 Abs. 1; § 19 Abs. 2; § 63 Abs. 2; § 8 Abs. 2 MitErgG; § 23 Abs. 1; § 65 Abs. 1 i. V. m. § 23 Abs. 1; § 56 i. V. m. § 48; § 73 Abs. 2 i. V. m. § 48;
Gewerkschaften, die im Betrieb vertreten sind: §§ 4, 18 Abs. 2; § 16 Abs. 2; § 17 Abs. 3; § 18 Abs. 1; § 19 Abs. 2; § 63 Abs. 2 i. V. m. § 19 Abs. 2; § 23 Abs. 1; § 65 Abs. 1 i. V. m. § 23 Abs. 1; § 23 Abs. 3.

Arbeitgebers, die Zustimmung zur außerordentlichen Kündigung von Betriebsratsmitgliedern zu ersetzen, geregelt, daß der betroffene Arbeitnehmer Beteiligter im Verfahren vor dem Arbeitsgericht ist. Hier macht also das Gesetz einen Unterschied zwischen der Berechtigung zur Antragstellung und der Beteiligungsberechtigung des betroffenen Arbeitnehmers bzw. der Beteiligungsverpflichtung des betroffenen Arbeitnehmers durch das Gericht. Parallelvorschriften zu § 103 Abs. 2 BetrVG befinden sich in den Personalvertretungsgesetzen (vgl. z. B. § 47 Abs. 2 BayPersVG). Nun könnte man annehmen, daß diese einzige im BetrVG ausdrücklich enthaltene Unterscheidung zwischen Antragsrecht und Beteiligungsrecht als Ausnahme von der Regel besonders statuiert wurde. Dies ist jedoch nicht der Fall.

b) Prozessuale Erwägungen

In der Regelung des § 103 Abs. 2 BetrVG wird nämlich ein allgemein verfahrensrechtlich (die Popularklage ausgenommen) gültiges Prinzip erkennbar; nämlich, daß ein Recht zur Ingangsetzung eines gerichtlichen Verfahrens derjenige nicht besitzt, der erst durch die gerichtliche Entscheidung nachteilig betroffen werden kann und nicht bereits durch vorgerichtliche (eventuell in Streit befindliche) Umstände nachteilig betroffen ist.

aa) Beteiligter als „Dritter" im Rechtsstreit

Wie im verwaltungsgerichtlichen Verfahren der Nachbar, zu dessen Gunsten die Baugenehmigung dem Antragsteller von der Behörde nicht erteilt wurde, nicht klagebefugt ist gegen die Verweigerung der Genehmigung, sondern nur der durch die Verweigerung benachteiligte Antragsteller, so kann auch bei Verweigerung der Zustimmung zur Kündigung durch den Betriebsrat gemäß § 103 BetrVG nicht der von der Verweigerung der Zustimmung begünstigte Arbeitnehmer antragsbefugt sein, sondern nur der von der Verweigerung nachteilig betroffene Arbeitgeber kann berechtigt sein, gegen die Verweigerung der Zustimmung vorzugehen.

Nicht anders ist die Situation im Zivilprozeß zu beurteilen. Auch dort kann ein Dritter, der von einer zwischen zwei Parteien bestehenden Rechtslage nicht nachteilig berührt wird, nicht Klage erheben; so kann zum Beispiel ein Lieferant, der Regreßansprüche befürchtet, kein Verfahren anhängig machen, wenn der Käufer gegen den Verkäufer Sachmängelansprüche geltend macht, diese aber vom Verkäufer abgelehnt werden; auch der Lieferant kann nachteilig erst von der gerichtlichen Entscheidung betroffen werden.

Strengt jedoch weder der Arbeitgeber, noch der Bauwerber, noch der Käufer ein Verfahren an, würde man aber auch dem Dritten (Arbeitnehmer, Nachbar, Lieferant) die Berechtigung zur Verfahrenseinleitung geben, so könnten in dem Verfahren nur abstrakte Rechtsfragen geklärt werden, da ein Streitverhältnis nicht bestünde.

Die Verfahren nach der ZPO, VwGO, FGO, dem SGG und der freiwilligen Gerichtsbarkeit und auch das Beschlußverfahren dienen aber nicht dazu, eine Antwort auf abstrakte Rechtsfragen zu geben[11], sondern streitige Angelegenheiten zu entscheiden bzw. zu regeln.

Auch wenn diese Dritten nun nicht berechtigt sind, ein Verfahren darüber in Gang zu setzen, so können sie aber trotzdem Verfahrensbeteiligte sein, wenn der Benachteiligte das Verfahren in Gang bringt, so in den Beispielsfällen der Arbeitgeber, der Bauwerber und der Käufer, weil damit die rechtlichen Interessen des Arbeitnehmers, des Nachbarn und des Lieferanten durch das Verfahren berührt werden, da diese in einem an sich fremden Rechtsstreit zum Streitgegenstand oder zu einer oder beiden Prozeßparteien in einer solchen Beziehung stehen, daß das Unterliegen einer Partei ihre Rechtslage verbessern, insbesondere einen ihnen durch das Obsiegen der anderen Partei drohenden Nachteil abwenden würde. Der drohende Nachteil beim Obsiegen des Arbeitgebers wäre die Zulässigkeit der Kündigung des Arbeitnehmers, beim Obsiegen des Käufers der Regreß des Verkäufers gegen den Lieferanten und beim Obsiegen des Bauwerbers die Bauausführung gegen den Willen des Nachbarn. Erst wenn jedoch ein Rechtsstreit zwischen Arbeitgeber und Betriebsrat, zwischen Käufer und Verkäufer und zwischen Bauwerber und Baugenehmigungsbehörde anhängig ist, kann das Beteiligungsinteresse des betroffenen Arbeitnehmers, Lieferanten oder Nachbarn entstehen.

Die Verfahrensbeteiligung geschieht im Falle der Klage des Bauwerbers auf Erteilung der Baugenehmigung durch Beiladung des Nachbarn (BayVGH, n. F. 4, 99), im Falle einer Klage des Käufers gegen den Verkäufer durch Nebenintervention des Lieferanten (§ 66 ZPO). Somit entspricht die Regelung in § 103 Abs. 2 BetrVG nicht einer Ausnahme, sondern einem allgemeinen verfahrensrechtlichen Prinzip. Nicht anders als bei § 103 Abs. 2 BetrVG ist nämlich die Situation bei § 104 BetrVG, obwohl hier eine gesetzliche Regelung fehlt, wenn der Betriebsrat bei Weigerung des Arbeitgebers, einem Arbeitnehmer zu kündigen, das Arbeitsgericht anruft. Auch hier hat der betroffene Arbeitnehmer kein selbständiges Antragsrecht auf Verfahrenseinleitung, hat aber die Stellung eines Verfahrensbeteiligten[12], weil er durch die gerichtliche Entscheidung betroffen werden kann.

Das gleiche gilt auch[13], wenn nach der Entscheidung einer Einigungsstelle nach § 102 Abs. 6 BetrVG diese gerichtlich angefochten wird oder durch

[11] So für das BV: BAG AP Nr. 2 zu § 80 ArbGG; AP Nr. 1 zu § 82 BetrVG; AP Nr. 2 zu § 81 ArbGG.

[12] *Dietz / Richardi,* § 104 Anm. 20; *Fitting / Auffarth / Kaiser,* § 104 Anm. 12.

[13] *Dietz / Richardi,* § 102 Anm. 137; *Fitting / Auffarth / Kaiser,* § 102 Anm. 25.

Betriebsvereinbarung die Zuständigkeit des Arbeitsgerichtes begründet ist; auch dort ist der betroffene Arbeitnehmer zwar nicht antragsberechtigt, jedoch Beteiligter am Verfahren, obwohl dies anders als in § 103 Abs. 2 nicht ausdrücklich bestimmt ist. Dieselbe Situation ergibt sich nach diesem Prinzip auch bei § 99 Abs. 4 BetrVG, wenn der Arbeitgeber bei Verweigerung durch den Betriebsrat die Ersetzung der Zustimmung zu einer personellen Einzelmaßnahme im Sinne des § 99 Abs. 1 BetrVG beantragt. Auch hier hat nach richtiger Ansicht der von der geplanten personellen Maßnahme erfaßte Arbeitnehmer die Rechtsstellung eines Beteiligten[14], aber kein eigenes Antragsrecht.

bb) Beteiligter in der Funktion des Antragsgegners

Daß Beteiligungsberechtigung nicht mit Antragsberechtigung gleichgesetzt werden kann, ergibt sich aus weiteren gesetzlichen Bestimmungen. So vor allem aus den Bestimmungen über Wahlanfechtungen, z. B. § 19 BetrVG; dort ist der Betriebsrat gemäß § 19 Abs. 2 BetrVG nicht antragsberechtigt, er ist jedoch anerkanntermaßen Beteiligter[15]. Der Unterschied zu den obengenannten Fällen liegt darin, daß der Betriebsrat hier die Rolle eines Anfechtungsgegners haben kann[16], auch wenn die verfahrensrechtliche Figur eines Antragsgegners für das Beschlußverfahren verneint werden sollte[17]. Das Prinzip ist jedoch das gleiche: derjenige, der nicht geltend machen kann, durch eine Maßnahme nachteilig betroffen worden zu sein, kann nicht zulässigerweise ein gerichtliches Verfahren in Gang setzen.

Die Rechtssprechung des BAG, die Beteiligungsbefugnis und Antragsberechtigung gleichstellt, würde dann ad absurdum geführt, wenn der Betriebsrat gemäß § 19 BetrVG einen Anfechtungsantrag stellen würde und sich für sein Antragsrecht darauf berufen würde, daß er in einem Verfahren gemäß § 19 BetrVG beteiligt und *deshalb* auch antragsberechtigt ist. In einem solchen Falle müßte das BAG den Antrag als unzulässig abweisen und seine Rechtssprechung revidieren.

Diese Fälle lassen sich beliebig erweitern; so ist bei einem Antrag gemäß § 23 Abs. 1 BetrVG auf Ausschluß eines Betriebsratsmitgliedes das betroffene Betriebsratsmitglied zwar nicht antragsberechtigt, aber beteiligungsbefugt, da es in seiner Rechtsposition betroffen wird und die Rolle eines Antragsgegners haben dürfte[18]. Ebenso ist bei einem Antrag gemäß § 23 Abs. 3

---

[14] BAG AP Nr. 6 zu § 61 BetrVG 52; *Fitting / Auffarth / Kaiser*, § 99 Anm. 43.

[15] Vgl. *Dietz / Richardi*, § 19 Anm. 31; *Fitting / Auffarth / Kaiser*, § 19 Anm. 22.

[16] *Fitting / Auffarth / Kaiser*, § 19 Anm. 22; *Dietz / Richardi*, § 19 Anm. 30.

[17] Im Beschluß des BAG vom 16. 2. 1973, EzA § 19 BetrVG Nr. 7 wurde jedoch auch der Betriebsrat als Antragsgegner bezeichnet.

[18] Vgl. BAG AP Nr. 1 zu § 23 BetrVG 52; dort wurde das betroffene Betriebsratsmitglied auch Antragsgegner genannt; ferner AP Nr. 3, 8 zu § 23 BetrVG 52; AP Nr. 1 zu § 44 BetrVG 52.

BetrVG, dem Arbeitgeber aufzugeben, eine Handlung zu unterlassen, die Vornahme einer Handlung zu dulden oder eine Handlung vorzunehmen, der Arbeitgeber Beteiligter[19], obwohl logischerweise er nicht antragsberechtigt ist. Genauso kann in den oben genannten Fällen der faktische Antragsgegner, bei § 103 Abs. 2 BetrVG der Betriebsrat, bei § 104 BetrVG der Arbeitgeber, nicht berechtigt sein, das Verfahren einzuleiten, obwohl er beteiligungsbefugt ist.

Ist damit dargetan, daß für Beteiligungsberechtigung und Antragsberechtigung verschiedene Voraussetzungen gelten müssen, so ist eine Gleichsetzung unrichtig.

II. Die Antragsberechtigung

1. Keine Regelung der Antragsberechtigung im ArbGG

§ 83 Abs. 1 ArbGG sagt nichts darüber aus, wer antragsberechtigt ist, d. h. wer richtiger Antragsteller ist. Wie bereits unter 2. Kap. B. V. ausgeführt, enthält § 83 Abs. 1 ArbGG nur die Verpflichtung des Gerichts, die materiell im Einzelfalle am konkreten Rechtsverhältnis Beteiligten im Verfahren zu hören und als Kehrseite die Berechtigung dieser materiell Beteiligten, sich von sich aus am Verfahren zu beteiligen. Daß jedoch der gemäß § 83 Abs. 1 ArbGG am Verfahren zu Beteiligende nicht schlechthin zu den Antragstellern gehört[20], beweist § 103 Abs. 2 BetrVG. Der betroffene Arbeitnehmer ist zwar am Verfahren gemäß § 83 Abs. 1 ArbGG zu beteiligen, er ist aber nicht befugt, einen das Verfahren einleitenden Antrag zu stellen. Wie nun nicht jeder am Verfahren gemäß § 83 Abs. 1 ArbGG zu Beteiligende materiell Beteiligter antragsberechtigt ist, so braucht auch nicht jeder Antragsberechtigte zwingend ein gemäß § 83 Abs. 1 ArbGG zu beteiligender materiell Beteiligter zu sein. Zur Rechtfertigung dieses Ergebnisses weist *Etzel*[21] auch darauf hin, daß auch derjenige antragsberechtigt ist, der außerhalb des BetrVG steht, jedoch einen auf dem BetrVG beruhenden Anspruch geltend macht, wenn er den Anspruch aus einer Abtretung herleitet.

2. Vereinzelte Regelungen der Antragsberechtigung im BetrVG

Das BetrVG, dessen Materie prozessual dem arbeitsgerichtlichen Beschlußverfahren zugewiesen ist, regelt jedoch für bestimmte Angelegenheiten die Antragsberechtigung ausdrücklich. Während nun streitig ist, ob in den Fällen einer ausdrücklichen Regelung der Antragsberech-

---

19 Vgl. BAG EzA § 23 BetrVG Nr. 1.

20 *Lepke*, ArbuR 1973, 112; so im Ergebnis auch *Buchner*, SAE 1969, 235: „der Beteiligtenkreis deckt sich nicht mit dem Kreis der Anfechtungsberechtigten."

21 RdA 1974, 225.

tigung der Kreis der Antragsberechtigten abschließend und erschöpfend geregelt ist, so daß eine Erweiterung ausgeschlossen wäre[22], ist jedoch anerkannt[23], daß der Gesetzgeber im BetrVG das Antragsrecht zumindest in den Bestimmungen, wo eine Regelung des Antragsrechtes überhaupt fehlt, nicht abschließend geregelt hat. Dies ergibt sich allein schon daraus, daß alle Angelegenheiten aus dem BetrVG zur Zuständigkeit des Arbeitsgerichtes im Beschlußverfahren gehören, und damit auch solche, wo die Antragsberechtigung nicht geregelt ist, aber ein Verfahren nur durch einen Antrag zustande kommt[24].

III. Die Antragsberechtigung bei fehlender gesetzlicher Regelung

Nachdem im ArbGG eine gesetzliche Regelung für die Antragsberechtigung fehlt, wie sie z. B. die §§ 42 Abs. 2 VwGO, 40 Abs. 2 FGO und 54 Abs. 1 SGG für die Klagebefugnis enthalten, war die Rechtssprechung gezwungen diese Lücke auszufüllen.

1. Meinungsstand

a) Rechtsprechung

Nach der Rechtssprechung des BAG ist (beteiligungsbefugt und) antragsberechtigt immer nur derjenige, „der nach materiellem Recht, also insbesondere nach Betriebsverfassungsrecht, im konkreten Fall durch die begehrte Entscheidung unmittelbar betroffen wird"[25], oder etwas abgewandelt, „wer im konkreten Verfahren in der betriebsverfassungsrechtlichen Stellung eines Beteiligten unmittelbar berührt wird"[26].

---

[22] Für eine nicht abschließende Regelung: BAG AP Nr. 3 zu § 76 BetrVG; AP Nr. 5 zu § 16 BetrVG 52; a. A. *Lepke*, ArbuR 1973, 107 mit weiteren Literaturangaben.

[23] *Müller*, G., (I) S. 39; *Lepke*, ArbuR 1973, 111; *Auffarth / Schönherr*, § 81-05/3 Anm. 6.

[24] Vgl. hierzu nur § 1 BetrVG, Streitigkeiten über die Betriebsratsfähigkeit eines Betriebes; § 2 BetrVG, Streitigkeiten über Befugnisse der Koalitionen innerhalb der Betriebsverfassung; § 4 BetrVG, Streitigkeiten, ob ein selbständiger Betrieb im Sinne des BetrVG vorliegt; § 5 BetrVG, Streitigkeiten, ob jemand Arbeitnehmer ist; § 6 BetrVG, Streitigkeiten im Zusammenhang mit der Betriebsverfassung, ob jemand Arbeiter oder Angestellter ist. Diese Auswahl mag hier genügen.

[25] BAG EzA § 23 BetrVG Nr. 1 mit Hinweis auf st. Rspr. seit BAG 2, 97.

[26] BAG EzA § 19 BetrVG Nr. 1 ebenfalls unter Hinweis auf BAG 2, 97; ferner BAG 17, 73; 21, 217.

Dagegen wird im Beschluß vom 16. 2. 1973, EzA § 19 BetrVG Nr. 1, nur gefordert, daß „die unmittelbaren Interessen durch das Verfahren berührt" werden. Bei der Anfechtung der Wahl der Arbeitnehmervertreter in den Aufsichtsrat wurde (lediglich) „ein Interesse an der richtigen, gesetzmäßigen Besetzung des Aufsichtsrates" verlangt; vgl. AP Nr. 6 zu § 81 ArbGG; AP Nr. 3, 7, 14, 21 zu § 76 BetrVG 52. Daß jedoch ein Unterschied zwischen einer un-

Nach der st. Rspr. des BVerwG ist beteiligt und daher antragsberechtigt, wer aus sachlichen Gründen an der Entscheidung interessiert ist und damit ein rechtlich beachtliches Interesse an ihr hat[27].

Jedoch ist diese Aussage des BVerwG unklar, da zur Stützung dieser Auffassung ausdrücklich auf *Dersch / Volkmar*, § 81 Anm. 2 und § 83 Anm. 2, verwiesen wird; während die Auffassung des BVerwG mit der Aussage bei *Dersch / Volkmar* in § 81 Anm. 2 übereinstimmt, fordern *Dersch / Volkmar* aber in § 83 Anm. 2 für die Beteiligung, daß die Rechtsposition unmittelbar betroffen ist. Es ist somit keinesfalls klar, ob das BVerwG für die Antragstellung das rechtliche Interesse genügen läßt, oder aber auch eine unmittelbare Betroffenheit fordert.

b) Literatur

Die Auffassungen über die Voraussetzungen der Antragsberechtigung sind in der Literatur nicht einheitlich. Ein Teil der Literatur folgt der Auffassung des BAG und setzt die Antragsberechtigung mit der Beteiligungsbefugnis gleich und verlangt, daß die betriebsverfassungsrechtliche Position des Betreffenden materiell-rechtlich von der konkreten Entscheidung berührt bzw. betroffen wird[28].

Dagegen wird es als Voraussetzung für die Antragsberechtigung auch für ausreichend gehalten, daß jemand an einer Entscheidung unmittelbar in einer vom Recht anerkannten Weise interessiert ist[29]. *Schnorr v. Carolsfeld*[30], der zwischen Beteiligten und Antragsberechtigten unterscheidet, läßt das rechtlich beachtliche Interesse an dem Inhalt der Entscheidung nur für die Stellung als Beteiligter genügen, fordert aber als Voraussetzung für die Antragsberechtigung, daß ein Recht des Antragstellers zur Entscheidung steht, oder daß eine zur Entscheidung stehende Frage innerhalb des rechtlichen Betriebsaufbaues zu dessen Zuständigkeitsbereich gehört.

Ein Teil der neueren Literatur vergleicht die Antragsbefugnis mit der Klagebefugnis in den öffentlich-rechtlichen Verfahrensordnungen

---

mittelbaren Betroffenheit durch die Entscheidung und einem lediglichen Interesse an einer Entscheidung besteht, haben bereits *Kötter*, RdA 1958, 412, und *Pohle*, Anm. zu AP Nr. 6 zu § 81 ArbGG, ausgeführt.

[27] BVerwG ZBR 1957, 407 (unter Hinweis auf *Dersch / Volkmar*, Anm. 2 zu § 81 und Anm. 2 zu § 83); ZBR 1958, 25; Personalvertretung, 1971, 61; Personalvertretung, 1970, 15.

[28] *Müller*, G., (I) S. 36, 38; *Dütz*, SAE 1975, 38; *Rohlfing / Rewolle*, § 81 Anm. 1 und 2; *Körnich*, S. 101, 102, 186, 187. Ebenso, aber ohne Gleichsetzung von Antragsbefugnis und Beteiligungsbefugnis: *Kraft*, Anm. zu EzA § 5 Nr. 7 BetrVG; *Ordemann*, RdA 1958, 414; *Dietz / Nikisch*, § 81 Anm. 8, die ausführten, daß nicht jeder am Verfahren Beteiligte auch immer antragsberechtigt ist.

[29] *Dersch / Volkmar*, § 81 Anm. 2 unter Hinweis auf LAG Frankfurt, ArbuR 1953, 350; jedoch insoweit widersprüchlich als in § 83 Anm. 2 für das Beteiligtsein Betroffenheit in der Rechtsposition gefordert wird.

[30] S. 497, 498.

(§§ 42 Abs. 2 VwGO, 40 Abs. 2 FGO, 54 Abs. 1 SGG)[31]. Im Beschluß des BAG vom 5. 11. 1974[32] wird ebenfalls die Parallele zwischen § 42 Abs. 2 VwGO und § 83 ArbGG hergestellt mit dem Hinweis, daß die zu beiden Vorschriften entwickelte Rechtssprechung auf demselben Rechtsgedanken beruht. Ferner wird die Antragsbefugnis auch mit der Prozeßführungsbefugnis im Zivilprozeß verglichen[33].

2. Die prozessuale Bedeutung der Antragsberechtigung

Es ist heute in der Prozeßrechtslehre allgemein anerkannt, daß das Erfordernis der Prozeßführungsbefugnis, Klagebefugnis, Antragsbefugnis und Beschwerdeberechtigung für die Zulässigkeit einer Klage bzw. eines Antrages die Aufgabe hat, die Möglichkeit einer Popularklage auszuschließen[34]. Nicht anders kann die Funktion der Antragsberechtigung im arbeitsgerichtlichen Beschlußverfahren aufgefaßt werden; durch sie soll ebenfalls verhindert werden, daß jedermann, der nicht mit der zu Streite stehenden betriebsverfassungsrechtlichen Angelegenheit „berührt" ist, ein Verfahren darüber einleiten kann. Dies ergibt sich auch aus der Rechtssprechung des BAG zur Antragsberechtigung und wird ganz deutlich, wenn das BAG die Antragsberechtigung mit dem Prozeßführungsrecht vergleicht und das Institut der gewillkürten Prozeßstandschaft zuläßt[35].

Diese Erkenntnis des Zweckes der Klage- bzw. Antragsbefugnis beantwortet aber noch nicht die Frage, welche inhaltlichen Anforderungen an diese Befugnis zu stellen sind. Da aber zumindest der gemeinsame Zweck gegeben ist, ist es legitim, auch bei der Frage der Voraussetzungen der Befugnis auf die anderen Verfahrensordnungen zu schauen, zumal bei einigen eine gesetzliche Regelung besteht.

---

[31] *Lepke,* ArbuR 1973, 111; *Dütz,* ArbuR 1973, 371.

[32] DB 1975, 699: allerdings meint das BAG hier nicht nur die Antrags-, sondern auch die Beteiligungsbefugnis.

[33] *Dütz,* SAE 1975, 38; *Etzel,* RdA 1974, 224. *Grunsky,* ArbGG § 80 Anm. 29, setzt sogar die Voraussetzungen für Antragsberechtigung und Prozeßführungsbefugnis gleich: die Zulässigkeitsvoraussetzung einer Antragsbefugnis sei nur im selben Rahmen wie die Prozeßführungsbefugnis im Urteilsverfahren berechtigt, d. h. der Antragsteller müsse nach seinem Antrag ein eigenes Recht geltend machen. Alles Weitere gehöre zur Begründetheit des Antrages. Daran ändere auch die zu Recht gezogene Parallele zur Klagebefugnis nach § 42 Abs. 2 VwGO nichts, denn nach richtiger Ansicht sei § 42 Abs. 2 VwGO auch in diesem Sinne zu verstehen. Dagegen verlangen die übrigen Autoren, die Antragsberechtigung und Prozeßführungsbefugnis gleichsetzen, für die Antragsberechtigung die tatsächlich materielle Betroffenheit und setzen damit Antragsberechtigung und Prozeßführungsbefugnis nur in der Funktion als Verfahrensvoraussetzung gleich.

[34] *Lüke,* ZZP 76, 10, 13, 14, 15; *ders.,* ArchdöR 84, 187 (speziell für § 20 I FGG); *Grunsky,* § 28 I 2; *Eyermann / Fröhler,* § 42 Anm. 86; *Keidel,* § 20 Anm. 2; *Lechner,* § 90 S. 361.

[35] BAG AP Nr. 1 zu § 69 BetrVG 52.

3. Die verfahrensrechtliche Einordnung der Antragsberechtigung

Da die Antragsberechtigung im Beschlußverfahren dieselbe Funktion hat wie die Prozeßführungsbefugnis bzw. die Klagebefugnis, so ist sie ebenso wie diese[36] als Prozeß-(Sachurteils-)voraussetzung einzuordnen[37]. Liegt sie nicht vor, ist der Antrag als unzulässig abzuweisen. Die Antragsberechtigung ist streng zu unterscheiden von der Sachlegitimation (hier Aktivlegitimation auf seiten des Antragstellers), die eine Frage der Begründetheit darstellt. Ihr Fehlen führt zur Sachabweisung; sie betrifft die Frage, ob das vom Prozeßführungsbefugten in Anspruch genommene und im Prozeß geltend gemachte Recht diesem auch tatsächlich zusteht[38].

Die Antragsberechtigung ist auch vom Rechtsschutzbedürfnis zu unterscheiden. Das Rechtsschutzbedürfnis wird zwar ebenfalls von der h. M. als Prozeß-(Sachurteils-)voraussetzung angesehen[39]; während aber die Prozeßführungsbefugnis aussagt, wer berechtigterweise als Kläger, Antragsteller usw. auftritt, beantwortet die Frage nach dem Rechtsschutzbedürfnis, ob der Prozeßführungsbefugte ein berechtigtes Interesse daran hat, zur Erreichung eines begehrten Rechtsschutzes ein Gericht in Anspruch zu nehmen[40].

Auch im arbeitsgerichtlichen Beschlußverfahren wird zwischen Antragsberechtigung und Rechtsschutzinteresse unterschieden. Das BAG sieht im Rechtsschutzbedürfnis ebenfalls eine Verfahrensvoraussetzung, bei deren Fehlen der Antrag als unzulässig zurückzuweisen ist[41].

4. Die Klage- bzw. Antragsbefugnis in anderen Verfahrensordnungen

a) Eignung für eine vergleichende Betrachtung

Für eine vergleichende Betrachtung bieten sich insbesondere die gesetzlichen Regelungen der §§ 42 Abs. 2 VwGO, 40 Abs. 2 FGO, 54 Abs. 1 SGG, 64 Abs. 1 und 90 Abs. 1 BVerfGG und der Beschwerdeberechtigung des § 20 Abs. 1 FGG an. Es ist bereits in mehrfachen Untersuchun-

---

[36] *Thomas / Putzo*, § 51 IV 1; III A 1 vor § 253; *Eyermann / Fröhler*, vor § 81 Anm. 1; *Lüke*, ZZP 76, 6; BGH 36, 191, BVerwG 3, 150 ff.

[37] Auch das BAG sieht die Antragsberechtigung als Zulässigkeitsvoraussetzung an, BAG 2, 97; ebenso *Frauenkron*, S. 99; *Lepke*, ArbuR 1973, 114; *Grunsky*, ArbGG § 80 Anm. 29.

[38] *Lüke*, ZZP 76, 6; *Rosenberg / Schwab*, § 46 I 2; *Ule*, § 31 I; *Grunsky*, § 28 I 1.

[39] *Thomas / Putzo*, Vorbem. III A 1 vor § 253; *Eyermann / Fröhler*, vor § 81 Anm. 1; *Rosenberg / Schwab*, § 93 IV.

[40] *Thomas / Putzo*, Vorbem. III A 1 vor § 253; *Ziemer / Birkholz*, § 40 Anm. 119.

[41] BAG AP Nr. 1 zu § 20 BetrVG 52; AP Nr. 1 zu § 92 BetrVG 52.

gen auf die Parallelen der Klagebefugnis im verwaltungsgerichtlichen Anfechtungsprozeß (§ 42 Abs. 2 VwGO) und der Beschwerdeberechtigung in der freiwilligen Gerichtsbarkeit (§ 20 Abs. 1 FGG) hingewiesen worden[42]. Schon der Wortlaut der angeführten Bestimmungen geht (bei aller Unterschiedlichkeit) von einer Beeinträchtigung bzw. Verletzung von Rechten aus. Es kommt für alle Vorschriften darauf an, den Kreis der Berechtigten zur Klage bzw. zur Beschwerde abzustecken, wobei die vorprozessuale Situation gleichartig ist[43], ungeachtet also des Streites, ob das verwaltungsgerichtliche Anfechtungsverfahren ein Rechtsmittelverfahren ist oder nicht[44]. Der Verwaltungsakt einer Verwaltungsbehörde, der sich an eine bestimmte Person richtet, kann auch in die Rechtssphäre eines Dritten eingreifen, wie z. B. die Baugenehmigung in die Rechtssphäre des Nachbarn. Der Gesetzgeber mußte deshalb bestimmen, wie stark der Verwaltungsakt jemand berühren muß, damit er gegen ihn gerichtlich vorgehen kann. Dieselbe Situation besteht im Beschwerdeverfahren der freiwilligen Gerichtsbarkeit; dies gilt insbesondere für das Amtsverfahren, aber auch für das Antragsverfahren mit Ausnahmen der echten Streitsachen, da sich aus dem Rubrum der anzugreifenden Entscheidung nicht ergibt, wer zu deren Anfechtung in Frage kommt. Deshalb mußten auch hier Kriterien für die Beschwerdebefugnis aufgestellt werden.

Die Aufgaben von §§ 42 Abs. 2 VwGO, 40 Abs. 2 FGO, 54 Abs. 1 SGG einerseits und § 20 Abs. 1 FGG andererseits sind somit doppelter Natur. Zum einen haben sie wie die Prozeßführungsbefugnis im zivilprozessualen Verfahren die Aufgabe, die Popularklage bzw. -beschwerde auszuschließen, und zum anderen besteht ihre Aufgabe darin, die Voraussetzungen für die Befugnis zur Verfahrenseinleitung festzulegen.

Im Ergebnis ist die Situation bei §§ 64 Abs. 1 und 90 BVerfGG nicht anders. Es handelt sich zwar bei den Organstreitigkeiten gemäß § 13 Nr. 5, 63 ff. BVerfGG nicht nur um ein Rechtsmittel- oder ein rechtsmittelähnliches Verfahren, da es nicht um die Befugnis zur Anfechtung hoheitlicher Verfügungen geht. Jedoch ist die Situation auch hier insofern gleich, als durch eine Maßnahme oder Unterlassung eines in § 63 BVerfGG genannten Organes mehrere Organe in ihren Rechten und Pflichten betroffen sein können, und deshalb eine Bestimmung nötig ist, die regelt, welche Voraussetzungen nötig sind, um eine Antragsbefugnis zur Einleitung eines Verfahrens zu rechtfertigen.

Nicht anders ist die Situation bei § 90 Abs. 1 BVerfGG. Auch hier können durch eine Maßnahme der öffentlichen Gewalt im Sinne des § 90 Abs. 1

---

[42] Vgl. *Lüke*, ArchdöR 84, 186; *ders.*, ZZP 76, 15; *Baur*, AcP 154, 75; *Hartmann*, DÖV 1954, 371.

[43] *Lüke*, ArchdöR 84, 187.

[44] Dagegen: *Bettermann*, DVBl. 1953, 168, 202; *Hartmann*, DÖV 1954, 371; für Rechtsmittelähnlichkeit: *Baur*, AcP 154, 75.

BVerfGG mehrere Personen in ihren Grundrechten in unterschiedlicher Weise betroffen sein, so daß auch hier eine Regelung der Antragsberechtigung nötig war.

Die Situation im arbeitsgerichtlichen Beschlußverfahren ist mit der Situation im verwaltungsgerichtlichen Anfechtungsverfahren, im Beschwerdeverfahren der freiwilligen Gerichtsbarkeit, im Organstreit und in der Verfassungsbeschwerde durchaus vergleichbar. Zwar besteht hinsichtlich verwaltungsgerichtlichem Anfechtungsprozeß und Beschwerdeverfahren insoweit ein Unterschied, als es grundsätzlich nicht um die Befugnis zur Anfechtung einer hoheitlichen Verfügung (Verwaltungsakt bzw. Beschluß) geht; jedoch ist die Situation insofern gleich, als auch durch eine betriebsverfassungsrechtliche Angelegenheit mehrere Personen oder Stellen in ihrer Rechtssphäre in unterschiedlicher Weise betroffen sein können[45] und deshalb eine Bestimmung nötig ist, die regelt, welche Beziehungen zu dieser Angelegenheit noch eine Befugnis zur Einleitung eines Verfahrens rechtfertigen.

Aber nicht nur mit der Situation im Beschwerdeverfahren der freiwilligen Gerichtsbarkeit, sondern auch mit der Situation in den Antragsverfahren der freiwilligen Gerichtsbarkeit ist die Situation des arbeitsgerichtlichen Beschlußverfahrens vergleichbar; dies gilt sowohl für die Antragstellung im rechtsfürsorgerischen Bereich und erst recht in den echten Streitverfahren der freiwilligen Gerichtsbarkeit; denn auch in den Angelegenheiten, die auf Antrag eröffnet werden, sind die Antragsberechtigten zwar überwiegend, jedoch nicht immer gesetzlich geregelt[46], so daß auch hier eine generelle Formel zur Bestimmung der Antragsberechtigten gefunden werden muß.

Damit stellt sich überall dort, wo für die Antragsberechtigung kein Enumerationsprinzip besteht, aber auch die Befugnis zur Einleitung eines gerichtlichen Verfahrens nicht jedem Beliebigen zustehen soll, dieselbe Problematik und stellt damit ein über die einzelnen Verfahrensordnungen hinausgreifendes allgemeines verfahrensrechtliches Problem dar. Nachdem sich nun bei allen Antragstellern in allen Verfahren dieselbe Situation ergibt, so ist es also durchaus geboten, auch die gesetzlichen Regelungen[47] in §§ 42 Abs. 2 VwGO, 40 Abs. 2 FGO, 54

---

[45] Vgl. nur beim Verfahren gem. § 99 Abs. 4 und § 103 Abs. 2 BetrVG.

[46] Vgl. *Jansen*, Vorbem. §§ 8 - 18 Anm. 14; *Bärmann*, § 8 IV 2.

[47] Gemäß §§ 42 Abs. 2 VwGO, 40 Abs. 2 FGO und 54 Abs. 1 SGG, ist klagebefugt, wer „geltend macht, durch den Verwaltungsakt oder seine Ablehnung oder Unterlassung in seinen Rechten verletzt zu sein". Fast wörtlich gleichlautend ist § 40 Abs. 2 FGO.

Gemäß § 20 Abs. 1 FGG ist beschwerdeberechtigt, dessen Recht durch die Verfügung beeinträchtigt ist.

Gemäß § 64 Abs. 1 BVerfGG ist als Antragssteller antragsberechtigt, wer geltend macht, „durch eine Maßnahme des Antragsgegners in seinen ihm durch das Grundgesetz übertragenen Rechten und Pflichten verletzt oder unmittelbar gefährdet zu sein".

Gemäß § 90 Abs. 1 BVerfGG ist antragsberechtigt, „wer behauptet, durch die öffentliche Gewalt in einem seiner Grundrechte oder den in § 90 BVerfGG genannten Rechten verletzt zu sein".

Abs. 1 SGG, 64 Abs. 1 und 90 Abs. 1 BVerfGG und 20 Abs. 1 FGG heranzuziehen, um aus ihnen ein Ergebnis für diejenigen Verfahren zu gewinnen, in denen die Antragsberechtigung nicht geregelt ist.

b) Voraussetzungen der Befugnis bei gesetzlicher Regelung

aa) Rechtliches Interesse an der Entscheidung nicht ausreichend

Es besteht schon vom Wortlaut der gesetzlichen Regelungen her Übereinstimmung darüber, daß für die Antragsbefugnis nicht ausreichen kann, daß die rechtlichen Interessen durch die gerichtliche Entscheidung berührt werden. Dies folgt aber auch daraus, daß es sonst der Regelung der Beteiligung derer, „deren rechtliche bzw. berechtigte Interessen durch die Entscheidung berührt werden" am Rechtsstreit (§§ 65 Abs. 1 VwO, 60 Abs. 1 FGO, 75 Abs. 1 SGG) neben Kläger und Beklagtem nicht bedurft hätte, und zum anderen daraus, daß hinter dieser Regelung wieder ein allgemeines Verfahrensprinzip steht: nämlich, wer *erst* in bezug auf einen Streitgegenstand durch eine *Entscheidung des Gerichts* in seinen rechtlichen Interessen berührt wird, kann logischerweise auch keine Berechtigung haben, ein Verfahren, das zu einer solchen Entscheidung führen könnte, in Gang zu setzen, denn vor Einleitung sind seine rechtlichen Interessen nicht berührt, und man würde somit den quivis ex populo zur Verfahrenseinleitung zulassen. Zwar wird auch das Interesse eines tatsächlich Antragsberechtigten durch die gerichtliche Entscheidung berührt, weil er sich ja von der Entscheidung das Stattgeben seines Antrages erhofft, jedoch muß eben mehr als nur das Interesse an der Entscheidung vorliegen, damit eine Antragsberechtigung gegeben ist.

bb) Rechtlich nachteiliges Betroffensein vor Verfahrenseinleitung erforderlich

Aus den gesetzlichen Regelungen über die Berechtigung zur Verfahrenseinleitung ergibt sich vielmehr, daß ein rechtlich nachteiliges Betroffensein bereits *vor Einleitung des Verfahrens* erforderlich ist, um eine Antragsberechtigung annehmen zu können; nicht ausreichend ist es, wenn jemand nur durch eine vom Gericht *begehrte* Entscheidung betroffen wird[48]. Dies ergibt sich zum einen wiederum aus dem Gesetzeswortlaut, wo ein „Verletztsein" (§§ 42 Abs. 2 VwGO, 40 Abs. 2 FGO, 64 Abs. 1, 90 Abs. 1 BVerfGG), ein „Beschwertsein" (§ 54 Abs. 1 SGG) oder ein „Beeinträchtigtsein" (§ 20 Abs. 1 FGG) durch ein vor dem

[48] So aber BAG AP Nr. 2 zu § 81 BetrVG 52: „antragsberechtigt ist, wer durch die begehrte Entscheidung unmittelbar betroffen wird".

durchzuführenden gerichtlichen Verfahren liegendes Ereignis gegeben sein muß. Zum anderen steckt darin wieder der allgemein prozessuale Grundsatz, daß derjenige, der durch einen Umstand nicht nachteilig berührt ist, auch über genau diesen Umstand berechtigterweise kein gerichtliches Verfahren in Gang setzten kann.

Derjenige, der seinen beantragten Verwaltungsakt erhalten hat, hat alles, was er wollte; derjenige, der die Verfügung erreicht hat, die er beantragte, hat ebenfalls alles, was er wollte. Demjenigen, dem sein subjektives Recht nicht streitig gemacht wird, kann über dieses Recht nicht berechtigterweise ein Verfahren einleiten. Wollte man diesen jedoch dennoch die Antragsberechtigung zugestehen, so würde man wieder die Möglichkeit der Popularklage geben.

Der Antragsberechtigte muß daher von einer Maßnahme oder einer Gegebenheit nicht nur berührt, sondern *nachteilig* berührt sein. Denn berührt ist zum Beispiel von einem Verwaltungsakt auch der, der ihn beantragt und erhalten hat. Aus diesen Ausführungen folgt, daß es für die Befugnis zur Verfahrenseinleitung nicht ausreichend ist, wenn jemand *nur* durch eine von ihm begehrte gerichtliche Entscheidung und nicht bereits durch einen Umstand vor Einleitung eines Verfahrens betroffen wird; denn wer erst durch eine Entscheidung betroffen werden kann, nicht bereits vor Verfahrenseinleitung betroffen ist, würde mit seiner Verfahrenseinleitung erst die Möglichkeit der Betroffenheit herbeiführen. Dazu dient jedoch kein Gerichtsverfahren. Derjenige, der nur durch eine gerichtliche Entscheidung betroffen wird, kann daher nicht befugt sein zur Verfahrenseinleitung, sondern unter Umständen nur dazu, sich an diesem von anderen Personen eingeleiteten Verfahren als Dritter zu beteiligen, wie aus den Regelungen der Nebenintervention im Zivilprozeß und der Regelung der Beiladung in den Verfahren der VwGO, der FGO und des SGG folgt.

c) Voraussetzungen der Befugnis bei fehlender gesetzlicher Regelung

Die Grundsätze, die zur Antragsberechtigung bei Verfahren mit fehlender gesetzlicher Regelung der Antragsberechtigung entwickelt wurden, sind vom Inhalt her mit den gesetzlichen Regelungen identisch. Im zivilprozessualen Verfahren ist als Kläger prozeßführungsbefugt, wer gegen jemanden ein behauptetes Recht als eigenes in Anspruch nimmt[49]. Aus § 66 Abs. 1 ZPO ergibt sich, daß allein ein rechtliches Interesse an einer gerichtlichen Entscheidung für eine Klageberechtigung nicht ausreicht.

---

[49] *Lüke*, ZZP 76, 19; *Rupp*, ArchdöR 85, 308.

Wenn z. B. ein Kläger aus einem notariellen Vertrag auf Erfüllung klagt, der Beklagte aber die Formrichtigkeit bestreitet, so hat zwar der Notar ein rechtliches Interesse am Ausgang der Entscheidung, weil der Kläger den Notar auf Schadensersatz in Anspruch nehmen könnte; der Notar kann aber nicht selbst gegen den Vertragspartner des Klägers ein Verfahren auf Erfüllung des Kaufvertrages einleiten. Wenn es anders wäre, hätte es der Regelung der Nebenintervention nicht bedurft. Auch im zivilprozessualen Verfahren ist somit die Situation ebenso wie in den Verfahren mit gesetzlicher Regelung der Antragsbefugnis; nur wer geltend macht, durch einen Umstand in seinem behaupteten Recht (z. B. im Anspruch auf Erfüllung) beeinträchtigt bzw. nachteilig betroffen zu sein, kann eine Klage erheben.

Bei den echten Streitverfahren in der freiwilligen Gerichtsbarkeit ist die Situation ebenfalls nicht anders zu beurteilen; antragsberechtigt ist hier, sofern nicht schon eine gesetzliche Regelung der Antragsberechtigung vorliegt, wer durch die zu regelnde Angelegenheit unmittelbar in seinen Rechten und Pflichten betroffen wird[50]. Da heute von der überwiegenden Meinung in der Rechtssprechung und Literatur die entsprechende Anwendung von Nebenintervention bzw. Beiladung für die echten Streitsachen im Verfahren der freiwilligen Gerichtsbarkeit anerkannt ist[51], ergibt sich auch hier, daß das rechtliche Interesse an einer Entscheidung für eine Antragsberechtigung nicht ausreicht. Aber auch für die Rechtsfürsorgeangelegenheiten ergibt sich keine Abweichung. Auch hier darf einen Antrag nicht jeder Beliebige stellen, sondern nur der materiell Beteiligte, d. h. wer durch die zu regelnde Angelegenheit unmittelbar in seinen Rechten und Pflichten betroffen wird. Ein rechtliches Interesse an der Entscheidung genügt auch hier nicht; das rechtliche Interesse ist ein Minus gegenüber dem materiellen Beteiligtsein; denn bei einem bestehenden rechtlichen Interesse brauchen noch nicht Rechte und Pflichten betroffen werden[52].

5. Gründe für die Übernahme der in anderen Verfahrensordnungen geltenden Grundsätze für die Antragsberechtigung im arbeitsgerichtlichen Beschlußverfahren

a) Gleichartige Verfahrensgegenstände

Daß die dargelegten Grundsätze zur Antrags- bzw. Klagebefugnis ohne Schwierigkeiten auch auf die Antragsberechtigung im arbeitsgerichtlichen Beschlußverfahren übertragen werden können, zeigt ein Vergleich der im Beschlußverfahren zu behandelnden Streitgegenstände mit den in anderen Verfahrensordnungen zu behandelnden Streitgegenständen. Anhand einiger Beispiele zeigt sich, daß auch im arbeits-

---

50 *Jansen*, Vorbem. §§ 8 - 18 Anm. 14; *Keidel*, § 12 Anm. 7 und 12.

51 *Habscheid*, § 16 II, III; *Bärmann*, § 11 III, IV; *Jansen*, Vorbem. §§ 8 - 18 Anm. 66, 79; *Fenn*, ZZP 77, 307.

52 *Habscheid*, § 16 III.

gerichtlichen Beschlußverfahren vielfach Streitgegenstände verhandelt werden, wie sie in verschiedenen anderen Verfahrensordnungen vorkommen.

aa) Verwaltungsgerichtliche Streitigkeiten

Ein Beispiel dafür ist der Streit um die Anerkennung von Schulungs- und Bildungsveranstaltungen nach § 37 Abs. 7 BetrVG durch die oberste Arbeitsbehörde des Landes. Es ist allgemein anerkannt, daß die Entscheidung der obersten Arbeitsbehörde der Sache nach einen Verwaltungsakt darstellt[53]. Nach h. M.[54] ist die gerichtliche Überprüfung der Bescheide der obersten Arbeitsbehörde gemäß § 2 Abs. 1 Nr. 4 ArbGG den Arbeitsgerichten im Beschlußverfahren zugewiesen und fällt nicht in die Zuständigkeit der Verwaltungsgerichte.

Von den Befürwortern der verwaltungsgerichtlichen Zuständigkeit wird gegen die Behandlung im arbeitsgerichtlichen Beschlußverfahren vorgebracht, daß das ArbGG für typisch verwaltungsrechtliche Streitigkeiten nicht geeignet sei, da es an einer auf den Verwaltungsakt zugeschnittenen Klageform fehlt, daß es im Gegensatz zur VwGO im Beschlußverfahren kein Vorverfahren gibt, und daß sich die Fragen der Klagebefugnis, der Rechtskrafterstreckung (§§ 65, 121 VwGO) auf beteiligte Dritte und des vorläufigen Rechtsschutzes (aufschiebende Wirkung) mit dem ArbGG nicht oder nur unvollkommen meistern lassen.

Das BAG hat jedoch in seinem Beschluß vom 18. 12. 1973[55] nachgewiesen, daß das Beschlußverfahren durchaus für die gerichtliche Anfechtung oder für die Verpflichtung zum Erlaß eines Verwaltungsaktes geeignet ist. Die Argumente des BAG sind dogmatisch nicht zu widerlegen; § 2 Abs. 1 Nr. 4 ArbGG ist eine Zuweisungsnorm im Sinne des § 40 Abs. 1 VwGO, da er auch eine ausdrückliche Bestimmung des Rechtsweges enthält. Ein Indiz dafür, daß der alleinige Zweck der Neuformulierung des § 2 Abs. 1 Nr. 4 ArbGG (wonach die Angelegenheiten aus dem BetrVG pauschal unter Abschaffung des Kataloges betriebsverfassungsrechtlicher Streitigkeiten in die ausschließliche Zuständigkeit der Arbeitsgerichte gestellt wurden) nicht die Abgrenzung von Urteils- und Beschlußverfahren war, ist die Tatsache, daß sich die Frage, welche der beiden Verfahrensarten anzuwenden ist, aus § 8 Abs. 1 ArbGG entnehmen läßt.

---

[53] Dazu insbes. *Finkelnburg*, DB 1973, 968; *Dütz*, ArbuR 1973, 369; BAG EzA § 37 BetrVG Nr. 20.

[54] Für die Zuständigkeit der Arbeitsgerichte: BAG EzA § 37 BetrVG Nr. 20; *Gnade / Kehrmann / Schneider*, § 37 Anm. 26; *Dütz*, ZfA 1972, 252; *ders.*, ArbuR 1973, 369; *Schwegler*, BlStSozArbuR 1972, 312; *Wölfel*, ArbuSozR 1972, 211.
Für die Zuständigkeit der Verwaltungsgerichte: *Dietz / Richardi*, § 37 Anm. 91; *Erdmann / Jürging / Kammann*, § 37 Anm. 34; *Finkelnburg*, DB 1973, 969.

[55] BAG EzA § 37 BetrVG Nr. 20.

Das Argument, daß die Streitigkeiten um die Anerkennung gemäß § 37 Abs. 7 BetrVG nicht „ausdrücklich" als dem Arbeitsgericht zugewiesen aufgeführt sind, ist kein stichhaltiges Argument gegen die Annahme einer „ausdrücklichen Zuweisung", denn es ist allgemein anerkannt, daß eine ausdrückliche Zuweisung öffentlich-rechtlicher Streitigkeiten an einen anderen Gerichtszweig im Sinne des § 40 Abs. 1 VwGO auch dann vorliegen kann, wenn zwar keine kasuistische Aufzählung, jedoch die Gesamtzuweisung eines Sachgebietes an einen anderen Gerichtszweig vorhanden ist[56]. Für die Auslegung einer Gesamtzuweisung spricht insbesondere, daß in § 2 Abs. 1 Nr. 4 ArbGG Ausnahmen von der sachlichen Zuweisung ausdrücklich geregelt wurden, § 37 Abs. 7 BetrVG aber dabei nicht erwähnt ist. Die Ansicht von *Finkelnburg*[57], eine ausdrückliche Zuweisung sei nicht gewollt, weil das Beschlußverfahren nicht für Streitigkeiten dieser Art passe, ist nicht stichhaltig. Denn es gibt auch ausdrückliche gesetzliche Zuweisungen verwaltungsrechtlicher Streitigkeiten an den zivilen Rechtsweg, der dafür ebenfalls nicht geschaffen wurde: so die Zuweisung der Anfechtung von Justizverwaltungsakten gemäß § 23 Abs. 1 EGGVG, die Verfahren über die Grundstücksverkehrsgenehmigung gemäß § 22 Abs. 1 GrdstVG, § 2 LwVG.

Auch die größere Sachnähe der Arbeitsgerichtsbarkeit spricht für die Zuweisung an die Arbeitsgerichte. Denn die Frage, ob eine Schulungs- und Bildungsveranstaltung geeignet ist, hängt eng mit dem BetrVG zusammen, und für die Entscheidung über betriebsverfassungsrechtliche Fragen sind die Arbeitsgerichte zuständig.

Im übrigen trifft es nicht zu, daß das Beschlußverfahren für Streitigkeiten dieser Art nicht paßt[58]. In beiden Verfahren gelten dieselben Verfahrensgrundsätze, insbesondere der Untersuchungsgrundsatz. In beiden Verfahren geht es nicht nur um private Interessen, sondern auch um die Berücksichtigung öffentlicher Belange. Es können genauso wie im Verwaltungsgerichtsprozeß die an der Entscheidung rechtlich Interessierten von Amts wegen beteiligt werden, ob dabei ein besonderer Beschluß erforderlich ist wie gemäß § 65 VwGO bedeutet nur einen Unterschied in der Form und nicht in der Sache. Auch ein einstweiliger Rechtsschutz ist gemäß § 85 Abs. 2 ArbGG im Beschlußverfahren möglich, worunter nach § 940 ZPO zur Sicherung des Rechtsfriedens auch die aufschiebende Wirkung von Anfechtungsanträgen fallen dürfte[59]. Auch im arbeitsgerichtlichen Beschlußverfahren erstreckt sich die Rechtskraft der Beschlüsse genauso wie in der VwGO (§§ 65, 121 VwGO) auf die am Verfahren Beteiligten.

Aus den vorstehenden Gründen ist noch eine weitere, an sich verwaltungsrechtliche Streitigkeit im Beschlußverfahren zu behandeln; nämlich die Streitigkeit über die Zustimmung bzw. Nichtzustimmung der

---

[56] BVerwG 15, 36; *Eyermann / Fröhler*, § 40 Anm. 79 a.

[57] DB 1973, 969.

[58] *Dütz*, ArbuR 1973, 370; BAG EzA § 37 BetrVG Nr. 20.

[59] *Dütz*, ArbuR 1973, 370.

obersten Arbeitsbehörde des Landes bzw. des Bundesministers für Arbeit und Sozialordnung zu Tarifverträgen[60].

bb) Zivilprozessuale Streitigkeiten

Ein Streitgegenstand, der typischerweise auch im zivilprozessualen Verfahren vorkommt, ist der Streit über den Anspruch auf Aufwendungsersatz (vgl. § 40 Abs. 1 BetrVG). Hier besteht dieselbe Situation wie beim Anspruch auf Ersatz von Aufwendungen gemäß § 670 BGB. Die Geltendmachung des Aufwendungsersatzanspruchs erfolgt nur deshalb im Beschlußverfahren, weil der Anspruch im BetrVG wurzelt und damit eine betriebsverfassungsrechtliche Streitigkeit darstellt. Es ist jedoch kein Grund ersichtlich, weshalb für die Frage der Antragsberechtigung nicht auch die im Zivilprozeß entwickelten Grundsätze zur Prozeßführungsbefugnis herangezogen werden sollten. Dasselbe gilt für Streitigkeiten über die Kostentragungspflicht gemäß § 20 Abs. 3 BetrVG, über die Tragung der Kosten für Sitzungen des Wirtschaftsausschusses, über den Aufwendungsersatzanspruch von Mitgliedern des Wahlvorstandes.

cc) FG-ähnliche Angelegenheiten

Im Beschlußverfahren sind auch Angelegenheiten zu behandeln, wie sie innerhalb der freiwilligen Gerichtsbarkeit typischerweise vorkommen. So haben, wie bereits *Körnich*[61] darauf hingewiesen hat, die Auflösung des Betriebsrates oder der Ausschluß eines Mitgliedes aus dem Betriebsrat innerhalb der freiwilligen Gerichtsbarkeit ihr Gegenstück in der Entlassung des Testamentsvollstreckers, § 2227 BGB, und der Abberufung eines Liquidatoren einer offenen Handelsgesellschaft, § 147 HGB. Die Bestellung des Wahlvorstandes gemäß § 16 Abs. 2 und § 17 Abs. 3 BetrVG sowie des Vorsitzenden der Einigungsstelle gemäß § 76 Abs. 3 BetrVG ist der Notbestellung eines Vereinsvorstandes ähnlich, § 29 BGB, die von den Gerichten im Verfahren der freiwilligen Gerichtsbarkeit vorgenommen wird.

b) Gleichartige prozessuale Situation

Nachdem es auch Sinn der Antragsberechtigung im arbeitsgerichtlichen Beschlußverfahren ist, Popularanträge auszuschließen, so sind auch die für die anderen Verfahrensordnungen geltenden Bestimmungen bzw. Grundsätze auch auf die Antragsbefugnis im arbeitsgericht-

[60] So *Dütz*, ArbuR 1973, 369; *Fitting / Auffarth / Kaiser*, § 3 Anm. 44; für die Zuständigkeit der Verwaltungsgerichte: *Frauenkron*, § 3 Anm. 12; *Sahmer*, § 3 Anm. 5.

[61] S. 40.

lichen Beschlußverfahren entsprechend anwendbar, und zwar auf Streitgegenstände, die typisch betriebsverfassungsrechtlicher Natur sind. Dies beweist die Untersuchung einiger typisch betriebsverfassungsrechtlicher Streitgegenstände.

aa) Rechtliches Interesse an gerichtlicher Entscheidung nicht ausreichend

Daß auch in betriebsverfassungsrechtlichen Streitigkeiten ein lediglich rechtliches Interesse an einer gerichtlichen Entscheidung für die Antragsberechtigung nicht ausreicht, ergibt sich beispielhaft aus § 103 Abs. 2 BetrVG (bzw. § 47 Abs. 1 BPersVG). Das zu kündigende Betriebsrats- bzw. Personalratsmitglied ist, wenn der Betriebs- bzw. der Personalrat die Zustimmung verweigert hat, zwar an der gerichtlichen Entscheidung über die Zustimmung, die der Arbeitgeber bzw. der Dienststellenleiter beantragt, rechtlich interessiert, weil davon die Zulässigkeit seiner Kündigung abhängt. Jedoch kann nur der Arbeitgeber bzw. der Dienststellenleiter ein Verfahren in Gang setzen, nicht das zur Kündigung beabsichtigte Mitglied des Betriebs- bzw. Personalrates; denn es gibt nichts, was es vom Gericht verlangen könnte, da sich bei Verweigerung der Zustimmung durch den Betriebs- bzw. Personalrat in seiner Rechtsstellung nichts geändert hat.

Dasselbe Ergebnis findet sich in dem Falle, daß Arbeitgeber und Betriebsrat vereinbarten, daß Kündigungen der Zustimmung des Betriebsrates bedürfen, § 102 Abs. 6 BetrVG, und der Betriebsrat die Zustimmung verweigert und die Einigungsstelle die Zustimmung des Betriebsrates nicht ersetzt hat. Hier kann nur der Arbeitgeber ein Beschlußverfahren zur Überprüfung der Entscheidung der Einigungsstelle einleiten, nicht der zur Kündigung beabsichtigte Arbeitnehmer; dieser hat zwar ein rechtliches Interesse an einer gerichtlichen Entscheidung, wenn sie vom Arbeitgeber beantragt wird, also nach erfolgter Verfahrenseinleitung; aber so lange der Arbeitgeber die Entscheidung des Arbeitsgerichtes nicht beantragt, besteht auch kein Interesse des Arbeitnehmers an einer gerichtlichen Entscheidung, da der Arbeitnehmer ohne Zustimmung oder ohne ersetzte Zustimmung nicht gekündigt werden kann.

Damit ist diejenige Auffassung als unzutreffend abzulehnen, die für die Antragsberechtigung lediglich ein Interesse an der Entscheidung bzw. am Verfahren genügen läßt.

bb) Rechtlich nachteiliges Betroffensein vor Antragstellung erforderlich

Wie sich aus der prozeßvergleichenden Untersuchung ergibt, ist also bei aller unterschiedlicher Terminologie in der Sache jedenfalls für die Befugnis zur Einleitung eines Verfahrens ein rechtlich nachteiliges Betroffensein bereits vor Einleitung des Verfahrens erforderlich, will man die Möglichkeit des Popularantrages ausschalten. Insoweit geht die als ständig deklarierte Rechtssprechung des BAG und die ihr folgende Literatur, die eine unmittelbare Betroffenheit bzw. ein unmittelbares Berührtwerden erfordert, in die richtige Richtung. Jedoch ist die Auffassung des BAG insoweit zumindest schief, als ein unmittelbares Betroffensein durch die vom Gericht zu treffende Entscheidung bzw. durch das konkrete Beschlußverfahren gefordert wird. Denn wer durch eine Gerichtsentscheidung unmittelbar betroffen wird, braucht nicht zwingend vor einem gerichtlichen Verfahren schon unmittelbar betroffen zu sein; dies ist schon logisch für denjenigen, der in der Rolle des Antragsgegners ist; wenn z. B. eine im Betrieb vertretene Gewerkschaft für einen Beauftragten Zugang zum Betrieb gemäß § 2 Abs. 2 BetrVG fordert, so wird auch der Arbeitgeber durch die Entscheidung bzw. das Verfahren unmittelbar betroffen, jedoch hat er kein Antragsrecht, da nicht er, sondern die Gewerkschaft etwas zu fordern hat. Dieselbe Situation ergibt sich bei den Wahlanfechtungsverfahren; auch hier ist das Gremium, dessen Wahl angefochten wird, von der gerichtlichen Entscheidung berührt, ist aber nicht antragsberechtigt (vgl. §§ 19 Abs. 2, 63 Abs. 2 BetrVG). Die Beispiele lassen sich beliebig erweitern.

Der Antragsberechtigte wird zwar durch die Entscheidung und das gerichtliche Verfahren unmittelbar betroffen, aber da dies auch derjenige wird, gegen den sich der Antrag richtet, ist dieses Kriterium für die Antragsberechtigung ungeeignet.

Es ist deshalb eine unmittelbare Betroffenheit durch eine im Streit befindliche Maßnahme oder einen im Streit befindlichen Umstand *vor* Einleitung des Beschlußverfahrens erforderlich. Eine unmittelbare Betroffenheit erst durch das Verfahren und die Entscheidung des Gerichts wäre bereits eine Frage, die zum Rechtskreis der Drittbeteiligung und der Rechtsmittelbefugnis gehört.

6. Formel für die Antragsberechtigung im arbeitsgerichtlichen Beschlußverfahren

Zu entscheiden, wie dies früher vielfach versucht wurde[62], welcher Verfahrensordnung das Beschlußverfahren nun einheitlich zuzuordnen ist, dem Verwaltungsgerichtsverfahren, dem Antragsverfahren der freiwilligen Gerichtsbarkeit, der streitigen Gerichtsbarkeit oder einzelnen Verfahren nach dem BVerfGG, um durch die Übernahme aus diesen Verfahrensarten auch die konkrete Formel für die Antragsberechtigung im Beschlußverfahren zu gewinnen, ist müßig, denn es wird weder

---

[62] s. dazu näher unter 3. Kap. B. IV.

gelingen, das Beschlußverfahren ganz der freiwilligen Gerichtsbarkeit, dem Verwaltungsgerichtsverfahren, dem Zivilgerichtsverfahren oder Verfahren nach dem BVerfGG zuzuordnen[63]. Dies ist aber auch nicht erforderlich; denn das Beschlußverfahren ist durchaus als ein eigenständiges Verfahren zu begreifen. Es ist jedoch nicht zu verkennen, daß es im Beschlußverfahren, auch wenn es hier wie in allen Verfahrensordnungen grundsätzlich um die Durchsetzung des materiellen Rechtes geht, um verschiedene Verfahrensgegenstände gehen kann, die unterschiedlich entweder mehr den Verfahrensgegenständen des Zivilverfahrens, soweit es z. B. um die Durchsetzung subjektiver Rechte geht[64], dem Verwaltungsgerichtsprozeß, dem Verfassungsstreitverfahren gemäß §§ 13 Nr. 5, 63 ff. BVerfGG[65] oder dem Verfahren der freiwilligen Gerichtsbarkeit zuzuordnen sind. Jedoch sind die einzelnen gesetzlichen oder durch Rechtsprechung und Lehre entwickelten Regelungen der Befugnis zur Verfahrenseinleitung sowohl vom Zweck als auch vom Inhalt her dermaßen gleichartig, daß sie untereinander ausgetauscht werden könnten; sprachliche Abweichungen bedeuten keinen Unterschied in der Sache. Somit können, unabhängig davon, welcher Verfahrensgegenstand vorliegt, für die Antragsberechtigung im arbeitsgerichtlichen Beschlußverfahren die in den anderen Verfahrensordnungen normierten bzw. entwickelten Formeln für die Berechtigung zur Verfahrenseinleitung übernommen werden. Nämlich, geltend zu machen bzw. zu behaupten, *durch eine betriebsverfassungsrechtliche Angelegenheit (Maßnahme oder ihre Unterlassung) in seinen Rechten oder in seiner Rechtsposition in rechtswidriger Weise nach dem BetrVG und den dazu ergangenen Verordnungen nachteilig betroffen und damit verletzt zu sein,* (entsprechend §§ 42 Abs. 2 VwGO, 40 Abs. 2 FGO, 54 Abs. 1 SGG, 64 Abs. 1, 90 Abs. 1 BVerfGG, 20 Abs. 1 FGG)[66] *oder* (entsprechend der Prozeßführungsbefugnis), *daß dem Antragsteller ein Recht nach dem BetrVG und den dazu ergangenen Rechtsverordnungen zusteht*[67].

Dabei ist jedoch noch zu beachten, daß die Formel für die Antragsberechtigung entsprechend § 42 Abs. 2 VwGO auch die Geltendmachung

---

[63] s. dazu näher unter 3. Kap. B. IV.

[64] Daß es im Beschlußverfahren (zumindest auch) um die Durchsetzung subjektiver Rechte gehen kann, ist anerkannt von *Grunsky*, ArbGG § 80 Anm. 26; *Etzel*, RdA 1974, 224; *Lepke*, ArbuR 1973, 111.

[65] So bei Streitigkeiten zwischen Betriebsverfassungsorganen über Rechte und Pflichten aus dem BetrVG und den dazu ergangenen Rechtsverordnungen oder bei Streitigkeiten über Gegenstände der Betriebsverfassung; so geht es etwa bei einem vom Arbeitgeber oder Betriebsrat eingeleiteten Beschlußverfahren, ob ein bestimmter Arbeitnehmer leitender Angestellter ist oder nicht, nicht unmittelbar um bestimmte konkrete Rechte, sondern nur um die betriebsverfassungsrechtliche Stellung eines Arbeitnehmers.

[66] Vgl. *Lepke*, ArbuR 1973, 107.

[67] Vgl. *Grunsky*, § 80 ArbGG Anm. 26, 29; ferner *Etzel*, RdA 1974, 224.

von Rechten umfaßt und damit die Alternativformel nach der zivilprozessualen Prozeßführungsbefugnis praktisch überflüssig ist; denn in der Geltendmachung der Rechtsverletzung ist sowohl der Tatbestand umfaßt, daß ein Recht oder ein Anspruch nicht gewährt wurde als auch daß ein dem Eigeninteresse (und daneben auch dem öffentlichen Interesse) eines einzelnen zu dienen bestimmter Rechtssatz zu dessen Nachteil nicht oder nicht richtig angewendet wurde[68].

7. Problem: Geltendmachen

Es bleibt aber noch zu klären, ob für die Darlegung der Antragsberechtigung die bloße Behauptung ausreicht oder ob ein „Geltendmachen" erforderlich ist, an das strengere Voraussetzungen als an die reine Verbalbehauptung zu stellen sind. Es ist deshalb zu untersuchen was unter dem Begriff des „Geltendmachens" zu verstehen ist. Die Meinungen hierüber gehen weit auseinander. Es handelt sich hierbei anerkanntermaßen um ein Problem der Abgrenzung der Zulässigkeit von der Begründetheit einer Klage[69].

a) Meinungsstand

Nach der strengsten Auffassung bedeutet „Geltendmachen", daß der Kläger eine Beeinträchtigung seiner Rechte schlüssig darlegen muß; aus seinem Tatsachenvortrag muß sich rechtlich einwandfrei der Schluß ziehen lassen, daß in seine Rechte eingegriffen worden ist[70]. Nach der weitesten Auffassung soll die reine Verbalbehauptung, in seinen Rechten verletzt zu sein, genügen[71]. Die h. M. läßt zwar für die Klagebefugnis nicht die bloße Behauptung des Klägers, in seinen Rechten verletzt zu sein, genügen, erfordert aber auch nicht eine Schlüssigkeit der Behauptung; es soll vielmehr genügen, daß die behauptete Rechtsverletzung zumindest möglich erscheint[72].

Angesichts der Tatsache, daß auf dieses Problem sehr viel Energie verwandt wurde[73], eine allgemein anerkannte Lösung jedoch nicht erzielt wurde, würde ein erneuter Lösungsversuch den Rahmen der vorliegenden Arbeit sprengen. Jedoch kann das Problem nicht gänzlich umgangen werden.

---

[68] Vgl. BVerwG 6, 169; *Ziemer / Birkholz*, § 40 Anm. 83.

[69] *Grunsky*, § 28 II 2.

[70] *Engelhardt*, JZ 1961, 588; *Ule*, § 33 II; BVerwG 8, 228; 10, 122; 11, 331.

[71] *Bettermann*, in: „Staatsbürger u. Staatsgewalt", Bd. II S. 469; wohl auch *Grunsky*, § 28 II 2.

[72] *Eyermann / Fröhler*, § 42 Anm. 85; *Redeker / v. Oertzen*, § 42 Anm. 13 ff.; *Ziemer / Birkholz*, § 40 Anm. 103; BVerwG 18, 157; BSG 26, 237; BFH BStBl. 1971, 30.

[73] Vgl. *Grunsky*, § 28 II 2; *Ule*, § 33 mit Literaturhinweisen.

b) Kein Nachweis der Rechtsverletzung erforderlich

Bei allem Streit besteht aber Einigkeit darüber, daß für die Klagebefugnis der Nachweis der Rechtsverletzung nicht gefordert werden kann; eine andere Auslegung würde bereits dem Wortlaut der §§ 42 Abs. 2 VwGO, 40 Abs. 2 FGO und insbesondere des 54 Abs. 1 SGG widersprechen. Dies ist Ausdruck des allgemein anerkannten prozessualen Grundsatzes, daß für die Prüfung der Zulässigkeit eines Antrages nicht die Begründetheit verlangt werden kann, sonst hätte die Unterscheidung zwischen Zulässigkeit und Begründetheit, die jedem Verfahren inne ist, jeglichen Sinn verloren[74].

Auf diese Problematik ist man insbesondere in der freiwilligen Gerichtsbarkeit bei § 20 Abs. 1 FGG aufmerksam geworden, der für die Beschwerdeberechtigung vom Wortlaut her nicht bloß die Geltendmachung der Rechtsbeeinträchtigung, sondern ihr *tatsächliches* Vorliegen verlangt. Es wird heute allgemein anerkannt, daß hier Zulässigkeit und Begründetheit in prozessual unzulässiger Weise verquickt wurden[75]. Denn würde man für die Zulässigkeitsprüfung verlangen, daß ein materielle Beeinträchtigung des geltend gemachten Rechtes vorliegt, so würde damit auch gleich die Frage der Begründetheit beantwortet, und dies würde bedeuten, daß eine sachliche Entscheidung zugunsten des Antragstellers ergehen muß. Dies kann jedoch nicht richtig sein, denn es entspricht der allgemeinen Auffassung, daß die Zulässigkeit der Klage bzw. des Rechtsmittels auch nicht automatisch die Begründetheit bedeutet. Eine Trennung zwischen Zulässigkeit und Begründetheit wäre sonst überflüssig. Die Frage der Zulässigkeit muß deshalb beantwortbar sein, ehe man die Begründetheit prüft. Deshalb wird auch für die Beschwerdeberechtigung des § 20 Abs. 1 FGG nicht mehr der Nachweis der tatsächlichen Rechtsbeeinträchtigung verlangt. Es genügt auch hier das Geltendmachen der Rechtsbeeinträchtigung. Wie jedoch das Geltendmachen zu verstehen ist, darüber besteht derselbe Streit wie bei § 42 Abs. 2 VwGO[76].

Wie in allen anderen Verfahrensordnungen, so ist aber auch im Beschlußverfahren zwischen Zulässigkeit und Begründetheit zu trennen; dies ist auch vom BAG[77] für das Beschlußverfahren anerkannt. Da Zulässigkeit und Begründetheit nicht vermengt werden dürfen, so darf auch für die Antragsberechtigung im Beschlußverfahren nicht das Vorliegen der Begründetheit oder wenigstens der Nachweis der Rechtsverletzung verlangt werden. Voraussetzung für die Antragsberechtigung ist damit nicht der Nachweis der tatsächlichen unmittelbaren

---

[74] Für die VwGO ergibt sich die Unterscheidung zwischen Zulässigkeit und Begründetheit schon aus dem Wortlaut der §§ 75, 84, 109, 42 Abs. 2; für die FGO aus §§ 40 Abs. 2, 46, 97; für das SGG aus §§ 105, 54.

[75] *Habscheid*, § 32 I 2; *Bärmann*, § 27 II, § 29 I; *Keidel*, § 20 Anm. 3.

[76] Für die Möglichkeitstheorie: wohl BGH MDR 1963, 39; *Bärmann*, § 29 II 2 c; für die Schlüssigkeitstheorie: *Keidel*, § 20 Anm. 2; *Jansen*, § 20 Anm. 7; für die Verbalbehauptungstheorie: *Grunsky*, § 28 II 3.

[77] Vgl. BAG 2, 97, wo der Antrag wegen fehlender Antragsberechtigung als unzulässig zurückgewiesen wurde.

rechtswidrigen Betroffenheit. Damit ist die von *Dietz / Nikisch*[78] und *Wichmann*[79] und auch in der früheren Rechtssprechung des BAG[80] geäußerte Auffassung abzulehnen, daß antragsberechtigt immer nur ist, wer durch die begehrte Entscheidung betroffen *wird*. Würde man die tatsächliche Betroffenheit für die Antragsberechtigung verlangen, so würde man die Antragsberechtigung als Zulässigkeitsvoraussetzung unzulässigerweise mit der Begründetheit vermengen. Dies hat das BAG wohl bereits erkannt und in Entscheidungen zum BetrVG 1972[81] bereits für die Antragsberechtigung die Möglichkeit der Betroffenheit für ausreichend erachtet, wenngleich dies nicht in allen neuen Entscheidungen des BAG deutlich wird[82].

c) *Kein Scheinproblem*

Der Auffassung *Grunskys*[83], daß es sich hierbei um ein Scheinproblem handelt, da man, ob nun die Klage wegen Unzulässigkeit oder Unbegründetheit abgewiesen werde, zu keinem unterschiedlichen Ergebnis komme, kann nicht gefolgt werden. Zum einen würde es sich dann generell bei der Abgrenzung von Zulässigkeit oder Begründetheit um ein Scheinproblem handeln, dies kann aber dem Willen des Gesetzgebers nicht entsprechen, sonst hätte er die Zulässigkeit von der Begründetheit nicht getrennt. Zum anderen sind auch die Ergebnisse nicht gleich. Selbst wenn man entgegen der h. M.[84] der Ansicht wäre, daß der Umfang der materiellen Rechtskraft bei einem Prozeßurteil nicht anders zu beurteilen sei als bei einem Sachurteil[85], so würde das noch nicht ausreichen, um die Trennung von Zulässigkeit und Begründetheit einzuebnen. Ein gesetzlich geregeltes Beispiel dafür, daß im Ergebnis zwischen der Abweisung einer Klage wegen Unzulässigkeit und Unbegründetheit ein Unterschied besteht, ist § 547 ZPO und auch § 24 Abs. 2 Nr. 2

---

78 § 80 Anm. 8.

79 ArbuR, 1975, 295.

80 Vgl. BAG 2, 97 ff.

81 Vgl. EzA § 5 BetrVG Nr. 5 „beteiligungsbefugt und antragsberechtigt, denn ihre betriebsverfassungsrechtlichen Interessen werden unmittelbar berührt oder *können* doch unmittelbar berührt werden“.

82 Vgl. nur BAG EzA Nr. 1 zu § 23 BetrVG.

83 § 28 II 2.

84 Nach h. M. besteht der Unterschied zwischen einem Prozeß- und einem Sachurteil in der Rechtskraftwirkung darin, daß die Prozeßabweisung den Kläger meist nicht hindert, den geltend gemachten Anspruch unter den gegebenen Zulässigkeitsvoraussetzungen erneut zu verfolgen, wogegen bei Sachabweisung dies durch die weiterreichende Rechtskraft grundsätzlich nicht möglich ist; BGH 11, 222; BVerwG NJW 1968, 1795; *Berg*, JZ 1968, 257; *Rosenberg / Schwab*, § 134 I 2 c; *Thomas / Putzo*, § 322, Anm. 2 a, 6 d.

85 So *Grunsky*, § 47 V 1 d; *Rimmelspacher*, S. 92 ff; vgl. zum Streitstand: *Sauer*, H.-J., 35 ff.

LwVG, wonach eine Revision bzw. eine Rechtsbeschwerde ohne Zulassung durch die Vorinstanz nur insoweit zulässig ist, als es sich um die Unzulässigkeit der Berufung bzw. der Beschwerde handelt. Der Gesetzgeber zeigt damit, daß er durchaus zwischen einer Abweisung wegen Unzulässigkeit oder Unbegründetheit unterschieden haben will.

Würde man die Prozeßführungsbefugnis nicht als eine von der Begründetheit getrennte Zulässigkeitsvoraussetzung betrachten, so hätte sie im wesentlichen ihren Sinn verloren. Unter Geltung des materiellen Parteibegriffes war der Beklagte geschützt, gegenüber einem zur Führung des Rechtsstreits nicht befugten Kläger zur Sache verhandeln zu müssen, genauso wie der Kläger geschützt war, mit einem Beklagten zu streiten, der keinerlei Beziehung zu dem Streitgegenstand hatte[86]. Mit Einführung des formellen Parteibegriffes mußte die Prozeßführungsbefugnis diese Schutzfunktion übernehmen. Nun kann zwar durch die Prozeßführungsbefugnis als Erfordernis der Zulässigkeit der Klage nicht verhindert werden, daß der Beklagte von einem Nichtprozeßführungsbefugten mit einer Klage überzogen wird, jedoch bleibt ihm die meist lästige und zeitraubende Verhandlung zur Sache erspart, wenn es an den Zulässigkeitsvoraussetzungen fehlt. Es wird in der Literatur[87] auch darauf hingewiesen, daß das Erfordernis der Prozeßführungsbefugnis auch den Zweck habe, den Beklagten davor zu schützen, sich zur materiellen Seite des Rechtsstreites einlassen zu müssen, wenn die Prozeßführungsbefugnis fehle. Würde das Gericht bei Zweifeln an den Zulässigkeitsvoraussetzungen zur Sache verhandeln, wäre dem Beklagten ein Teil des durch das Erfordernis der Prozeßvoraussetzungen gewährten Schutzes genommen.

d) *Entscheidung für die Möglichkeitstheorie*

Welcher der drei vertretenen Ansichten zum „Geltendmachen" der Vorzug zu geben ist, ist, wie die seit Erlaß der VwGO und ihrer Vorgänger[88] bis heute andauernde heftige Diskussion beweist, kaum allgemein überzeugend zu lösen, ohne daß Zweifel an einer Lösung bestünden. Die Argumente werden nicht mehr, Klarheit kann nur der Gesetzgeber schaffen.

Aus der Entstehungsgeschichte des heutigen § 42 Abs. 2 VwGO läßt sich keine Klarheit über das Erfordernis des Geltendmachens gewinnen. Zwar verwandten sowohl der Entwurf der Präsidenten der Verwaltungsgerichte des Bundesgebietes in Zusammenarbeit mit der Arbeitsgemeinschaft der Innenministerien der Länder, sowie die Regierungsvorlage und der Entwurf des Bundesrates den Terminus der „Behauptung", dieser Terminus wurde aber dann durch den des „Geltendmachens" ersetzt mit der Begründung, daß der Ausdruck „behaupten" in der juristischen Sprache nur für Tatsachen gebraucht werde[89]. Durch den Ausdruck „geltend machen" sind somit nicht

---

[86] *Heintzmann*, S. 5 f.

[87] Insbes. *Heintzmann*, S. 51; *Sauer*, S. 59.

[88] §§ 23 südd. VGG; 23 MRVO, § 15 VGG Rh-Pfalz; § 15 BVerwGG.

[89] Vgl. die Darstellung der Entstehungsgeschichte bei *Köhler*, § 42 C; *Engelhardt*, JZ 1961, 588.

nur die Tatsachen, sondern auch die Rechtsausführungen erfaßt. Daß auch der Terminus „behaupten“ keine Klarheit gebracht hätte, beweist, daß auch bei § 15 BVerwGG, der ebenfalls diesen Terminus verwendet hatte, derselbe Streit bestand.

Während einerseits der Nachweis oder die schlüssige Darlegung der Rechtsverletzung nicht verlangt werden kann, so würde andererseits die Ansicht, daß beim „Geltendmachen“ die bloße Behauptung der Rechtsverletzung genügt, § 42 Abs. 2 VwGO praktisch fast bedeutungslos machen[90]. Der Sinn des Ausschlusses der Popularklage kann nicht allein darin liegen, daß nur derjenige von der Klagebefugnis ausgeschlossen wird, der nicht einmal die Verletzung eigener Rechte behauptet; denn wer wendet sich schon an das Gericht, ohne zu behaupten, er wäre in seinen Rechten verletzt. Das Erfordernis des Ausschlusses der Popularklage muß deshalb einen umfassenderen Sinn haben, nämlich auch denjenigen vom sachlichen Teil des Verfahrens fernzuhalten, der zwar eine Rechtsverletzung behauptet, aber in keiner ersichtlichen Weise nach seinem eigenen Vortrag mit dem Streitgegenstand irgendwie berührt sein kann. Lehnt man nun aber die These der Verbalbehauptung ab, so ergibt sich die offenbare Ungereimtheit zur Prozeßführungsbefugnis im Zivilprozeß, wo die reine Verbalbehauptung genügt[91]. Bei näherem Hinsehen läßt sich jedoch ein durchaus vernünftiger Grund dafür finden, daß in den öffentlich-rechtlichen Verfahrensordnungen nicht die Verbalbehauptung genügt. Alle diese Verfahren werden im Gegensatz zum zivilprozessualen Verfahren nicht vom Verhandlungsgrundsatz, sondern vom Untersuchungsgrundsatz beherrscht. Ergibt sich nun aber in einem Verfahren mit Geltung des Untersuchungsgrundsatzes aus dem Vortrag des Klägers bzw. Antragstellers nicht einmal die Möglichkeit einer Rechtsverletzung, so hat das Gericht gar keine Veranlassung, mit der Ermittlung der materiellen Entscheidungsgrundlagen von Amts wegen zu beginnen. Die Situation ist also hier insofern gegenüber den Verfahren mit Geltung der Verhandlungsmaxime eine andere, als dort das Gericht an das Vorbringen und die Beweisanträge der Beteiligten gebunden ist, also auch an das Vorbringen, der Kläger bzw. Antragsteller sei in seinen Rechten verletzt, wenngleich sich aus seinem Vortrag die Möglichkeit der Verletzung nicht ersehen läßt[92].

Ein zweiter Gesichtspunkt, daß in den Verfahren mit Geltung des Untersuchungsgrundsatzes die bloße Verbalbehauptung nicht reicht, ist, daß dort das Verfahren, wenn auch mit Abstufungen, nicht nur dem privaten, sondern auch dem öffentlichen Interesse dient. Es ist deshalb

---

[90] *Erichsen*, VerwArch. 64, 321.

[91] *Grunsky*, § 28 II 2; *Lüke*, ZZP 76, 18.

[92] Im Ergebnis der gleichen Auffassung ist wohl auch *Bärmann*, § 29 II 2 c.

durchaus ein Gesichtspunkt, in diesen Verfahren den Antragsteller nicht so freizustellen wie in Verfahren, wo es lediglich um seine privaten Interessen geht.

Aus diesen Gründen hat die h. M., daß eine Verletzung der Rechte des Klägers bzw. des Antragstellers als zumindest möglich erscheinen muß (Möglichkeitstheorie), das meiste für sich. Die Rechtssprechung zu den Verfahren, in denen der Untersuchungsgrundsatz gilt, hat sich deshalb auch auf die Möglichkeitstheorie eingependelt[93].

Die Gründe für die Möglichkeitstheorie sprechen auch für ihre Anwendung auf die Antragsberechtigung im arbeitsgerichtlichen Beschlußverfahren. Auch in diesem Verfahren gilt der Untersuchungsgrundsatz[94].

Die Geltung des Untersuchungsgrundsatzes ist zwar für das Beschlußverfahren nicht ausdrücklich geregelt, und man könnte sogar der Meinung sein, daß dieser nicht anwendbar sei, nachdem im Zivilprozeß die Verhandlungsmaxime gilt, und §§ 80 Abs. 2, 87 Abs. 2 ArbGG grundsätzlich die für das Urteilsverfahren maßgeblichen Vorschriften für entsprechend anwendbar erklären, und damit auch entsprechend den §§ 46 Abs. 2, 64 Abs. 2 ArbGG auch auf den im Zivilprozeß herrschenden Verhandlungsgrundsatz Bezug genommen sein könnte. Jedoch ist für das arbeitsgerichtliche Beschlußverfahren anerkannt, daß eine entsprechende Anwendung von zivilprozessualen Regelungen und Grundsätzen nur möglich ist, soweit dies der Eigenart des arbeitsgerichtlichen Beschlußverfahrens nicht widerspricht[95]. Dies ist jedoch bezüglich des Verhandlungsgrundsatzes der Fall; denn die Gründe für die Geltung des Untersuchungsgrundsatzes in den Verwaltungsgerichtsverfahren (vgl. § 86 Abs. 1 VwGO) und im Verfahren der freiwilligen Gerichtsbarkeit (vgl. § 12 FGG) liegen auch im Beschlußverfahren vor. In diesen Verfahren geht es nicht nur wie im Zivilprozeß ausschließlich um subjektive Rechte der Beteiligten, sondern in diesem Verfahren stehen (zumindest daneben) auch typischerweise öffentliche Interessen auf dem Spiele. Deshalb hat man sich bei diesen Verfahren für die Geltung des Untersuchungsgrundsatzes entschieden[96]. Auch im arbeitsgerichtlichen Beschlußverfahren geht es, neben subjektiver Rechte der Verfahrensbeteiligten, um öffentliche Interessen; denn das Beschlußverfahren soll zur Befriedung im Betrieb beitragen und verhindern, daß in Zukunft ein gleicher oder ähnlicher Streit entsteht, der zur Störung des Betriebsfriedens und der erneuten Anrufung der Arbeitsgerichte führt[97]. Mit diesem Ziele wäre es aber nicht vereinbar, wenn man die Beschaffung der Entscheidungsgrundlagen allein den am Verfahren sich konträr Gegenüberstehenden überlassen würde, da diese unter Umständen gar nicht ein derartiges Interesse haben

---

[93] VwGO: BVerwG 3, 287; 39, 345; FGO: BFH BStBl. 1971 II, 30; SGG: BSG 26, 237; FGG: Beschwerdeberechtigung, BGH MDR 1963, 69; BVerfGG: BVerfG 2, 266; 2, 168; 2, 366; 13, 125; 21, 319.

[94] Vgl. *Grunsky*, ArbGG § 80 Anm. 35; *Flatow / Joachim*, Vorbem. 1 zu § 80; RAG ARS 12, 281; *Dietz / Nikisch*, § 83 Anm. 34; *Wichmann*, ArbuR 1973, 202; BAG AP Nr. 1 zu § 20 BetrVG.

[95] Vgl. *Müller*, G., (I) S. 54; *Rohlfing / Rewolle*, § 80 Anm. 2.

[96] *Grunsky*, § 18 II.

[97] BAG EzA § 80 ArbGG Nr. 3.

und nur die ihnen günstigen Tatsachen vortragen würden, wodurch eine umfassende Klärung im angestrebten Sinne oft nicht zu erreichen wäre.

Da auch das arbeitsgerichtliche Beschlußverfahren weitgehend dem öffentlichen Interesse dient, so braucht es auch den Antragsteller bezüglich der Antragsberechtigung nicht so freizustellen, wie die h. M. dies beim Kläger im Zivilprozeß hinsichtlich der Prozeßführungsbefugnis tut, da es dort lediglich um private subjektive Rechte geht. Da auch im Beschlußverfahren von der Geltung des Untersuchungsgrundsatzes auszugehen ist, so kann hier mit den gleichen Gründen wie bei den anderen Verfahrensordnungen mit Geltung des Untersuchungsgrundsatzes eine Verbalbehauptung für die Antragsberechtigung nicht genügen, denn wenn das Gericht nicht einmal die Möglichkeit von unmittelbarer Betroffenheit und Rechtsverletzung sieht, so hat es auch keine Veranlassung, mit der Amtsermittlung von der Entscheidung zugrunde zu legenden Tatsachen zu beginnen.

e) Geltungsbereich der Möglichkeitstheorie

Das Geltendmachen, in seinen Rechten verletzt zu sein, umfaßt sowohl das Betroffensein als auch die Rechtswidrigkeit. Denn verletzt kann nur jemand sein, der auch betroffen ist. Nun ist aber das Betroffensein für die Annahme einer Rechtsverletzung zwar Voraussetzung, aber alleine nicht ausreichend. Ein nachteiliges Betroffensein beinhaltet zwar eine Schmälerung oder Minderung der Rechtsposition, jedoch ist damit alleine nicht die Rechtsverletzung dargetan, denn eine Beeinträchtigung kann auch rechtmäßig sein. Ist eine Beeinträchtigung jedoch rechtmäßig, so bedeutet sie keine Rechtsverletzung. Deshalb muß neben dem nachteiligen Betroffensein auch die Rechtswidrigkeit geltend gemacht werden.

Nun besteht Streit darüber, ob sich bei der Auffassung, für das Vorliegen der Antragsberechtigung müsse eine Rechtsverletzung möglich sein, die Möglichkeit sowohl auf die Betroffenheit als auch auf die Rechtswidrigkeit bezieht, oder ob nur die Rechtswidrigkeit möglich und die Betroffenheit dagegen tatsächlich gegeben sein muß.

Jedoch ergibt sich die Antwort aus den gesetzlichen Regelungen der §§ 113 Abs. 1, Abs. 4 VwGO und §§ 100 Abs. 1, 101 FGO, wo für die Begründetheit einer Klage verlangt wird, daß der Verwaltungsakt oder die Ablehnung oder die Unterlassung des Verwaltungsaktes rechtswidrig ist, und der Kläger dadurch in seinen Rechten verletzt ist. Wenn das Gericht im Urteil über die Rechtsverletzung entscheidet, entscheidet es logischerweise auch über das Betroffensein[98]. Wenn nun aber bei

---

[98] *Bachof*, Bd. I S. 201; *Bettermann*, NJW 1961, 1098 ff. unter 2 b.

Zulässigkeitsfragen nur die Möglichkeit der Rechtswidrigkeit verlangt werden kann, um nicht die Grenze zur Begründetheit abzureißen, muß dies auch für das Betroffensein gelten. Da das Verletztsein gleichermaßen die Rechtswidrigkeit wie das Betroffensein umfaßt, ist kein Grund ersichtlich, diese beiden Bestandteile des Verletztseins unterschiedlich zu behandeln[99].

Da, wie oben nachgewiesen, die Rechtsverletzung sich aus dem Element der nachteiligen Betroffenheit und der Rechtswidrigkeit zusammensetzt, so muß auch im Beschlußverfahren nachteiliges Betroffensein und Rechtsverletzung geltend gemacht werden. Hier bedarf die Rechtsprechung des BAG[100] insofern einer Korrektur, als neben der Geltendmachung der unmittelbaren Betroffenheit auch die Geltendmachung der Rechtswidrigkeit erforderlich ist. Die Geltendmachung der Betroffenheit in einem materiellen Recht ist zwar erforderlich, aber nicht ausreichend. Eine nachteilige Betroffenheit kann zwar eine Schmälerung oder Beeinträchtigung der Rechtsposition enthalten, jedoch ist dadurch alleine nicht eine Rechtsverletzung dargetan, denn eine Betroffenheit kann auch eine rechtmäßige sein. So kann die Verweigerung des Zutritts gemäß § 2 Abs. 2 BetrVG zum Betriebe, die Weigerung der Freistellung gemäß § 38 BetrVG oder die Verweigerung der Zustimmung gemäß § 103 Abs. 1 BetrVG durchaus rechtmäßig sein; ein Recht ist nur verletzt, wenn jemand in seinem Recht in rechtswidriger Weise nachteilig betroffen ist. Ein Verfahren kann aber berechtigterweise nur eingeleitet werden, wenn der Antragsteller geltend macht, daß die Betroffenheit mit dem materiellen Recht nicht übereinstimmt und damit rechtswidrig ist. Die Möglichkeit muß sich deshalb nicht nur auf die Betroffenheit, sondern auch auf die Rechtsverletzung beziehen.

8. Die Antragsberechtigung beim Feststellungsantrag

a) Rechtsschutzform des Leistungs-, Feststellungs- und Gestaltungsantrages

Fraglich ist, ob die Formel entsprechend §§ 42 Abs. 2 VwGO, 40 Abs. 2 FGO und 54 Abs. 1 SGG bezüglich der Antragsberechtigung für alle Antragsarten im arbeitsgerichtlichen Beschlußverfahren paßt. Denn auch im arbeitsgerichtlichen Beschlußverfahren gibt es die Rechtsschutzformen der Leistungs-, Feststellungs- und Gestaltungsanträge[101].

Als Beispiele für einen Leistungsantrag seien hier nur der Anspruch des Betriebsrates gegen den Arbeitgeber auf Tragung von Kosten gemäß § 40

---

99 *Bachof*, Bd. I S. 202.

100 Vgl. EzA § 23 BetrVG Nr. 2 unter Hinweis auf st. Rspr.

101 BAG AP Nr. 1 zu § 80 ArbGG; *Grunsky*, ArbGG § 80 Anm. 23.

Abs. 1 BetrVG und auf das Zurverfügungstellen von Sachmitteln gemäß § 40 Abs. 2 BetrVG genannt. Als Beispiele für Gestaltungsanträge, wodurch eine unmittelbare Rechtsveränderung durch eine gerichtliche Entscheidung erstrebt wird[102], stehen die Ersetzung der Zustimmung zur Kündigung von Betriebsratsmitgliedern gemäß § 103 Abs. 2 BetrVG[103], die Amtsenthebung eines Betriebsratsmitgliedes oder die Auflösung des Betriebsrates gemäß § 23 Abs. 1 BetrVG; ferner die Anfechtung von Betriebsratswahlen gemäß § 19 BetrVG, da mit Rechtskraft der Entscheidung feststeht, daß die Betriebsratswahl ungültig ist[104], ferner die Anfechtung der Wahl der Arbeitnehmervertreter in den Aufsichtsrat[105]. Als Beispiel für einen Feststellungsantrag sei hier die Streitigkeit gemäß § 4 BetrVG genannt, ob ein selbständiger Betrieb im Sinne des BetrVG vorliegt, oder die Streitigkeit gemäß § 5 BetrVG, ob jemand leitender Angestellter ist.

b) Verhältnis von Klagebefugnis und berechtigem Interesse

Daß die aus den verwaltungsgerichtlichen Verfahrensordnungen entlehnte Formel für Leistungs- und Gestaltungsanträge paßt, zeigt der Vergleich mit der VwGO, wo die Formel der Klagebefugnis sowohl für die Gestaltungsklagen (Anfechtungsklagen) als auch für die Verpflichtungsklagen (Leistungsklagen) Anwendung findet. Ob die Klagebefugnis bei Leistungs- und Gestaltungsklagen auch für Feststellungsklagen paßt, ist deshalb fraglich, weil für die Feststellungsklagen in § 43 Abs. 1 VwGO, § 41 Abs. 1 FGO und § 55 Abs. 1 SGG eine eigene Regelung für die Zulässigkeit des Feststellungsantrages besteht, genauso wie in § 256 ZPO für den zivilprozessualen Feststellungsantrag. Um die Frage beantworten zu können, muß man sich über das prozessuale Verhältnis von Klageberechtigung und des „berechtigten" (§ 43 Abs. 1 VwGO, § 41 Abs. 1 FGO) bzw. des „rechtlichen" (§ 256 ZPO) Interesses an der alsbaldigen Feststellung, das bei Feststellungsanträgen gefordert wird, klar werden.

Es ist nun allgemein anerkannt, daß es sich bei dem Erfordernis des „berechtigten bzw. rechtlichen Interesses an der alsbaldigen Feststellung" um eine besondere gesetzliche Ausgestaltung des allgemeinen Rechtsschutzbedürfnisses handelt[106]. Die besondere Regelung des Feststellungsinteresses ergibt sich daraus, daß bei Feststellungsklagen das Bedürfnis, das Gericht vor überflüssiger Arbeit zu schützen, besonders groß ist, da eine Feststellungsklage im Gegensatz zu Leistungs- bzw.

---

102 *Rosenberg / Schwab,* § 95 I; *Eyermann / Fröhler,* § 42 Anm. 2.

103 *Dietz / Richardi,* § 103 Anm. 27.

104 *Dietz / Richardi,* § 19 Anm. 36; *Fitting / Auffarth / Kaiser,* § 19 Anm. 30; BAG EzA § 19 BetrVG Nr. 1 und 2: „die Betriebsratswahl für unwirksam zu erklären."

105 *Dietz / Richardi,* § 76 BetrVG 52 Anm. 118.

106 BGH NJW 1972, 198; *Thomas / Putzo,* § 256 Anm. 5; *Ziemer / Birkholz,* § 41 Anm. 23; *Eyermann / Fröhler,* § 43 Anm. 9; *Mellwitz,* § 55 Anm. 15.

Gestaltungsklagen nicht immer geeignet ist, den Rechtsstreit umfassend zu erledigen.

Klagebefugnis und Rechtsschutzbedürfnis sind zwei verschiedene Prozeßvoraussetzungen. Dies ist für Leistungs- und Gestaltungsklagen dadurch anerkannt, daß für die Zulässigkeit dieser Klagen sowohl die Klagebefugnis als auch das Rechtsschutzbedürfnis gefordert wird[107]. Nichts anderes kann aber auch für Feststellungsanträge gelten. Dies ist für zivilprozessuale Feststellungsklagen anerkannt. So muß die Prozeßführungsbefugnis bei zivilprozessualen Feststellungsklagen neben dem rechtlichen Interesse an der alsbaldigen Entscheidung ebenfalls gegeben sein[108]. Dies liegt insofern klar auf der Hand, da das Rechtsschutzbedürfnis nicht die Funktion hat, Popularklagen auszuschließen, jedoch Popularklagen auch bei Feststellungsklagen nicht zulässig sein sollen.

Zwar ist bei Feststellungsanträgen anerkannt, daß es nicht erforderlich ist, daß das mit ihnen geltend gemachte Rechtsverhältnis unmittelbar zwischen den Parteien des Feststellungsprozesses besteht, sondern daß die Feststellungsklage auch gegen Dritte zulässig ist, und auch durch einen Dritten die Feststellung begehrt werden darf. Nur ist bei diesen Drittbeziehungen erforderlich, daß das rechtliche Interesse gerade dem Beklagten gegenüber besteht[109]. Die Tatsache, daß der Feststellungsantrag auch gegen Dritte und durch Dritte erhoben werden kann, bedeutet aber keineswegs die Zulassung der Popularklage, denn Feststellungsklage kann nur derjenige erheben, der geltend macht, ein rechtliches Feststellungsinteresse bezüglich des eigenen Rechtsschutzes zu haben. Nur das Feststellungsinteresse bezüglich des eigenen Rechtsschutzes begründet die Parteistellung im Prozeß[110]. Die Prozeßführungsbefugnis fehlt dagegen in der Regel demjenigen, der kein Interesse am eigenen Rechtsschutz geltend macht. Jedoch sind auch hier Fälle der Prozeßstandschaft möglich, denn vom Interesse am eigenen Rechtsschutz ist das eigene Interesse am fremden Rechtsschutz zu unterscheiden; denn wie bei Leistungsklagen der Kläger im eigenen Namen bei Vorliegen der Prozeßstandschaft fremde Rechte geltend machen kann, so kann er bei Feststellungsklagen ein eigenes Interesse am fremden Rechtsschutz bei Vorliegen einer Prozeßstandschaft geltend machen[111]. Daß über die Zulässigkeit der Feststellungsklage über Drittbeziehungen keine Zulässigkeit der Popularklage erfolgt, zeigt also die Abgrenzung zur Prozeßstandschaft. Bei der Prozeßstandschaft werden im eigenen Interesse der Partei fremde Rechte geschützt. Eine im Wege der Prozeßstandschaft erhobene Feststellungsklage bezweckt also primär den Schutz des Dritten, und der Kläger muß dartun, daß er an diesem Schutz ein Interesse hat. Legt er dies nicht dar, so ist die Klage unzulässig. Eine Feststellungsklage über Drittbeziehungen zielt dagegen auf den Schutz des Klägers durch Feststellung dieser Beziehung ab. Der Kläger

---

[107] *Eyermann / Fröhler*, § 42 Anm. 104; *Ziemer / Birkholz*, § 40 Anm. 119.

[108] *Stein / Jonas*, vor § 50 II 8; § 256 II 3; § 256 III; *Grunsky*, § 28 I 7; *Wieczorek*, § 256 C I a 1.

[109] *Stein / Jonas*, § 256 II 3 mit weiteren Nachweisen; *Eyermann / Fröhler*, § 43 Anm. 7.

[110] *Stein / Jonas*, § 256 III.

[111] *Stein / Jonas*, § 256 III.

hat hier darzulegen, daß er selbst Rechtsschutz aus dieser Feststellung empfängt.

Da nun auch bei Feststellungsklagen nicht quivis ex populo klagen kann und das berechtigte Interesse nur eine besondere Ausformung des Rechtsschutzbedürfnisses ist, dieses aber nicht die Funktion hat, die prozeßführungsbefugte Partei zu bestimmen, so muß auch bei Feststellungsklagen neben dem Feststellungsinteresse auch die Prozeßführungsbefugnis geprüft werden. Dies kann aber nicht nur für Feststellungsanträge im zivilprozessualen Verfahren, sondern muß für alle Feststellungsanträge auch in den anderen Verfahrensordnungen gelten.

c) Erfordernis der abweichenden Regelung der Antragsberechtigung bei Feststellungsanträgen

Da nun auch genauso wie die zivilprozessuale Prozeßführungsbefugnis die Klagebefugnis gemäß §§ 42 Abs. 2 VwGO, 40 Abs. 2 FGO und 54 Abs. 1 SGG die Aufgabe hat, Popularklagen auszuschließen, könnte man meinen, daß deren Formel für die Klagebefugnis bei Feststellungsklagen übernommen werden kann. Jedoch passen diese Formeln der Klagebefugnis für Anfechtungs- und Verpflichtungsklagen für die Klagebefugnis bei Feststellungsklagen nicht. Der Grund hierfür ist, daß die Klagebefugnis für Anfechtungs- und Verpflichtungsklagen von der Geltendmachung einer *bereits eingetretenen* Rechtsverletzung ausgeht. Eine bereits eingetretene Rechtsverletzung ist jedoch bei Feststellungsklagen nicht erforderlich, denn das Feststellungsinteresse besteht auch schon dann, wenn dem Recht oder der Rechtsposition des Klägers eine gegenwärtige Gefahr der Unsicherheit droht[112]; die für Anfechtungs- und Verpflichtungsklagen geforderte bereits eingetretene Rechtsverletzung ist bei Feststellungsklagen nicht erforderlich[113]. Durch die Nichtanwendbarkeit der Formeln von §§ 42 Abs. 2 VwGO, 40 Abs. 2 FGO und 54 Abs. 1 SGG für die Klagebefugnis bei Feststellungsklagen ist jedoch nicht gesagt, daß damit bei Feststellungsklagen die Klagebefugnis mit ihrer Funktion, die Popularklage auszuschließen, nicht gegeben sein muß. Die Klagebefugnis als Funktion ist bei den Feststellungsklagen in Verfahren der VwGO, FGO und des SGG neben dem besonders ausgestalteten Rechtsschutzbedürfnis genauso erforderlich wie die Prozeßführungsbefugnis bei Feststellungsklagen im zivilprozessualen Verfahren neben dem besonderen Rechtsschutzbedürfnis gemäß § 256 ZPO, da das Rechtsschutzbedürfnis eben eine andere Funktion hat als die Klage- bzw. Prozeßführungsbefugnis. Nur paßt eben die Definition

[112] *Stein / Jonas*, § 256 III; *Ziemer / Birkholz*, § 41 Anm. 25; *Eyermann / Fröhler*, § 43 Anm. 10.

[113] *Ziemer / Birkholz*, § 41 Anm. 29.

der Klagebefugnis für Anfechtungs- und Gestaltungsklagen in §§ 42 Abs. 2 VwGO, 40 Abs. 2 FGO und 54 Abs. 1 SGG nicht für Feststellungsklagen, weil sie von der Geltendmachung einer (bereits eingetretenen) Rechtsverletzung ausgehen.

Da es bei Prozeßführungs- bzw. Klagebefugnis, egal bei welcher Klageart, darum geht, die Popularklage auszuschließen, so muß der Kläger für die Prozeßführungs- bzw. Klagebefugnis bei allen Klagen in allen Verfahrensordnungen übereinstimmend ein *eigenes* Recht geltend machen. Die Frage, ob er geltend machen muß, in diesen seinen Rechten bereits verletzt oder nur gefährdet zu sein, ist dann eine besondere Ausgestaltung für die jeweilige Klageart. Die Formel, wie sie § 64 Abs. 1 BVerfGG für die Antragsbefugnis enthält, wird in neutraler Formulierung allen Klage- bzw. Antragsarten gerecht, wonach

> *der Antrag (Klage) zulässig ist, wenn der Antragsteller (Kläger) geltend macht, daß er durch eine Maßnahme oder Unterlassung (des Beklagten bzw. Antragsgegners, soweit vorhanden) in seinen Rechten verletzt oder unmittelbar gefährdet ist.*

Die Geltendmachung eigener Rechte ist dabei das Erfordernis der Klagebefugnis, die Geltendmachung der Verletzung dieser Rechte durch eine Maßnahme oder Unterlassung ist Ausdruck für Leistungs- bzw. Gestaltungsklagen, und das Geltendmachen nur der unmittelbaren Rechtsgefährdung ist Ausdruck von Feststellungsklagen, wobei hier die Grenze zwischen Prozeßführungsbefugnis und Feststellungsinteresse fließend sein kann[114].

Dieses Ergebnis ist auch auf das arbeitsgerichtliche Beschlußverfahren zu übertragen. Ein Umstand, der eine abweichende Behandlung erforderlich machen würde, ist nicht ersichtlich. Neben der Antragsbefugnis ist auch entsprechend den übrigen Verfahrensordnungen bei Feststellungsanträgen als Ausdruck eines besonderen Rechtsschutzbedürfnisses ein Feststellungsinteresse erforderlich. Daß ebenso wie in den anderen Verfahrensordnungen im Gegensatz zum Leistungs- und Gestaltungsantrag beim Feststellungsantrag an das Rechtsschutzbedürfnis erhöhte Anforderungen zu stellen sind, ergibt sich auch hier zum einen daraus, daß der Antragsteller bei Leistungs- und Gestaltungsanträgen eine Veränderung des status quo erstrebt, die er wegen des Widerstrebens eines Beteiligten nur durch Zuhilfenahme der staatlichen Gerichtsbarkeit erreichen kann, wogegen der Feststellungsantrag nur darauf abzielt, den derzeit gegebenen Rechtszustand verbindlich geklärt zu erhalten[115]. Zum anderen folgt dies daraus, daß es einem allgemein prozessualen

---

[114] Vgl. *Ziemer / Birkholz*, § 41 Anm. 25.

[115] *Grunsky*, § 39 IV 1.

Grundsatz entspricht, der auch vom BAG[116] für das Beschlußverfahren anerkannt wurde, daß ein Feststellungsantrag gegenüber einem möglichen Leistungsantrag subsidiär ist[117], um nicht das Gericht unnötig in Anspruch zu nehmen. Da aber auch im arbeitsgerichtlichen Beschlußverfahren das Feststellungsinteresse nicht mit der Antragsberechtigung identisch ist, muß neben dem Feststellungsinteresse für die Zulässigkeit eines Antrages auch die Antragsberechtigung gegeben sein. Der Antragsteller braucht aber beim Feststellungsantrag aus denselben Gründen wie in anderen Verfahrensordnungen hinsichtlich der Antragsberechtigung keine (bereits eingetretene) *Verletzung* seiner Rechte geltend machen, sondern es genügt, wenn er eine unmittelbare *Gefährdung* geltend macht. Auch für das Beschlußverfahren paßt somit für alle Antragsarten hinsichtlich der Antragsberechtigung die Formel des § 64 Abs. 1 BVerfGG entsprechend:

Der Antrag ist zulässig, wenn der Antragsteller geltend macht, daß er durch eine Maßnahme oder Unterlassung eines Beteiligten[118] *in seinen ihm durch das Betriebsverfassungsgesetz und den dazu erlassenen Rechtsverordnungen übertragenen Rechten oder Rechtspositionen verletzt oder unmittelbar gefährdet ist.*

d) Vergleich mit der Rechtsprechung des BAG

Am Ergebnis, daß neben der Antragsbefugnis bei Feststellungsanträgen auch noch ein Interesse an der Feststellung hinzutreten muß, ist die unterschiedliche Aussage des BAG zur Antragsberechtigung zu messen. Während das BAG in der überwiegenden Anzahl seiner Beschlüsse, in denen es zur Antragsberechtigung Stellung genommen hat, fordert, daß der Antragsteller in seiner betriebsverfassungsrechtlichen Stellung unmittelbar berührt bzw. betroffen wird[119], stellt es in einigen Entscheidungen für die Antragsberechtigung auf das Interesse an der richtigen und gesetzmäßigen Durchführung des BetrVG ab[120]. Nun könnte man bei oberflächlicher Betrachtung der Ansicht sein, das BAG hat damit richtigerweise den Unterschieden zwischen Leistungs- und Gestaltungsanträgen einerseits und den Feststellungsanträgen andererseits Rechnung getragen. Bei näherem Hinsehen zeigt sich jedoch, daß dies nicht der Fall ist. Denn zum einen ist das Interesse an der Entscheidung keine Frage der Antragsberechtigung und zum anderen hat das BAG

---

[116] AP Nr. 1 zu § 80 ArbGG.

[117] *Grunsky*, § 39 IV 1; vgl. § 43 Abs. 2 VwGO und § 41 Abs. 2 FGO.

[118] Evtl. des Antragsgegners, wenn das BV einen Antragsgegner kennt, was unter 3. Kap. B. zu untersuchen ist.

[119] EzA § 23 BetrVG Nr. 1; § 19 BetrVG Nr. 1 mit Hinweis auf st. Rspr. seit BAG 2, 97.

[120] Vgl. AP Nr. 6 zu § 81 ArbGG; AP Nr. 7, 11, 14, 18, 21 zu § 76 BetrVG 52.

das Interesse als Voraussetzung der Antragsberechtigung nicht nur bei Feststellungsanträgen, sondern auch bei Gestaltungsanträgen als ausreichend angesehen, wie insbesondere die in der Literatur heftig diskutierten Fälle zur Anfechtungsberechtigung der im Betrieb vertretenen Gewerkschaft zur Wahl der Arbeitnehmervertreter in den Aufsichtsrat beweisen[121]. Denn diese Anträge sind genauso wie die Anfechtungsanträge von Betriebsratswahlen Gestaltungsanträge, denn die Wirkungen und Rechtsfolgen einer unwirksamen Wahl treten erst dann ein, wenn das Arbeitsgericht dies rechtskräftig entscheidet. Die Entscheidung hat damit konstitutive und nicht lediglich feststellende Wirkung[122]. Deshalb ist die Unwirksamkeit der Wahl nicht in einem Feststellungsantrag, sondern in einem Gestaltungsantrag geltend zu machen[123]. So ist also in der Rechtssprechung des BAG bei den unterschiedlichen Anforderungen an die Antragsberechtigung kein System zur Unterscheidung von Leistungs- bzw. Gestaltungsanträgen einerseits und Feststellungsanträgen andererseits zu erkennen.

IV. Die Antragsberechtigung in den gesetzlich geregelten Fällen

1. Keine Verletzung oder Gefährdung eigener Rechte erforderlich

Da die Antragsteller bei fehlender gesetzlicher Regelung der Antragsberechtigung die Verletzung oder Gefährdung eigener Rechte oder Rechtspositionen geltend machen müssen, so taucht die Frage auf, ob dies auch in den Fällen der gesetzlichen Regelung der Antragsberechtigung geschehen muß. Es wäre also durchaus denkbar, daß in einer Norm lediglich der mögliche Kreis der Antragsberechtigten geregelt ist, wobei aber noch nichts darüber ausgesagt ist, welche Voraussetzungen der mögliche Antragsteller erfüllen muß, um tatsächlich auch antragsberechtigt zu sein. Ein Beispiel hierfür findet sich im BVerfGG, §§ 13 Nr. 5, 63 ff., bei den Organstreitigkeiten. In § 63 BVerfGG ist der Kreis derjenigen aufgeführt, die Antragsteller und Antragsgegner sein können, in § 64 BVerfGG ist dann geregelt, wann der Antrag eines möglichen Antragstellers zulässig ist, „nämlich wenn er geltend macht, daß er oder das Organ, dem er angehört, durch eine Maßnahme oder Unterlassung des Antragsgegners in seinen ihm durch das Grundgesetz übertragenen Rechten und Pflichten verletzt oder unmittelbar gefährdet

---

121 Vgl. BAG AP Nr. 3, 7, 11, 14, 18, 21 zu § 76 BetrVG 52.

122 *Müller*, G., (II) S. 373, 393; ebenso *Dietz / Richardi*, § 19 Anm. 36, § 76 BetrVG 52 Anm. 118; *Fitting / Auffarth / Kaiser*, § 19 Anm. 30, § 76 BetrVG 52 Anm. 95.

123 So auch BAG EzA § 19 BetrVG Nr. 1 und 2: Antrag auf Rechtsungültig- bzw. Rechtsunwirksamerklärung.

ist". Auch hier muß also eine eigene Rechtsverletzung geltend gemacht werden.

Jedoch ist die Situation im BetrVG anders. Die gesetzlichen Regelungen, die sich mit der Antragstellung befassen, regeln den Kreis der Antragsberechtigten und zugleich die Antragsberechtigung. So ist in § 18 Abs. 2 BetrVG der Kreis der Anfechtungsberechtigten mit Arbeitgeber, beteiligtem Betriebsrat, beteiligtem Wahlvorstand und im Betrieb vertretener Gewerkschaft bestimmt und zugleich die Anfechtungsberechtigung, nämlich wenn zweifelhaft ist, ob ein Nebenbetrieb oder ein Betriebsteil selbständig oder dem Hauptbetrieb zuzuordnen ist.

Auch in § 19 Abs. 2 BetrVG ist der Kreis der Anfechtungsberechtigten mit mindestens 3 Wahlberechtigten, dem Arbeitgeber und einer im Betrieb vertretenen Gewerkschaft abgesteckt, und in § 19 Abs. 1 BetrVG zugleich die Anfechtungsberechtigung geregelt, die dann vorliegt, wenn gegen wesentliche Vorschriften über das Wahlrecht, die Wählbarkeit oder das Wahlverfahren verstoßen wurde und eine Berichtigung nicht erfolgt ist. In § 23 Abs. 1 BetrVG ist der Kreis der Antragsberechtigten mit einem Viertel der wahlberechtigten Arbeitnehmer, dem Arbeitgeber und einer im Betrieb vertretenen Gewerkschaft geregelt und die Antragsberechtigung, wenn eine grobe Verletzung der gesetzlichen Pflichten durch den Betriebsrat oder das Betriebsratsmitglied gegeben ist. In § 23 Abs. 2 BetrVG ist der Kreis der Antragsberechtigten mit dem Betriebsrat und einer im Betrieb vertretenen Gewerkschaft abgesteckt, sowie auch die Antragsberechtigung geregelt, die dann gegeben ist, wenn ein grober Verstoß des Arbeitgebers gegen seine Verpflichtungen aus dem Gesetz vorliegt. Diese Aufzählung mag hier genügen. Jedoch ist auch hierbei darauf hinzuweisen, daß bezüglich der Antragsberechtigung auch bei der gesetzlichen Regelung nur immer die Möglichkeitstheorie gilt.

Aus den angeführten gesetzlichen Regelungen ergibt sich, daß sie dieselben Funktionen erfüllen wie die gesetzlichen Generalklauseln in den §§ 42 Abs. 2 VwGO, 40 Abs. 2 FGO, 54 Abs. 1 SGG und 64 Abs. 1 BVerfGG und die für das arbeitsgerichtliche Beschlußverfahren gefundene Generalklausel: *sie bestimmen den Kreis der Antragsberechtigten und die Antragsberechtigung.* Jedoch liegt der Unterschied darin, daß auf die gesetzliche Regelung der Antragsberechtigung die Generalklausel für die Antragsberechtigung keine Anwendung finden kann, da die spezielle gesetzliche Regelung als besonderer Ausdruck des Willens des Gesetzgebers vorgeht. Somit kann, auch wenn bei gesetzlicher Regelung der Antragsberechtigung keine Verletzung eigener Rechte gefordert wird, dieses Erfordernis auch nicht über die Generalklausel wieder eingeführt werden. Zwar werden auch in den gesetzlich geregelten Fällen der Antragsberechtigung meistens eigene Rechte der Antragsteller irgendwie berührt sein, Voraussetzung für die Antragsberechtigung ist dies jedoch dann nicht, wenn dies bei einer gesetzlichen Regelung der Antragsberechtigung nicht gefordert wird.

So kann z. B. auch derjenige Antragsberechtigte gemäß § 23 Abs. 1 BetrVG den Antrag auf Ausschluß eines Mitgliedes des Betriebsrates aus dem Betriebsrat stellen, der durch die grobe Verletzung der gesetzlichen Pflichten durch dieses Betriebsratsmitglied nicht nachteilig betroffen wurde, oder es kann auch eine im Betrieb vertretene Gewerkschaft eine Betriebsratswahl anfechten, obwohl sie selbst von der Wahl gar nicht nachteilig betroffen wurde, wenn sie nur einen Verstoß gegen wesentliche Wahlvorschriften geltend macht; so kann sie z. B. auch eine Wahl anfechten, wenn ein ordnungsgemäßer Wahlvorschlag, an dem sie nicht beteiligt wurde, nicht zugelassen wird. Der tiefere Grund dafür, daß hier die Verletzung eigener Rechte oder Rechtspositionen nicht erforderlich ist, liegt darin, daß dort wohl die Kollektivinteressen im Vordergrund stehen. Diese Ansicht entspricht auch der Auffassung des BAG, das bei Prüfung der Antragsberechtigung bei bestehender gesetzlicher Regelung der Antragsberechtigung nur auf diese verweist und keine Prüfung der eigenen Betroffenheit vornimmt[124], wie es dies bei Prüfung der Antragsberechtigung bei einer fehlenden Regelung der Antragsberechtigung tut.

2. Erfordernis des Geltendmachens

Das Erfordernis des Geltendmachens gilt auch bei der gesetzlich geregelten Antragsberechtigung genauso wie bei der Generalklausel. Der Unterschied besteht nur darin, daß der Antragsteller nicht die rechtswidrige nachteilige Betroffenheit oder die Gefahr der rechtswidrigen nachteiligen Betroffenheit geltend machen muß, sondern nur das, was die einzelne gesetzliche Regelung der Antragsberechtigung fordert. Das Geltendmachen ist hier nicht anders auszulegen wie bei der Generalklausel. Es kann nicht der Nachweis der Richtigkeit oder auch nur der Schlüssigkeit des Vortrages gefordert werden, um nicht die Grenzen zwischen Zulässigkeit und Begründetheit ganz oder weitgehend aufzuheben, und es reicht auch nicht die reine Verbalbehauptung aus. Aus den bereits dargelegten Gründen ist auch hier von der Möglichkeitstheorie auszugehen.

Dies scheint auch die Ansicht des BAG zu sein, denn wie es bereits in Entscheidungen zur Anfechtung von Betriebsratswahlen ausgeführt hat, muß „der Antragsteller einen betriebsverfassungsrechtlich erheblichen Tatbestand vortragen, der *möglicherweise* die Ungültigkeit der durchgeführten Wahl begründen kann“[125] bzw. „muß der Antragsteller in seinem Antrag einen Sachverhalt darlegen, der möglicherweise die Ungültigkeit der durchgeführten Wahl begründen kann, der also nicht schon auf den ersten Blick erkennbar ganz unerheblich ist; der Sachverhalt muß immerhin einen Anlaß zu der Ansicht des Antragstellers geben können, es sei bei der Wahl gegen Vorschriften des BetrVG verstoßen worden“, auf die Schlüssigkeit kommt es nicht an[126].

---

[124] BAG EzA § 19 BetrVG Nr. 2.

[125] AP Nr. 14 zu § 18 BetrVG 52.

[126] BAG Nr. 17 zu § 18 BetrVG 52; zustimmend insoweit *Buchner*, SAE 1970, 165.

V. Zusammenfassung

Es ist bei den Verfahrensbeteiligten eine Differenzierung zwischen Antragsteller und sonstigen Verfahrensbeteiligten erforderlich. Dies ergibt sich daraus, daß die Verfahrensbeteiligungsberechtigung nicht mit der Antragsberechtigung gleichgesetzt werden kann. Die Antragsberechtigung im arbeitsgerichtlichen Beschlußverfahren hat dieselbe Funktion wie die Prozeßführungsbefugnis im zivilprozessualen Verfahren bzw. wie die Klagebefugnis in den Verfahren der VwGO, der FGO und des SGG, nämlich Popularanträge auszuschließen; sie ist Sachurteilsvoraussetzung und von der Aktivlegitimation zu unterscheiden. Desgleichen ist sie vom Rechtsschutzbedürfnis als einer daneben bestehenden weiteren Sachurteilsvoraussetzung zu trennen.

Bei der Frage, wer im arbeitsgerichtlichen Beschlußverfahren antragsberechtigt ist, sind die Fälle zu trennen, wo keine und wo eine gesetzliche Regelung vorhanden ist. Dabei ist davon auszugehen, daß im ArbGG keine Regelung der Antragsberechtigung vorhanden ist, sondern nur vereinzelt in den Gesetzen, denen als Verfahrensrecht das Beschlußverfahren zugeordnet ist.

Bei fehlender gesetzlicher Regelung ist ein lediglich rechtliches Interesse an der Entscheidung für die Antragsberechtigung nicht ausreichend. Erforderlich ist die Geltendmachung eines nachteiligen rechtwidrigen Betroffenseins in Rechten oder in einer Rechtsposition vor Antragstellung bei Leistungs- und Gestaltungsanträgen. Bei Feststellungsanträgen ist dagegen die Geltendmachung einer unmittelbaren Gefährdung in Rechten bzw. in einer Rechtsposition vor Antragstellung ausreichend, wobei neben der Antragsberechtigung entsprechend den anderen Verfahrensordnungen bei Feststellungsanträgen noch ein Feststellungsinteresse als besondere Ausgestaltung des allgemeinen Rechtsschutzbedürfnisses hinzukommen muß. Beim Geltendmachen ist (in Abgrenzung der Zulässigkeit von der Begründetheit) nicht der Nachweis der Rechtsverletzung bzw. -gefährdung erforderlich; es genügt aber auch nicht eine reine Verbalbehauptung, sondern es muß die Möglichkeit der Verletzung oder Gefährdung von Rechten oder Rechtspositionen des Antragstellers bestehen. Als Formel für die Antragsberechtigung, die allen Antragsarten gerecht wird, läßt sich somit verwenden: die Antragsberechtigung liegt vor, wenn der Antragsteller geltend macht, daß er durch eine Maßnahme oder Unterlassung eines Beteiligten in seinen ihm durch das BetrVG und den dazu erlassenen Rechtsverordnungen übertragenen Rechten oder Rechtspositionen verletzt oder unmittelbar gefährdet ist.

Bei vorhandener gesetzlicher Regelung der Antragsberechtigung ist nicht mehr zu prüfen, ob daneben auch noch die Voraussetzungen für die allgemeine Antragsberechtigung vorliegen. Hier ist die Antragsberechtigung rein aufgrund der gesetzlichen Regelung gegeben, und das Geltendmachen einer Rechtsverletzung oder Rechtsgefährdung ist nur dann erforderlich, wenn die gesetzliche Regelung der Antragsberechtigung dies vorschreibt.

B. Antragsgegner

I. Gerichtliche Praxis

Die gerichtliche Praxis weicht erheblich von derjenigen theoretischen Auffassung ab, daß dem Beschlußverfahren die Position des Antragsgegners fremd sei. In der Praxis ist es vielmehr üblich, daß der Antragsteller den Antragsgegner bezeichnet. Zwar war es bis zu dem Beschluß des BAG vom 6. 4. 1976[1] nicht geklärt, ob der Antragsteller den Antragsgegner bezeichnen muß, und ob es die Zulässigkeit und Wirksamkeit eines Antrages berührt, wenn ein Antragsgegner nicht oder fälschlicherweise bezeichnet wurde, jedoch entsprach es ständiger Übung der Gerichte, im Beschlußverfahren von einem Antragsgegner zu sprechen[2] und im Rubrum des Beschlusses den eigentlichen Antragsgegner besonders aufzuführen[3]. Wenn vertreten wird, daß der Begriff des Antragsgegners dem Beschlußverfahren fremd ist, dies aber nicht hindert, daß bei gegensätzlichen Interessen ein Beteiligter praktisch in die Rolle eines Antragsgegners hineingestellt wird oder im Laufe des Verfahrens in diese Rolle hineinwächst und deshalb auch als Antragsgegner bezeichnet wird[4], so ist damit doch auch die Rolle und Stellung des Antragsgegners im Beschlußverfahren schon anerkannt, trotz aller verbalen Beteuerungen, daß der Antragsgegner dem Beschlußverfahren fremd ist. Auszusagen, dem Beschlußverfahren sei der Begriff des Antragsgegners fremd, aber im Verfahren dann doch mit diesem Begriff zu arbeiten, ist nicht gerade konsequent.

II. Gesetzliche Situation

Die Bestimmungen des Beschlußverfahrens sprechen nicht ausdrücklich von einem Antragsgegner, sondern erwähnen als Verfahrensteilnehmer nur den Antragsteller, § 81 ArbGG, und die Anzuhörenden,

---

[1] 1 ABR 84/74.

[2] Vgl. nur BAG 2, 97; ArbuR 1967, 41; RdA 1973, 273; 1974, 123; EzA § 2 BetrVG Nr. 4 und 5; § 5 BetrVG Nr. 4, 5 und 6; § 19 BetrVG Nr. 1 und 2; ArbG Berlin, BUV 1972, 345.

[3] BAG AP Nr. 1 zu § 24 BetrVG 52; OVG *Lüneburg*, DÖV 1957, 833.

[4] BVerwG Personalvertretung, 1959, 210; *Grabendorff / Windscheid / Ilbertz*, § 83 Anm. 34.

§ 83 Abs. 1 ArbGG. Es wäre jedoch voreilig, daraus zu schließen, daß deshalb das Beschlußverfahren die Figur des Antragsgegners nicht kennt. Es ist nämlich allgemein anerkannt, daß die Regelung des Beschlußverfahrens äußerst lückenhaft ist und eine ganze Reihe von verfahrensrechtlichen Fragen nicht beantwortet[5]. Aus einem Schweigen der gesetzlichen Regelung kann somit noch nicht geschlossen werden, daß das Beschlußverfahren eine verfahrensrechtliche Institution, wie eben die des Antragsgegners, nicht kenne. So entspricht es auch der Praxis des BAG[6], wenn sich aus der knappen gesetzlichen Regelung des Beschlußverfahrens eine Antwort auf eine verfahrensrechtliche Frage nicht finden läßt, erst in eine andere Verfahrensordnung, namentlich in die ZPO, zu schauen, ob sich dort eine Regelung der Frage findet und ob die Übernahme dieser Regelung ins Beschlußverfahren den Besonderheiten des Beschlußverfahrens auch gerecht wird.

III. Die Untersuchung anderer Verfahren

1. ZPO

Ein zivilprozessuales Verfahren ist ohne Gegner undenkbar, denn dieses ist gerade auf die gegensätzlichen Positionen von Kläger und Beklagtem ausgerichtet, da es dort um subjektive Rechte geht, die gegen einen anderen geltend gemacht werden.

2. VwGO, FGO, SGG

Wirft man aber einen Blick in die Verfahrensordnungen VwGO, FGO und SGG, die genauso wie das Beschlußverfahren von Verfahrensbeteiligten sprechen, so muß auch dort stets ein prozessualer Gegner vorhanden sein, §§ 63 Nr. 2 VwGO, 57 Nr. 2 FGO, 69 Nr. 2 SGG.

3. Verfahren der freiwilligen Gerichtsbarkeit

Etwas anders stellt sich die Situation im Verfahren der freiwilligen Gerichtsbarkeit dar; auch das FGG verwendet den Begriff der Beteiligten, jedoch ist in den Verfahren der freiwilligen Gerichtsbarkeit nicht immer zwingend ein Antragsgegner vorhanden.

a) Antragssachen

In den Antragsverfahren liegt eine Besonderheit darin, daß es in diesen nicht notwendig mehrere Verfahrensbeteiligte gibt, oder daß

---

[5] Vgl. nur *Müller*, G., (I) S. 23.

[6] Vgl. nur zur Möglichkeit der Tatbestandsberichtigung: AP Nr. 7 zu § 82 ArbGG; zur Möglichkeit des Ergänzungsbeschlusses: AP Nr. 2 zu § 81 ArbGG; zur Verweisungsmöglichkeit gem. § 281 ZPO: AP Nr. 10 zu § 76 BetrVG 52; zur Möglichkeit der Streitgenossenschaft: AP Nr. 18 zu § 76 BetrVG 52.

sich diese nicht notwendig mit entgegengesetzten Interessen gegenüberstehen[7]. Dies gilt aber nur für die klassischen Angelegenheiten der freiwilligen Gerichtsbarkeit. So ist oft nur ein Beteiligter vorhanden, wie in Grundbuch-, Register- und Todeserklärungssachen, oder es gibt zwar mehrere Beteiligte, aber ihre Interessen stimmen überein, so wenn mehrere Erben einen gemeinschaftlichen Erbschein beantragen.

b) *Echte Streitsachen*

Dagegen muß es in den echten Streitsachen in der freiwilligen Gerichtsbarkeit notwendig mindestens zwei Verfahrensbeteiligte geben, deren gegensätzliche Interessen sich gegenüberstehen. Denn von einem Streitverfahren kann man dann nicht sprechen, wenn unter den Beteiligten Einigkeit besteht, oder wenn nur ein Verfahrensbeteiligter vorhanden ist. Streit ist schon begrifflich auf Gegensätzlichkeit angelegt.

Der Begriff des echten Streitverfahrens, der heute in der freiwilligen Gerichtsbarkeit eine besondere Verfahrensart bezeichnet, wurde nur zögernd anerkannt, wird aber heute von Rechtssprechung und Schrifttum überwiegend akzeptiert[8].

Somit besteht in der freiwilligen Gerichtsbarkeit die Situation, daß es dort verschiedene Verfahrensarten gibt; solche, bei denen nicht notwendig mehrere Beteiligte vorhanden sind, die sich mit notwendig gegensätzlichen Interessen gegenüberstehen, und solche, wo notwendig mehrere Beteiligte vorhanden sind, die sich mit entgegengesetzten Interessen gegenüberstehen. Aus der sprachlichen Gleichheit des Begriffes der Beteiligten in VwGO, FGO, SGG und im FGG kann somit nicht das notwendige Vorhandensein eines prozessualen Gegners hergeleitet werden.

IV. Lösungsversuch durch die Bestimmung der Rechtsnatur des arbeitsgerichtlichen Beschlußverfahrens

1. Meinungsstand

Fraglich ist, ob man einer Lösung des Problemes näherkommt, wenn man, wie dies vielfach versucht wurde, das Beschlußverfahren in seiner Rechtsnatur einer bestehenden gesetzlich besser normierten und von Literatur und Rechtssprechung besser beschriebenen Verfahrensordnung zuordnet, und dann hieraus die Beantwortung offener Verfahrensprobleme versucht.

---

[7] Im Gegensatz zu den echten Streitverfahren, vgl. *Keidel*, § 12 Anm. 109.

[8] Vgl. *Keidel*, § 12 Anm. 109 mit weiteren Nachweisen.

Die verschiedenen Auffassungen hierzu brauchen hier nur skizziert zu werden; eine detaillierte Darstellung der verschiedenen Auffassungen über die Rechtsnatur des Beschlußverfahrens findet sich bereits bei *Körnich*, S. 26 ff.

a) *Verfahren der freiwilligen Gerichtsbarkeit*

Nach der überwiegend vertretenen Ansicht stellt das arbeitsgerichtliche Beschlußverfahren eine besondere Art der freiwilligen Gerichtsbarkeit in Arbeitssachen dar[9]. Dies wird hauptsächlich damit begründet, daß die Ausgestaltung des Verfahrens weitgehend gleich sei, da beide Verfahren keine Parteien, sondern nur Beteiligte kennen, die Entscheidung in Form eines Beschlusses ergeht, und das Gericht weitgehend über die Beschaffung von Entscheidungsgrundlagen und den Verfahrensgegenstand zu befinden hat[10].

b) *Verwaltungsverfahren bzw. verwaltungsgerichtliches Verfahren in Arbeitssachen*

Es wurde auch vertreten, das Beschlußverfahren sei ein Verwaltungs-[11] bzw. ein verwaltungsgerichtliches[12] Verfahren in Arbeitssachen. Diese Ansicht ergab sich insbesondere aus der unter Geltung des ArbGG 1926 weit verbreiteten Auffassung, daß es sich bei den betriebsverfassungsrechtlichen Streitigkeiten um öffentliche Streitigkeiten handelt[13].

Jedoch ist die Auffassung, daß das Beschlußverfahren als Verwaltungs- bzw. als verwaltungsgerichtliches Verfahren in Arbeitssachen zu begreifen ist, eng verwandt mit der Ansicht, die das Beschlußverfahren der freiwilligen Gerichtsbarkeit zuordnet. So wurde von einigen Autoren[14], die die Rechtsnatur eines Verwaltungs- oder verwaltungsgerichtlichen Verfahrens annehmen, bereits auf die enge Verbindung zum Verfahren der freiwilligen Gerichtsbarkeit hingewiesen; beiden Verfahren sei gemeinsam, daß sie keine Parteien kennen, sondern nur Beteiligte, und daß dieselben Verfahrensgrundsätze gelten; bei beiden spiele das öffentliche Interesse am Verfahren eine gewisse Rolle; eine Verflechtung ergäbe sich auch daraus, daß im Verfahren der freiwilligen Gerichtsbarkeit auch typische verwaltungsrechtliche Streitigkeiten abgehandelt werden[15].

---

9 LAG Frankfurt, ArbuR 1953, 315; LAG München, BB 1953, 831; *Dersch / Volkmar*, § 80 Anm. 1; *Fitting*, BArbBl. 1953, 577; *Bötticher*, JZ 1956, 582; *Körnich*, S. 45; *Dietz / Nikisch*, vor § 1 Anm. 8; vorsichtig auch BAG DB 1973, 1257, das zwar davon ausgeht, daß das BV ein Verfahren eigener Art ist, es aber mit den im Wege der freiwilligen Gerichtsbarkeit auszutragenden echten Streitsachen vergleicht.

10 Vgl. *Körnich*, S. 30.

11 *Kauffmann*, ArbuR 1954, 1; *Reuscher*, BB 1949, 422; Rewolle, ArbuR 1959, 175.

12 So insbes. *Flatow / Joachim*, § 80 Anm. 3; *Depene*, § 80 Anm. I.

13 Vgl. die Zusammenstellung der Literatur bei *Dietz / Nikisch*, vor § 80 Anm. 5.

14 *Kauffmann*, ArbuR 1954, 1; *Kälker*, BB 1953, 389; *Rohlfing / Rewolle*, § 80 Anm. 1.

c) *Verfahren der streitigen Zivilgerichtsbarkeit*

Eng mit der Streitfrage, ob die Streitigkeiten aus der Betriebsverfassung dem öffentlichen Recht oder dem privaten Recht zuzuordnen sind, hängt auch die Frage zusammen, ob das Beschlußverfahren der streitigen Zivilgerichtsbarkeit zuzuordnen ist, denn mit der Charakterisierung der Betriebsverfassungsangelegenheiten als privates Recht ist noch nicht ausgesagt, ob sie der streitigen oder der freiwilligen Gerichtsbarkeit zuzuordnen sind. Indes sind die Unterschiede weitgehend verwischt, die Abgrenzung äußerst schwierig. Denn auch im Bereich der freiwilligen Gerichtsbarkeit gibt es echte Streitsachen, und zu aller Verwirrung sind der freiwilligen Gerichtsbarkeit auch öffentlich-rechtliche Streitsachen zugewiesen. Das Verfahren der freiwilligen Gerichtsbarkeit scheint der Ansatzpunkt zu sein, von dem aus zur weitgehenden Nivellierung der einzelnen Verfahrensordnungen, soweit möglich, angesetzt werden kann, jedoch gibt es dennoch Stimmen[16], die die Zugehörigkeit des Beschlußverfahrens zur streitigen Gerichtsbarkeit im Gegensatz zur Zugehörigkeit zur freiwilligen Gerichtsbarkeit vertreten, mit der Begründung, daß es sich im Beschlußverfahren ganz überwiegend um Rechtsstreitigkeiten handele, und daß sich die Regelung des Beschlußverfahrens durch die umfangreichen Verweisungen auf das arbeitsgerichtliche Urteilsverfahren stark an dieses anlehne.

d) *Verfahren der abstrakten Normenkontrolle*

Das Beschlußverfahren wurde mitunter auch mit der abstrakten Normenkontrolle gemäß §§ 76, 13 Nr. 6 BVerfGG verglichen[17], da es sich beim Beschlußverfahren um ein objektives Verfahren handele, das durch einen Antrag in Gang gesetzt und dann vom Gericht betrieben werde.

e) *Verfahren eigener Art*

Ferner wird die Auffassung vertreten, daß das arbeitsgerichtliche Beschlußverfahren als ein Verfahren eigener Art anzusehen sei[18].

2. Meinungskritik

Die dargestellten Ansichten haben alle etwas für sich, mit Ausnahme derjenigen, die das Beschlußverfahren mit der abstrakten Normenkontrolle vergleicht.

---

15 Vgl. die Zusammenstellung bei *Keidel*, § 12 Anm. 112.

16 *Hueck / Nipperdey*, Bd. 1 S. 882; *Siebert*, RdA 1959, 169; vgl. weiter bei *Körnich*, S. 28.

17 OVG Münster, DÖV 1957, 832.

18 *Müller* G., (I) S. 23 ff.; vgl. ferner die Literaturhinweise bei *Körnich*, S. 30.

a) Untauglichkeit des Vergleiches mit der abstrakten Normenkontrolle

Die Begründung des OVG Münster für die Auffassung, daß das Beschlußverfahren keinen Antragsgegner kenne, da es sich um ein objektives Verfahren handele ähnlich der abstrakten Normenkontrolle, ist nicht haltbar. Die abstrakte Normenkontrolle kennt keinen Antragsgegner[19]. Sie ist ihrem Wesen nach ein von subjektiven Berechtigungen unabhängiges objektives Verfahren zum Schutze der Verfassung, nicht aber zum Schutze einer Rechtsstellung der Antragsteller[20]. Deshalb ist an einem solchen Verfahren begrifflich notwendig niemand beteiligt außer dem Antragsteller[21]; der Antragsteller braucht aber selbst in seinen Rechten oder rechtlich geschützten Interessen durch die Gültigkeit oder Ungültigkeit einer Norm nicht berührt zu sein, das Verfahren kennt daher auch keinen Antragsgegner[22].

Die Situation ist aber im Beschlußverfahren anders. Zwar dient auch das Beschlußverfahren dem Schutze der Betriebsverfassung und der Wiederherstellung und Aufrechterhaltung des Betriebsfriedens[23], jedoch dient jede Verfahrensordnung grundsätzlich der Durchsetzung und damit der Aufrechterhaltung des materiellen Rechtes[24]. Während dies jedoch bei der abstrakten Normenkontrolle der einzige Zweck ist, dient das Beschlußverfahren zumindest auch den Rechten und Rechtspositionen von Beteiligten. Dies ergibt sich schon daraus, daß es sonst keine Beteiligten gäbe, die rechtlich zu hören wären, und daß der Antragsteller sonst nicht von betriebsverfassungsrechtlichen Maßnahmen oder Gegebenheiten in rechtswidriger Weise betroffen werden müßte, wie es für die Antragsberechtigung zu fordern ist. Dieses Ergebnis läßt sich auch aus einem Vergleich mit den Verfahren der VwGO, FGO und des SGG entnehmen, wo zwar auch ein Zweck in der Aufrechterhaltung und Durchsetzung der objektiven Wertordnung liegt, wo es aber auch um die Realisierung subjektiver Rechte geht[25]. Jedoch wird vielfach verkannt, daß schon durch die Realisierung von subjektiven Rechten zur Aufrechterhaltung des materiellen Rechtes und des Rechtsfriedens beigetragen wird[26]. Es wäre unverständlich, würde man verneinen, daß es sich z. B. bei dem Zutrittsrecht der Gewerkschaft zum Betrieb gemäß

---

19 BVerfG 1, 219 f.

20 BVerfG 1, 407; 2, 311.

21 *Maunz / Sigloch*, § 76 Anm. 2.

22 BVerfG 1, 219 f.; *Maunz / Sigloch*, § 76 Anm. 8.

23 BAG 3, 288; *Wichmann*, ArbuR 1974, 12.

24 *Grunsky*, § 1 V.

25 Vgl. *Lepke*, ArbuR 1973, 107.

26 *Grunsky*, ArbGG § 80 Anm. 3.

§ 2 Abs. 2 BetrVG, bei den einzelnen Kostenerstattungsansprüchen oder bei Mitbestimmungsrechten um subjektive vom BetrVG eingeräumte Rechte oder Rechtspositionen handelt.

b) Fehler der übrigen Auffassungen

Der gemeinsame Fehler der übrigen Auffassungen liegt darin, daß sie versuchen, die Rechtsnatur des Beschlußverfahrens jeweils nur der Rechtsnatur einer einzelnen anderen Verfahrensordnung gleichzustellen. Dies kann nicht gelingen, denn dazu sind die Angelegenheiten, die im Beschlußverfahren zu behandeln sind, zu verschieden.

Es seien hier einige Beispiele dazu aufgeführt. Bei der Bestellung eines Wahlvorstandes ist von der Verfahrensnatur her nicht an die streitige Gerichtsbarkeit, sondern mehr an die freiwillige Gerichtsbarkeit zu denken; denn hierbei kann es sich um eine Streitigkeit handeln, wenn dem Antrag auf Bestellung eines Wahlvorstandes im Falle des § 16 Abs. 2 BetrVG der Betriebsrat gegenübertritt, es kann aber auch das typische Gegeneinander fehlen, wenn sich insbesondere im Falle des § 17 Abs. 3 BetrVG dem Antrag auf Bestellung eines Wahlvorstandes niemand entgegensetzt; dies ist dann der typische Fall der Rechtsfürsorge, wie er im Bereich der freiwilligen Gerichtsbarkeit gegeben ist. Dies gilt erst recht für den Fall des § 23 Abs. 2 BetrVG. Nichts anderes gilt für die Bestimmung des Vorsitzenden der Einigungsstelle, § 98 ArbGG. Hier geht es der Sache nach genauso wie bei der Bestellung des Wahlvorstandes um einen administrativen Vorgang[27]. Dagegen ist die Anfechtung eines Anerkennungsbescheides über eine Schulungsveranstaltung gemäß § 37 Abs. 7 BetrVG, die nach der Rechtssprechung des BAG im Beschlußverfahren durchzuführen ist[28], eine typische verwaltungsgerichtliche Streitigkeit, da es sich hierbei um die Anfechtung eines Verwaltungsaktes handelt[29]. Hierfür paßt nun von der Rechtsnatur her weder das zivilprozessuale Verfahren noch das Verfahren der freiwilligen Gerichtsbarkeit, sondern eben das genau für öffentlich-rechtliche Streitigkeiten verwaltungsrechtlicher Art geschaffene Verfahren der VwGO.

Verlangen Betriebsratsmitglieder Ersatz ihrer Aufwendungen, die ihnen durch die Teilnahme an Schulungs- und Bildungsveranstaltungen entstanden sind, so handelt es sich um eine typische Streitigkeit, wie sie im zivilprozessualen Verfahren bei Klage um Aufwendungsersatz gemäß § 670 BGB gegeben ist.

Bei Wahlanfechtungsverfahren dagegen handelt es sich nicht um eine typische zivilprozessuale Angelegenheit, sondern um eine Angelegenheit, wie sie ähnlich gemäß Art. 38 BayGWG der VwGO zugewiesen ist.

Die Auflösung des Betriebsrates oder der Ausschluß eines Mitgliedes gemäß § 23 Abs. 1 BetrVG ist dagegen verfahrensmäßig wieder mehr der freiwilligen Gerichtsbarkeit zuzuordnen, da diese innerhalb der freiwilligen Gerichtsbarkeit ihr Gegenstück in der Entlassung eines Testamentvollstreckers und der Abberufung eines Liquidatoren einer oHG gemäß § 147 HGB finden.

---

[27] *Herschel*, Anm. zu BAG EzA Nr. 1 zu § 76 BetrVG; *Dersch / Volkmar*, § 98 Anm. 1 (gerichtsverwaltungsmäßiges Verfahren).

[28] BAG DB 1975, 699.

[29] *Finkelnburg*, DB 1973, 968.

So gibt es im Beschlußverfahren ferner Streitigkeiten, die mehr in das verfassungsgerichtliche Verfahren gemäß §§ 13 Nr. 5, 63 ff. BVerfGG passen, wo es um den Streit von Verfassungsorganen über den Umfang ihrer Rechte und Pflichten geht; nämlich darum, daß ein Verfassungsorgan durch eine Maßnahme oder Unterlassung des Antragsgegners in seinen ihm durch das Grundgesetz übertragenen Rechten und Pflichten verletzt oder unmittelbar gefährdet ist, § 64 Abs. 1 BVerfGG. Diese Situation kann sich ähnlich nach dem BetrVG ergeben; auch hier handelt es sich um eine Verfassung, die Organe kennt, wie z. B. den Arbeitgeber, den Betriebsrat und den Wahlvorstand, und die Rechte und Pflichten der einzelnen Organe regelt. So sind hier vergleichbar unterzuordnen die Streitigkeiten über die Befugnisse der Koalitionen innerhalb der Betriebsverfassung, § 2 BetrVG, Streitigkeiten, ob jemand Arbeitnehmer im Sinne des BetrVG ist, § 5 BetrVG, Streitigkeiten über Zahl der Betriebsratsmitglieder, § 9 BetrVG, Streitigkeiten über die Vertretung der Minderheitsgruppen, § 10 BetrVG, Streitigkeiten über Beginn und Ende des Amtes eines Betriebsrates, Streitigkeiten über Freistellungen von Betriebsratsmitgliedern, § 38 BetrVG.

Angesichts der Vielfalt von Angelegenheiten, die im Beschlußverfahren entschieden werden müssen, wird die oft als zu lückenhaft empfundene Regelung des arbeitsgerichtlichen Beschlußverfahrens im Rahmen des ArbGG zu einem eminenten Vorteil; denn dadurch sind Gericht und Beteiligte nicht gezwungen, die Vielfalt der möglichen Arten von Angelegenheiten und Streitigkeiten in einer Verfahrensart abzuhandeln, die manchen der Streitigkeiten nicht gerecht wird, sondern sie sind bei Beachtung der Besonderheiten des Beschlußverfahrens insoweit frei, bei offenen Verfahrensfragen einen Blick in diejenige Verfahrensordnung zu werfen, in der die zu entscheidende Angelegenheit, wäre sie nicht dem Beschlußverfahren zugewiesen, ihre verfahrensrechtliche Heimat hätte.

Das verfahrensrechtliche Problem, ob im Beschlußverfahren ein Antragsgegner vorhanden ist oder nicht, kann also nicht dadurch gelöst werden, daß man die Bestimmung der Rechtsnatur des Beschlußverfahrens durch die Zuordnung zu einer einzelnen bestehenden Verfahrensordnung versucht; man kommt der Lösung des Problemes nur durch die Erkenntnis näher, daß sich das Beschlußverfahren nicht in eine einzelne bestehende Verfahrensordnung pressen läßt, sondern durchaus eigenständiger Natur ist. Die einzelnen im Beschlußverfahren zu entscheidenden Angelegenheiten sind darauf zu untersuchen, ob von der Natur der Angelegenheit her schon ein Verfahrensgegner vorhanden sein muß, und ob die Verfahrensordnung, die für die zu entscheidende Angelegenheit die geeignetste wäre, würde das Beschlußverfahren nicht bestehen, einen Antragsgegner vorsieht.

Der Bereich, in welchem diese Verfahrensweise bereits als richtig erkannt wurde, ist die freiwillige Gerichtsbarkeit; hier versucht man nicht mehr, alle möglichen Arten von zu entscheidenden Angelegenheiten in ein verfahrensrechtliches Schema zu pressen, sondern stellt die Art der Streitigkeit fest und sucht für die verfahrensrechtlich offenen Fragen die Lösung dort, wo die Streitigkeit ohne Zuordnung zur freiwilligen Gerichtsbarkeit beheimatet wäre. Dies drückt sich am besten in der Anerkennung von sowohl privatrechtlichen als auch öffentlichrechtlichen echten Streitsachen neben den klassischen Fürsorgeangelegenheiten in der freiwilligen Gerichtsbarkeit aus, wo die Lösung von verfahrensrechtlichen Problemen durch entsprechende Anwendung von zivilprozessualen bzw. verwaltungsgerichtlichen Vorschriften gesucht wird, soweit die Besonderheiten der freiwilligen Gerichtsbarkeit dies zulassen[30]. Obwohl auch das klassische Verfahren der freiwilligen Gerichtsbarkeit nicht notwendig einen Antragsgegner oder mehrere Verfahrensbeteiligte kennt, so ist für die echten Streitsachen in der freiwilligen Gerichtsbarkeit anerkannt, daß hier notwendig ein Antragsgegner vorhanden ist[31].

Um festzustellen, ob im Beschlußverfahren ein Antragsgegner vorhanden ist, müssen deshalb die einzelnen möglichen zu entscheidenden Angelegenheiten betrachtet werden, wobei hier eine Aufgliederung nach Gruppen von Streitigkeiten versucht wird, weil es den Rahmen der Arbeit sprengen würde, jede nur mögliche Streitigkeit oder Angelegenheit im einzelnen zu untersuchen. Dies ist auch nicht erforderlich, da es nur darauf ankommt, unterschiedliche Arten von Streitigkeiten bzw. Verfahrensangelegenheiten herauszustellen.

V. Lösungsversuch durch die Bestimmung der im arbeitsgerichtlichen Beschlußverfahren zu entscheidenden Angelegenheiten

1. Die Arten der zu entscheidenden Angelegenheiten

a) Typisch betriebsverfassungsrechtliche Streitigkeiten

aa) Einzelfälle

Gemäß § 1 BetrVG kann es zu Streitigkeiten über die Betriebsratsfähigkeit, insbesondere über die Abgrenzung eines Betriebes von anderen Betrieben kommen. Hier muß von der Natur der Angelegenheiten her schon eine Gegnerschaft in der Auffassung bestehen, sonst gäbe es keine Streitigkeit, die zur Einleitung eines Beschlußverfahrens führen könnte. Sind sich nämlich alle Beteiligten einig, so kann ein Beschlußverfahren nicht eingeleitet werden.

Das BAG hat in mehreren Entscheidungen[32] festgestellt, daß das Beschlußverfahren nicht dazu dient, eine abstrakte Rechtsfrage zu klären; darauf würde aber die Einleitung eines Beschlußverfahrens hinauslaufen, wenn eine gegensätzliche Meinung nicht besteht. Es muß deshalb hier notwendig eine Antragsgegnerschaft vorhanden sein.

---

[30] Vgl. dazu *Keidel*, § 12 Anm. 109 ff., 112 ff.

[31] Vgl. *Jansen*, Vorbem. §§ 8 - 18 Anm. 58.

[32] BAG AP Nr. 1 zu § 82 BetrVG 52; AP Nr. 2 zu § 81 ArbGG; AP Nr. 5 zu § 80 ArbGG.

Auch bei den typisch betriebsverfassungsrechtlichen Fragen der Befugnisse der Koalitionen innerhalb der Betriebsverfassung, wie des Zugangsrechts zum Betrieb gemäß § 2 Abs. 2 BetrVG[33], des Teilnahmerechts an einer Betriebsversammlung gemäß § 46 Abs. 1 BetrVG oder des Streites, ob und inwieweit die Gewerkschaft im Betrieb Werbe- und Informationsmaterial verteilen und Plakate anbringen darf, muß notwendigerweise eine Gegnerschaft vorhanden sein, damit es überhaupt zu einem Beschlußverfahren kommen kann. Dies trifft auch zu für die Frage, ob ein selbständiger Betrieb im Sinne des BetrVG vorliegt, § 4 BetrVG[34], ob jemand Arbeitnehmer im Sinne des BetrVG ist, § 5 BetrVG[35], ob ein Arbeitnehmer Arbeiter oder Angestellter ist, soweit dies mit der Betriebsverfassung zusammenhängt, § 6 BetrVG. Bei einem Streit, ob jemand wahlberechtigt ist, § 7 BetrVG, oder ob er wählbar ist, § 8 BetrVG, trifft die Entscheidung zwar der Wahlvorstand, bei Streitigkeiten nach Feststellung durch den Wahlvorstand entscheidet jedoch das Arbeitsgericht. Auch hier muß notwendig eine Gegnerschaft bestehen, wenn es zu einem Beschlußverfahren kommen soll. Antragsgegner ist dann zwangsläufig der Wahlvorstand. Ebenso ist auch die Streitigkeit über die Zahl der Betriebsratsmitglieder gemäß § 9 BetrVG zu beurteilen; auch hier ist Gegner der Wahlvorstand, der die Zahl der Betriebsratsmitglieder bestimmt. Das gleiche gilt auch für die Streitigkeit gemäß § 10 und für Streitigkeiten gemäß § 11 BetrVG; ebenso für Streitigkeiten über die abweichende Verteilung von Betriebsratssitzen gemäß § 12 BetrVG; auch hier ist ein Antragsgegner notwendig, wenn es überhaupt zu einem Beschlußverfahren kommen soll. Auch bei einer Streitigkeit gemäß § 13 BetrVG, ob ein Betriebsrat neu zu wählen ist, muß ein Antragsgegner vorhanden sein, da sonst wiederum nur eine abstrakte Rechtsfrage geklärt würde.

Eine Ausnahme bestünde dann, wenn man es für den Antrag gemäß § 13 BetrVG genügen lassen würde, daß nur Zweifel bestehen, ob der Betriebsrat, während des regelmäßigen Wahlzeitraumes, neu zu wählen ist[36]; hier müßte dann notwendigerweise kein Antragsgegner vorhanden sein. Unsere Rechtsordnung kennt nämlich die Einleitung eines Verfahrens bei bloßen Zweifeln in §§ 13 Nr. 7, 76 BVerfGG und bei §§ 13 Nr. 12, 83 BVerfGG; auch hier ist kein Antragsgegner vorhanden, es handelt sich um ein objektives Verfahren[37].

---

[33] Vgl. BAG AP Nr. 1 und 2 zu § 2 BetrVG, wo vom Arbeitgeber als Antragsgegner die Rede ist.

[34] Vgl. AP Nr. 1, 4 zu § 3 BetrVG 52, wo der Arbeitgeber als Antragsgegner bezeichnet wurde.

[35] Vgl. AP Nr. 2, 3, 4 zu § 5 BetrVG, wo der Betriebsrat als Antragsgegner bezeichnet wurde.

[36] So *Dietz / Richardi*, § 13 Anm. 45.

[37] *Leibholz / Rupprecht*, vor § 76 Anm. 1 und § 83 Anm. 1.

Auch bei Verfahren über die Wahlvorschriften des § 14 BetrVG muß notwendigerweise wieder ein Gegner vorhanden sein, sonst käme es zu keiner Streitigkeit[38]. Das gleiche gilt bei Meinungsverschiedenheiten über Beginn und Ende des Amtes eines Betriebsrates gemäß § 21 BetrVG, und beim Streit, ob der Betriebsrat noch die Geschäfte weiter zu führen hat, § 22 BetrVG. Auch beim Antrag gemäß § 23 Abs. 1 BetrVG[39] auf Ausschluß eines Mitgliedes aus dem Betriebsrat oder auf Auflösung des Betriebsrates muß notwendig ein Gegner vorhanden sein, denn das einzelne Betriebsratsmitglied könnte von sich aus sein Amt niederlegen, § 24 Abs. 1 Nr. 2 BetrVG; dies gilt auch für den gesamten Betriebsrat. Im Falle des § 23 Abs. 3 BetrVG ist ebenfalls notwendig ein Antragsgegner vorhanden, nämlich der Arbeitgeber; § 23 Abs. 3 BetrVG ist den Zwangsvollstreckungsbestimmungen der §§ 888, 890 ZPO nachgebildet, und dort ist ein Antragsgegner notwendig vorhanden, nämlich der Schuldner. Bei einem Verfahren gemäß § 24 BetrVG[40], ob die Mitgliedschaft im Betriebsrat erloschen und ob jemand als Ersatzmitglied in den Betriebsrat eingerückt ist, ist eine Gegnerschaft vorhanden, da die Ersatzmitglieder kraft Gesetzes nachrücken. Streitigkeiten und damit eine Gegnerschaft liegen auch bei Meinungsverschiedenheit über Abberufung eines Betriebsratsvorsitzenden, über die Wirksamkeit einer Amtsniederlegung, über den Aufgabenbereich des Vorsitzenden und über die Frage vor, ob ein Fall der Verhinderung gegeben ist. Eine Gegnerschaft ist auch vorhanden bei Verfahren hinsichtlich der Einberufung von Sitzungen gemäß § 29 BetrVG, über die Ordnungsmäßigkeit der Ladungen und der Mitteilung der Tagesordnung, über den Vorsitz, das Anwesenheitsrecht des Arbeitgebers und des Beauftragten eines Arbeitgeberverbandes, über die Teilnahme eines Beauftragten der Gewerkschaft an Sitzungen des Betriebsrates oder von Ausschüssen des Betriebsrates, § 31 BetrVG, und über die Teilnahme des Vertrauensmannes der Schwerbehinderten an Sitzungen des Betriebsrates, § 32 BetrVG. Auch bei Verfahren über die Wirksamkeit von Betriebsratsbeschlüssen, über die Notwendigkeit und die Ordnungsmäßigkeit der Niederschrift gemäß § 34 BetrVG und über den Anspruch des Arbeitgebers auf Aushändigung einer Abschrift sowie über das Besitzrecht an den Akten liegt notwendigerweise eine Gegnerschaft vor. Eine solche ist auch gegeben bei Verfahren über Fragen der Geschäftsordnung, § 36 BetrVG, bei Meinungsverschiedenheiten über Freistellungen gem. § 38 BetrVG und bei Meinungsverschiedenheiten, die mit der Abhaltung der Betriebsversammlung oder der Durchfüh-

---

38 BAG AP Nr. 1 zu § 14 BetrVG, Antragsgegner der Wahlvorstand.

39 BAG AP Nr. 1, 3, 7, 8 BetrVG, wo Antragsgegner das Betriebsratsmitglied ist, das ausgeschlossen werden soll.

40 BAG AP Nr. 2, 4 zu § 24 BetrVG 52.

rung von Abteilungsversammlungen zusammenhängen, §§ 42, 43, 44, 45 BetrVG.

bb) Mitbestimmungs- und Mitwirkungsrechte des Betriebsrates

Auch bei den Bestimmungen der §§ 74 ff. BetrVG handelt es sich um typische betriebsverfassungsrechtliche Normen, die, abgesehen von den Individualansprüchen der Arbeitnehmer §§ 81 - 86 BetrVG, das Verhältnis zweier Betriebsverfassungsorgane — Arbeitgeber und Betriebsrat — zueinander regeln. Kommt es hierbei zu Streitigkeiten, so sind diese durchaus vergleichbar mit den Streitigkeiten, wie sie das Grundgesetz in Art. 93 Abs. 1 Nr. 1 und das BVerfGG in §§ 13 Nr. 5, 63 ff. kennt, und wo kraft ausdrücklicher gesetzlicher Regelung ein Antragsgegner vorhanden ist. Denn dort wie im Beschlußverfahren handelt es sich um den Streit über die rechtlichen gegenseitigen Beziehungen von Verfassungsorganen; die Organe befinden sich in einem verfassungsrechtlichen Rechtsverhältnis, und es besteht Streit zwischen ihnen über bestimmte Folgerungen aus diesem Rechtsverhältnis[41].

α) 4. Teil, 1. Abschnitt des BetrVG

Bei den Streitigkeiten, die hier auftauchen, geht es, genauso wie bei den Streitigkeiten gemäß §§ 13 Nr. 5, 63 ff. BVerfGG darum, daß ein Organ durch eine Maßnahme oder eine Unterlassung eines anderen Organes in seinen durch das BetrVG übertragenen Rechten und Pflichten verletzt oder unmittelbar gefährdet ist. So geht es im Rahmen des § 74 BetrVG darum, Betätigungen zu unterlassen, durch die der Arbeitsablauf oder der Betriebsfrieden beeinträchtigt werden[42], im einzelnen um das Verbot, Maßnahmen des Arbeitskampfes gegeneinander zu ergreifen, um das Verbot parteipolitischer Betätigung im Betrieb; im Rahmen des § 77 BetrVG geht es darum, ob der Arbeitgeber eine Vereinbarung richtig ausführt, ob der Betriebsrat unzulässigerweise in die Betriebsleitung eingegriffen hat. Ein typischer Organstreit ist auch bei § 80 BetrVG gegeben, nämlich bei Streitigkeiten zwischen dem Arbeitgeber und dem Betriebsrat über die Abgrenzung und die Durchführung der dem Betriebsrat übertragenen Aufgaben, § 80 Abs. 1 BetrVG, über die Pflicht des Arbeitgebers, den Betriebsrat zu unterrichten und ihm auf Verlangen die erforderlichen Unterlagen zur Verfügung zu stellen, über das Recht auf Einblick in Lohn- und Gehaltslisten, § 80 Abs. 2 BetrVG[43], sowie über das Recht des Betriebsrates, bei

---

[41] Vgl. BVerfG 2, 143.

[42] *Dietz / Richardi*, § 74 Anm. 8.

[43] BAG AP Nr. 1, 2, 3, 4, 6, 7, 8 zu § 80 BetrVG, wo als Antragsgegner der Arbeitgeber bezeichnet wurde.

der Durchführung seiner Aufgaben einen Sachverständigen hinzuzuziehen, § 80 Abs. 3 BetrVG.

β) 4. Teil, 3. Abschnitt des BetrVG[44]

Derselben betriebsverfassungsrechtlichen Art sind die Streitigkeiten zwischen Arbeitgeber und Betriebsrat über die Mitbestimmung in sozialen Angelegenheiten. So, wenn streitig ist, ob ein Mitbestimmungsrecht nach § 87 BetrVG besteht; dies ist eine typisch betriebsverfassungsrechtliche Streitigkeit zwischen den Betriebsverfassungsorganen Betriebsrat und Arbeitgeber, wie sie bei Verfassungsorganen des Grundgesetzes gemäß §§ 13 Nr. 5, 63 ff. BVerfGG zu entscheiden wäre. Hier lassen sich auch die Streitigkeiten gemäß § 88 BetrVG einordnen, ob eine Angelegenheit durch eine Betriebsvereinbarung geregelt werden kann, ob eine Betriebsvereinbarung erzwingbar ist oder nur freiwillig abgeschlossen werden kann. Hierher gehören auch Streitigkeiten im Zusammenhang mit der Mitwirkung des Betriebsrates bei der Durchführung des Arbeitsschutzes nach § 89 BetrVG.

Dagegen gehört das Verlangen eines Betriebsratsmitgliedes auf Ersatz von Aufwendungen, die ihm aus seiner Tätigkeit im Rahmen des § 89 BetrVG entstanden sind, nicht zur Kategorie der typischen verfassungsrechtlichen Streitigkeiten; denn der Ersatzanspruch ist ein reiner Leistungsanspruch, wie er normalerweise im zivilprozessualen Verfahren geltend zu machen wäre, und der Gerichtsausspruch ist nicht feststellender Natur, wie in der Regel bei typischen verfassungsrechtlichen Streitigkeiten (vgl. § 67 BVerfGG).

γ) 4. Teil, 4. Abschnitt des BetrVG

Typisch verfassungsrechtliche Streitigkeiten sind auch die Streitigkeiten zwischen Arbeitgeber und Betriebsrat über die Unterrichtungs- und Beratungsrechte gemäß § 90 BetrVG. So die Streitigkeiten, ob der Arbeitgeber den Betriebsrat an der Planung arbeitstechnischer Betriebsänderungen zu beteiligen hat, ob die Unterrichtung rechtzeitig und ordnungsgemäß erfolgt ist, und darüber, was Gegenstand der Beratung sein kann.

δ) 4. Teil, 5. Abschnitt des BetrVG

Bei Streitigkeiten über das Unterrichtungsrecht des Betriebsrates gegen den Arbeitgeber gemäß § 92 BetrVG handelt es sich ebenfalls um eine typische betriebsverfassungsrechtliche Streitigkeit; auch hier ist notwendig, daß zwischen Betriebsrat und Arbeitgeber eine Gegner-

---

[44] Der zweite Abschnitt, §§ 81 ff. BetrVG, bleibt hier außer Betracht, da es sich hierbei um die Kodifikation individueller und nicht kollektiver Rechte der Arbeitnehmer handelt, die im Urteilsverfahren geltend zu machen sind, vgl. *Fitting / Auffarth / Kaiser*, § 81 Anm. 1; *Fabricius / Kraft / Thiele / Wiese*, vor § 81 Anm. 37.

schaft vorhanden ist, wenn es zu einem Beschlußverfahren kommen soll, das die Feststellung der Unterrichtungsrechte des Betriebsrates beinhaltet. Das gleiche gilt für Meinungsverschiedenheiten zwischen Arbeitgeber und Betriebsrat über die Ausschreibung von Arbeitsplätzen, § 93 BetrVG, nämlich darüber, ob der Betriebsrat die betriebsinterne Ausschreibung von Arbeitsplätzen verlangen kann, oder ob eine betriebsinterne Ausschreibung ordnungsgemäß durchgeführt wurde. Auch bei § 96 BetrVG geht es um typisch betriebsverfassungsrechtliche Streitigkeiten, wenn es der Arbeitgeber ablehnt, auf Verlangen des Betriebsrates Fragen der Berufsbildung der Arbeitnehmer des Betriebes zu beraten. Typisch betriebsverfassungsrechtliche Streitigkeiten sind auch Streitigkeiten über den Bestand und Umfang des Beratungsrechtes über Einrichtungen und Maßnahmen der Berufsbildung, § 97 BetrVG. Desgleichen sind typisch betriebsverfassungsrechtliche Streitigkeiten auch solche gemäß § 99 BetrVG, ob es sich um eine personelle Einzelmaßnahme handelt, bei der der Betriebsrat mitzubestimmen hat, und über den Umfang der Unterrichtungspflicht. Auch hier ist eine notwendige Gegnerschaft gegeben[45]. Auch bei der Entscheidung über das Zustimmungsverweigerungsrecht des Betriebsrates gemäß § 99 Abs. 4 BetrVG ist eine notwendige Gegnerschaft gegeben.

Hier ist jedoch eine verfahrensrechtliche Besonderheit sehr deutlich. Während es in anderen Verfahrensordnungen üblich ist, daß der Gegner zur Abgabe einer Willenserklärung, hier zu der Zustimmungserklärung, verurteilt wird (man denke dabei an den Verpflichtungsausspruch im Verwaltungsgerichtsprozeß oder an die Verurteilung zur Abgabe einer Willenserklärung im Zivilprozeß), wird hier nicht der Gegner zur Abgabe der Willenserklärung verurteilt, sondern die Willenserklärung wird durch das Gericht ersetzt[46]. Derselbe Fall ergibt sich bei § 103 Abs. 2 BetrVG[47] beim Antrag auf Ersetzung der Zustimmung zur außerordentlichen Kündigung von Betriebsratsmitgliedern. Nun könnte diese von den anderen Verfahrensordnungen abweichende Regelung dazu verleiten, anzunehmen, daß dies ein Ausdruck für den Willen des Gesetzgebers ist, daß das Beschlußverfahren keinen Antragsgegner kennt. Jedoch wäre ein solcher Schluß übereilt. Denn hierbei handelt es sich nur darum, daß eine Angelegenheit, die in anderen Verfahrensordnungen als Leistungsverfahren im Beschlußverfahren als Gestaltungsverfahren ausgestaltet ist. Der Grund dafür dürfte lediglich in einer verfahrensmäßigen Vereinfachung zu suchen sein; während es in den übrigen Verfahrensordnungen zweier Verfahren bedarf — Erkenntnisverfahren und des gemäß § 894 ZPO durch Fiktion vereinfachten Vollstreckungsverfahrens — so ist hier in einem Verfahren die Angelegenheit erledigt, denn mit Rechtskraft des Beschlusses ist die verweigerte Zustimmung ersetzt. Im Endeffekt besteht aber zur zivilprozessualen Regelung kein Unterschied, denn auch dort gilt die Erklärung als abgegeben, wenn das Urteil Rechtskraft erlangt hat, § 894 ZPO. Obgleich es sich im Beschlußverfahren abweichend

---

[45] Vgl. BAG AP Nr. 2 zu § 99 BetrVG, wo Antragsgegner der Arbeitgeber ist.

[46] BAG AP Nr. 1 zu § 99 BetrVG.

[47] BAG AP Nr. 1 zu § 103 BetrVG.

um einen richterlichen Gestaltungsakt handelt, kann man jedoch nicht sagen, daß deshalb ein Antragsgegner nicht vorhanden sei, denn auch in den übrigen Verfahrensordnungen behauptet niemand, daß bei Gestaltungsklagen ein prozessualer Gegner nicht vorhanden sei.

Als Leistungsantrag ist dagegen gemäß § 104 BetrVG das Verlangen des Betriebsrates an den Arbeitgeber auf Entlassung oder Versetzung eines Arbeitnehmers ausgestaltet. Hier ersetzt also nicht das Gericht die verweigerte Entlassung oder Versetzung, sondern gibt dem Arbeitgeber auf, diese vorzunehmen. Hier ist dieselbe Situation gegeben wie bei jedem Leistungsantrag in jeder anderen Verfahrensordnung. Hier ist der Arbeitgeber notwendig Antragsgegner, alles andere wäre eine Verkennung der tatsächlichen und prozessualen Realität.

ε) 4. Teil, 6. Abschnitt des BetrVG

Auch bei Meinungsverschiedenheiten in wirtschaftlichen Angelegenheiten, sollen sie Gegenstand eines Beschlußverfahrens werden, besteht notwendig eine Antragsgegnerschaft; so bei Streitigkeiten gemäß § 106 BetrVG, ob ein Wirtschaftsausschuß zu bilden ist[48], und ob bestimmte Angelegenheiten zu seinem Zuständigkeitsbereich gehören[49], ferner die mit der Errichtung, der Tätigkeit und der Amtszeit des Wirtschaftsausschusses zusammenhängenden Streitfragen; desgleichen, wenn Streit zwischen Arbeitgeber und Betriebsrat bzw. Gesamtbetriebsrat besteht, ob und wie die Arbeitnehmer über die wirtschaftliche Lage und Entwicklung des Unternehmens zu unterrichten sind, § 110 BetrVG. Eine Gegnerschaft ist auch bei Meinungsverschiedenheiten zwischen Arbeitgeber und Betriebsrat darüber vorhanden, ob eine Betriebsänderung gemäß § 111 BetrVG vorliegt.

cc) Vergleich mit den Organstreitigkeiten gem. §§ 13 Nr. 5, 63 ff. BVerfGG

Obwohl vertreten wird, daß das Verfahren der Organstreitigkeiten gemäß §§ 13 Nr. 5, 63 ff. BVerfGG „weniger im Dienste subjektiver Rechtsverfolgung als im Dienste objektiver Bewahrung des Verfassungsrechtes steht“[50], kennt es gemäß § 63 BVerfGG ausdrücklich einen Antragsteller und einen Antragsgegner und ist als ein kontradiktorisches Streitverfahren anerkannt[51]. Wenn auch der Vergleich mit den verfassungsrechtlichen Organstreitverfahren gemäß Art. 93 Abs. 1 Nr. 1 GG, §§ 13 Nr. 5, 63 ff. BVerfGG nicht mit dem Lineal gezogen werden kann, so hat doch eine betriebsverfassungsrechtliche Streitigkeit, genau-

---

48 BAG AP Nr. 1 zu § 106 BetrVG, Antragsgegner der Arbeitgeber.

49 *Dietz / Richardi*, § 106 Anm. 43.

50 *Maunz / Sigloch*, § 63 Anm. 1.

51 BVerfG 20, 18 ff.; *Leibholz / Rupprecht*, vor § 63 Anm. 1.

so wie eine Organstreitigkeit ein verfassungsrechtliches Rechtsverhältnis, ein betriebsverfassungsrechtliches Rechtsverhältnis zum Gegenstand. Im Prinzip wird in betriebsverfassungsrechtlichen Streitigkeiten genauso wie im Organstreitverfahren über die gegenseitigen rechtlichen Beziehungen entschieden[52]. Ebenso wie die Verfassung (Grundgesetz) Organe kennt, kennt auch die Betriebsverfassung Organe, wie den Arbeitgeber, den Betriebsrat, den Wahlvorstand und zumindest als organähnlich die im Betrieb vertretene Gewerkschaft; und wie sich die verfassungsrechtlichen Organe in einem verfassungsrechtlichen Rechtsverhältnis befinden, so befinden sich auch die Betriebsverfassungsorgane in einem betriebsverfassungsrechtlichen Rechtverhältnis, wie beim verfassungsrechtlichen Organstreitverfahren Streit zwischen den Verfassungsorganen über bestimmte Folgerungen aus diesem Rechtsverhältnis besteht[53], so besteht in betriebsverfassungsrechtlichen Streitigkeiten im Grunde auch Streit zwischen den Betriebsverfassungsorganen über bestimmte Folgerungen aus den in der Betriebsverfassung geregelten Rechtsverhältnissen.

Vom BVerfG wurde deutlich ausgesprochen, daß eine Rechtsstreitigkeit zwei Beteiligte voraussetzt, die miteinander in einer rechtlichen Beziehung stehen[54]. „Daraus ergibt sich", so folgert das BVerfG, „daß im Organstreitverfahren nicht einfach eine objektive Frage des Verfassungsrechtes zur Erkenntnis des Gerichtes gestellt werden kann, sondern daß sich ein Prozeßrechtsverhältnis mit zwei Beteiligten vor dem Gericht entfalten muß. Ein solches formelles Prozeßrecht setzt ein dahinterstehendes materielles Rechtsverhältnis voraus, falls nicht ausnahmsweise durch Gesetz rein formal zwei Prozeßbeteiligte geschaffen werden, um zu einem kontradiktorischen Verfahren zu gelangen."

Nun ist auch im Beschlußverfahren anerkannt, daß nicht eine objektive Frage des Betriebsverfassungsrechtes zur Erkenntnis des Arbeitsgerichtes gestellt werden kann, sondern daß es sich um eine Streitigkeit zwischen Betriebsverfassungsorganen handeln muß. Wenn nun ein materielles Streitverhältnis zwischen Betriebsverfassungsorganen vorliegt, so besteht kein einleuchtender Grund dafür, daß sich dieses materielle Streitverhältnis nicht auch formell in einem prozessualen Streitverhältnis wiederfindet. Aus dem Schweigen bzw. der knappen beschlußverfahrensrechtlichen Regelung kann ein abweichender Wille nicht entnommen werden. Denn wollte das Beschlußverfahren von dem Grundsatz, daß das materielle Rechtsverhältnis sich mit derselben Gegnerschaft im Prozeßrechtsverhältnis wiederfindet, abweichen, so hätte es wohl einer ausdrücklichen Regelung hierzu bedurft.

---

[52] Für den Organstreit: vgl. BVerfG 1, 208.

[53] Vgl. BVerfG 2, 143; 20, 18.

[54] BVerfG 2, 143 (156).

b) Leistungsverfahren

Ein Antragsgegner muß notwendigerweise vorhanden sein bei Leistungsanträgen, die sich gegen eine andere Person oder Stelle richten.

Leistungsanträge bilden nicht notwendig einen Gegensatz zu den oben als typisch betriebsverfassungsrechtlich dargestellten Streitigkeiten, sondern können von der Antragsart her gesehen ein Unterfall von typisch betriebsverfassungsrechtlichen Streitigkeiten sein; den Leistungsanträgen, wie sie hier gemeint sind, liegen solche Ansprüche zugrunde, wie sie typischerweise im zivilprozessualen Verfahren geltend zu machen wären.

Für Streitigkeiten in zivilprozessualen Verfahren ist noch niemand auf den Gedanken gekommen, daß hier ein Prozeßgegner fehlt. Das BAG hat sich zwar redlich bemüht, Leistungssachen aus dem Beschlußverfahren fernzuhalten, so im Falle des § 37 Abs. 2 BetrVG beim Anspruch auf Fortzahlung des Arbeitsentgeltes[55] und bei § 37 Abs. 3 BetrVG bei Gewährung von Freizeitausgleich bzw. Zahlung von Mehrarbeitsvergütung bei Durchführung notwendiger Betriebsratsaufgaben außerhalb der Arbeitszeit, obwohl gewichtige Argumente für eine Entscheidung im Beschlußverfahren gesprochen hätten[56]. Es liegt der Verdacht nahe, daß einer der Gründe des BAG, sich für das Urteilsverfahren zu entscheiden, war, daß man die Meinung, im arbeitsgerichtlichen Beschlußverfahren gehe es nicht um die Durchsetzung subjektiver Rechte, die man jahrelang propagiert hatte, nicht aufgeben wollte.

Dennoch sind typische Leistungssachen, wie sie im zivilprozessualen Verfahren verhandelt werden, im Beschlußverfahren zu entscheiden, so vor allem der Anspruch auf Aufwendungsersatz. Die Streitigkeiten wegen Aufwendungsersatz sind typische Streitigkeiten, wie sie z. B. bei dem Aufwendungsersatzanspruch gemäß § 670 BGB im zivilprozessualen Verfahren zu behandeln sind. Es liegt deshalb auch hier kein einleuchtender Grund vor, daß bei diesen Streitigkeiten im Beschlußverfahren ein Antragsgegner nicht existieren soll.

c) Wahlanfechtungsverfahren

Einen nicht unbedeutenden Raum innerhalb der im arbeitsgerichtlichen Beschlußverfahren durchzuführenden Angelegenheiten nehmen auch die Wahlanfechtungen insbesondere von Betriebsratswahlen ein, aber auch von Wahlen der Arbeitnehmervertreter in den Aufsichtsrat von Kapitalgesellschaften, wie die Fülle der zu § 76 BetrVG 52 ergangenen Beschlüsse des BAG beweist. Daran wird sich auch nichts ändern, denn das MitbestG vom 4. 5. 1976 hat die Zuständigkeit der Arbeitsgerichte für Angelegenheiten aus dem Mitbestimmungsgesetz statuiert,

---

[55] BAG AP Nr. 1 und 12 zu § 37 BetrVG.

[56] So LAG Hamm, DB 1973, 434.

soweit über die Wahl von Vertretern der Arbeitnehmer im Aufsichtsrat und ihre Abberufung mit Ausnahme der Abberufung nach § 103 Abs. 3 AktG zu entscheiden ist. Es ist hier lediglich die Untersuchung angezeigt, ob in Wahlanfechtungsverfahren ein Antragsgegner vorhanden ist. Um diese Frage beantworten zu können, ist auch hier ein Blick in andere, gesetzlich geregelte Wahlanfechtungsverfahren geboten.

aa) Wahlanfechtung gem. Art. 36 BayGWG

Gemäß Art. 36 BayGWG kann jeder Wahlberechtigte, bei der Wahl des berufsmäßigen 1. Bürgermeisters ferner jeder in einem zugelassenen Wahlvorschlag aufgestellte Bewerber, die Wahl durch schriftliche Erklärung bei der Rechtsaufsichtsbehörde anfechten. Gegen die Entscheidung der Rechtsaufsichtsbehörde ist dann der Verwaltungsrechtsweg nach der VwGO gegeben, Art. 38 Abs. 1 BayGWG. Beim Verfahren der VwGO ist notwendig ein Antragsgegner (Beklagter) vorhanden, sonst könnte das Verfahren nicht durchgeführt werden. Gegner ist hierbei der Freistaat Bayern, da Streitgegenstand sein Verwaltungsakt ist, mit dem über die Wahlanfechtung von der Rechtsaufsichtsbehörde entschieden wurde. Dieses Anfechtungsverfahren nach der VwGO ist jedoch mit den Anfechtungsverfahren nach dem arbeitsgerichtlichen Beschlußverfahren nicht vergleichbar, da es Rechtsmittelcharakter besitzt. Vergleichbar ist also nur das Verfahren vor der Rechtsaufsichtsbehörde gemäß Art. 36 BayGWG. Jedoch ist dieses Verfahren noch kein Gerichts-, sondern ein Verwaltungsverfahren; hier kann ein Gegner der Anfechtung vorhanden sein, dies muß aber nicht sein, denn theoretisch können alle der Ansicht sein, daß die Wahl rechtswidrig ist. Eine notwendige Gegnerschaft ist erst beim Vorgehen gegen die Entscheidung der Rechtsaufsichtsbehörde gegeben, nur dann ist der Freistaat Bayern Gegner[57], nicht die Gewählten, die lediglich im verwaltungs-prozessualen Verfahren beizuladen sind[58].

bb) Wahlprüfungsverfahren vor dem BVerfG

Rechtsmittelähnlich ist auch das Wahlprüfungsverfahren gemäß § 13 Nr. 3, § 48 BVerfGG, da es erst über die Beschwerde gegen den vorausgehenden Beschluß des Bundestages über die Gültigkeit der Wahlen entscheidet. Damit ist auch dieses Wahlanfechtungsverfahren mit den Wahlanfechtungsverfahren nach dem arbeitsgerichtlichen Beschlußverfahren kaum vergleichbar. Jedoch ist hier auffällig, daß es im Wahlanfechtungsverfahren gemäß §§ 13 Nr. 3, 48 BVerfGG im Gegensatz zur

[57] BayVGH n. F. 14, 47.

[58] Praxis der Gemeindeverwaltung, Loseblattsammlung, B 3 Bay. Gemeindewahlrecht, S. 50.

Wahlanfechtung nach dem BayGWG keinen Antragsgegner gibt. Denn gemäß der Rechtssprechung des BVerfG ist Gegenstand der Wahlprüfung nicht die Verletzung subjektiver Rechte, sondern die Gültigkeit der Wahl als solche[59]; das Wahlprüfungsverfahren dient nur dem Schutz des objektiven Wahlrechts[60], es ist ausschließlich dazu bestimmt, die richtige Zusammensetzung des Bundestages zu gewährleisten[61].

Jedoch ergibt sich bei näherer Betrachtung, daß die Situation bei der Wahlanfechtung gemäß §§ 13 Nr. 3, 48 BVerfGG keine prinzipiell andere ist als bei der Anfechtung nach dem BayGWG im verwaltungsgerichtlichen Verfahren. Der Umstand, daß bei der Wahlanfechtung gemäß Art. 38 Abs. 1 BayGWG ein Anfechtungsgegner vorhanden ist, ergibt sich nur daraus, daß man diese Anfechtung prozessual der VwGO untergeordnet hat, die einen Prozeßgegner verlangt; hätte man für die Wahlanfechtung ein eigenes Verfahren geschaffen, wie dies bei § 13 Nr. 3, § 48 BVerfGG der Fall ist, so hätte es auch hier keines Anfechtungsgegners bedurft, weil es sich auch hier in der Sache nur um ein objektives Verfahren handelt. Denn würde es sich um kein objektives Verfahren handeln, bei dem es nur um die Gültigkeit der Wahl als solche und um den Schutz des objektiven Wahlrechtes geht, so dürfte Anfechtungsgegner nicht der Staat sein, sondern das Gremium bzw. das einzelne Mitglied des Gremiums, um dessen Wahl es geht. Nur dann wäre Gegenstand der Wahlprüfung die Verletzung subjektiver Rechte und nicht die Gültigkeit der Wahl als solche. Insofern besteht also zwischen der Wahlanfechtung gemäß Art. 38 Abs. 1 BayGWG und der Wahlanfechtung gemäß §§ 13 Nr. 3, 48 BVerfGG kein Unterschied; bei Art. 38 Abs. 1 BayGWG ist ein Anfechtungsgegner nur deshalb vorhanden, weil ihn die Verfahrensordnung, nicht aber das materielle Recht fordert.

cc) Wahlanfechtung im arbeitsgerichtlichen Beschlußverfahren

Die Wahlanfechtungen nach dem BetrVG und dem MitbestG können nicht anders beurteilt werden wie die Wahlanfechtungen gemäß Art. 36 Abs. 1, 38 Abs. 1 BayGWG und gemäß Art. 41 GG, §§ 13 Nr. 3, 48 BVerfGG. Bei einer Wahlanfechtung nach dem BetrVG wird zwar in der Regel das Gremium oder das Mitglied des Gremiums, dessen Wahl angefochten wird, sich gegen die Wahlanfechtung wenden[62], dies wird jedoch bei allen Wahlanfechtungsverfahren so sein. Zwingend ist dies jedoch nicht. Denn es kann durchaus der Fall eintreten, daß einhellige

---

[59] BVerfG 1, 208 (238).

[60] BVerfG 1, 430 (433); 22, 277 (281).

[61] BVerfG 4, 370 (372); 21, 196 (199).

[62] Vgl. BAG AP Nr. 2 zu § 19 BetrVG, wo der Betriebsrat und AP Nr. 3 zu § 19 BetrVG, wo der Arbeitgeber als Antragsgegner aufgetreten ist.

Meinung über Fehlerhaftigkeit und Anfechtbarkeit z. B. der Betriebsratswahl besteht. Damit ist aber die Betriebsratswahl nicht ungültig, sondern die Unwirksamkeit der Wahl kann nur durch das Arbeitsgericht ausgesprochen werden, auch wenn sich alle Beteiligten über die Unwirksamkeit einig sind. Eine Anerkennung der Unwirksamkeit der Betriebsratswahl durch den Wahlvorstand, den Betriebsrat oder die Wahlberechtigten wäre bedeutungslos[63]. Zwar wäre es möglich, daß der gesamte Betriebsrat mit der Mehrheit seiner Mitglieder seinen Rücktritt beschließt, § 13 Abs. 2 Nr. 3 BetrVG (oder das Betriebsratsmitglied dessen Wahl angefochten wird, gemäß § 24 Abs. 1 Nr. 2 BetrVG das Amt niederlegt), wenn er von der Anfechtbarkeit der Wahl überzeugt ist, tut er dies nicht, so kann jedoch daraus noch nicht automatisch entnommen werden, daß er sich gegen die Wahlanfechtung richtet. So ist auch bei Wahlanfechtungen nach dem BetrVG nicht zwingend eine materielle Gegnerschaft vorhanden, wenngleich dies die Regel sein wird. Jedoch geht es auch hier nicht um subjektive Rechte, sondern um den Schutz des objektiven Wahlrechtes[64]. Dies ergibt sich indirekt auch aus dem Gesetz; denn würde es sich um subjektive Rechte handeln, so müßte zumindest auch der einzelne Arbeitnehmer, der bei ordnungsgemäßer Durchführung der Wahl gewählt worden wäre, ein Anfechtungsrecht haben. Einem einzelnen Arbeitnehmer ist aber ein Anfechtungsrecht nicht eingeräumt. Auch das BAG[65] und ihm folgend die überwiegende Literatur[66] haben das Anfechtungsrecht des einzelnen Arbeitnehmers, auch wenn er bei ordnungsgemäßer Durchführung der Wahl gewählt worden wäre, verneint. Darüber hinaus ist zu berücksichtigen, daß der Betriebsrat mit der Mehrheit seiner Mitglieder seinen gesamten Rücktritt beschließen kann, und dieser Beschluß auch gegen die überstimmten Mitglieder wirkt; dies ist ein Beweis dafür, daß es sich bei dem Amt des Betriebsrates nicht um ein subjektives Recht eines einzelnen handelt, denn sonst wäre es unverständlich, daß ein Betriebsratsmitglied entgegen seinem Willen durch Mehrheitsbeschluß sein Amt verlieren kann. Da es sich somit auch bei der Betriebsratswahl nicht um subjektive Rechte der einzelnen Gewählten handelt, so geht es um die Gültigkeit der Wahl als solcher, um den Schutz des objektiven Wahlrechtes, um die Gewährleistung der richtigen Zusammensetzung des Betriebsrates, ebenso wie bei der Bundestagswahl. Daß gewisse Gruppen ein Interesse an der Zusammensetzung des Betriebsrates haben, vermag ein anderes Ergebnis nicht zu rechtfertigen, denn dies ist bei

---

[63] *Dietz / Richardi*, § 19 Anm. 35.

[64] *Fabricius / Kraft / Thiele / Wiese*, § 19 Anm. 4.

[65] AP Nr. 3 zu § 27 BetrVG 52.

[66] *Fitting / Auffarth / Kaiser*, § 19 Anm. 17; *Fabricius / Kraft / Thiele / Wiese*, § 19 Anm. 7.

allen Wahlen nicht anders. Dem Interesse wird auch durch die Regelung der Antragsberechtigung Rechnung getragen und durch die verfahrensrechtliche Möglichkeit, als Beteiligter Stellung zur Anfechtung zu nehmen. Freilich wird es in der Regel so sein, daß ein Beteiligter praktisch in die Rolle eines Antragsgegners hineinwächst[67], so daß es auch der Praxis des BVerwG und der ständigen Übung des BAG[68] entspricht, in Wahlanfechtungsverfahren von einem Antragsgegner zu sprechen; zwingend ist dies, wie dargelegt, jedoch nicht, so daß auch das Wahlanfechtungsverfahren nach dem BetrVG als objektives Verfahren prozessual im Beschlußverfahren keinen Antragsgegner kennt, wenngleich in der Regel eine Gegnerschaft vorhanden sein wird; entscheidend ist aber, daß eine Gegnerschaft prozessual nicht zwingend ist, um ein Wahlanfechtungsverfahren durchführen zu können, während dies bei einem kontradiktorischen Verfahren unabdingbar Voraussetzung wäre. Die Bezeichnung eines Anfechtungsgegners ist also bei Wahlanfechtungsanträgen nicht erforderlich; ihr Fehlen unschädlich.

d) *Verwaltende Tätigkeit*

Im Beschlußverfahren gibt es ähnlich wie in der freiwilligen Gerichtsbarkeit nicht nur rechtsprechende, sondern auch reine Verwaltungsangelegenheiten. Dies ist jedoch die Ausnahme.

aa) Bestellung des Wahlvorstandes

Eine typisch administrative Tätigkeit des Arbeitsgerichtes im Beschlußverfahren ist die Einsetzung eines Wahlvorstandes gemäß § 23 Abs. 2 BetrVG; hier ist keine notwendig konträre Stellung gegeben, ein Antrag auf Bestellung ist nicht nötig, sondern die Bestellung erfolgt sogar von Amts wegen[69]. Die Abgrenzung der Verwaltungstätigkeit von der rechtsprechenden Tätigkeit ist zwar oft schwer vorzunehmen; jedoch ist es ein Kennzeichen der Rechtsprechung, daß es nicht in ihrer Macht steht, von selbst tätig zu werden; ihre Zuständigkeit wird erst durch einen Antrag ausgelöst[70]. Rechtsprechung ist „streitentscheidende Gesetzesanwendung"[71], wogegen die Verwaltung im Rahmen der Gesetze gestaltet, also eine gestaltende Gesetzesanwendung im Gegensatz zur streitentscheidenden Gesetzesanwendung vornimmt. Die Bestellung eines Wahlvorstandes gemäß § 23 Abs. 2 BetrVG ist jedoch keine Streitentscheidung, sondern eine gestaltende Tätigkeit. Bei dieser gestalten-

---

[67] BVerwG 5, 324; 5, 348.

[68] BAG EzA § 19 BetrVG Nr. 1 und 2.

[69] Vgl. *Dietz / Richardi*, § 23 Anm. 49.

[70] *Forsthoff*, Bd. I, AT, S. 6.

[71] *Forsthoff*, Bd. I, AT, S. 6 mit weiteren Nachweisen.

den Tätigkeit ist jedoch eine verfahrensmäßige Gegnerschaft nicht vorhanden, wenngleich sie sich darin ausdrücken kann, daß verschiedene Vorschläge für die Zusammensetzung des Wahlvorstandes gemacht werden können. Da jedoch eine Gegnerschaft nicht zwingend ist, so ist auch verfahrensrechtlich die Statuierung eines Antragsgegners verfehlt, zumal es zur Bestellung gemäß § 23 Abs. 2 BetrVG nicht einmal eines Antragstellers bedarf.

Anders könnte die Situation zu beurteilen sein bei der Bestellung des Wahlvorstandes gem. § 16 Abs. 2 BetrVG, wenn ein Betriebsrat vorhanden ist, jedoch 6 Wochen vor Ablauf der Amtszeit kein Wahlvorstand bestellt ist, und gem. § 17 Abs. 3 BetrVG, wenn kein Wahlvorstand vorhanden ist und eine Betriebsversammlung zur Wahl des Wahlvorstandes nicht stattfindet oder die Betriebsversammlung einen Wahlvorstand nicht wählt. Im Unterschied zu § 23 Abs. 2 BetrVG sind hier die Arbeitsgerichte nicht primär zur Bestellung des Wahlvorstandes zuständig, sondern im Falle des § 16 BetrVG der Betriebsrat und im Falle des § 17 BetrVG die Arbeitnehmer im Rahmen einer Betriebsversammlung; ferner wird hier das Arbeitsgericht nur auf Antrag tätig und nicht von Amts wegen. Jedoch liegt auch hier eine verwaltende Tätigkeit insofern vor, als das Arbeitsgericht mit der Bestellung lediglich eine Art Ersatzvornahme tätigt, wie sie im Verwaltungsrecht anerkannt ist, indem es die dem Betriebsrat oder der Betriebsversammlung obliegende Aufgabe wahrnimmt. Ist aber die Bestellung des Wahlvorstandes durch Betriebsrat oder Betriebsversammlung keine rechtsprechende, sondern eine administrative Tätigkeit, so kann die Ersatzvornahme vom Rechtscharakter her nichts anderes sein. Wenn vom Betriebsrat bzw. von der Betriebsversammlung kein Wahlvorstand bestellt bzw. gewählt wird, so bedeutet dies noch nicht zwingend, daß sie sich damit automatisch einem Antrag auf Bestellung gemäß §§ 16 Abs. 2, 17 Abs. 3 BetrVG widersetzen. Es kann auch hier durchaus der Fall eintreten, daß Betriebsrat bzw. die Arbeitnehmer, obwohl sie gemäß § 16 Abs. 1 und § 17 Abs. 1 BetrVG keinen Wahlvorstand bestellt bzw. gewählt haben, mit dem Antrag auf Bestellung durch das Arbeitsgericht einverstanden sind. Somit ist auch in diesen Fällen der Bestellung eines Wahlvorstandes durch das Arbeitsgericht, für die das Beschlußverfahren anwendbar ist[72], verfahrensrechtlich ein Antragsgegner nicht zwingend vorhanden.

bb) Bestellung des Vorsitzenden einer Einigungsstelle

Schwierigkeiten bereitet die Frage, wie die Bestellung des Vorsitzenden der Einigungsstelle durch das Arbeitsgericht gemäß § 76 Abs. 2

72 BAG AP Nr. 2 zu § 19 BetrVG.

BetrVG einzuordnen ist. § 98 Abs. 1 ArbGG bestimmt hierfür verfahrensmäßig die entsprechende Anwendbarkeit der §§ 80 - 84 ArbGG. Fraglich ist auch hier, ob es sich um eine administrative oder rechtsprechende Tätigkeit handelt. Die Frage wurde bereits unter Geltung der alten Fassung des § 98 ArbGG erörtert; die überwiegende Meinung ging davon aus, daß es sich um die Entscheidung eines Rechtsstreits handele[73], während die Gegenmeinung ein Verwaltungshandeln, insbesondere einen Verwaltungsakt annahm[74]. Die Annahme einer rechtsprechenden Tätigkeit wurde mit der entsprechenden Anwendung der §§ 80 - 84 ArbGG begründet; indes ist dies kein zwingendes Argument, da, wie vorher dargestellt, auch im Beschlußverfahren reine Verwaltungstätigkeit durchgeführt werden kann. Das BAG scheint der Ansicht zu sein, daß es sich hierbei um eine rechtsprechende Tätigkeit handelt, denn sonst würde es als Antragsvoraussetzung nicht das Vorliegen eines Rechtsschutzbedürfnisses fordern[75], da die Frage des Rechtsschutzbedürfnisses nur das berechtigte Interesse einer Person betrifft, zur Erreichung des begehrten Rechtsschutzes ein Gericht in Anspruch zu nehmen[76]. Beim Verwaltungsverfahren stellt sich die Frage des Rechtsschutzbedürfnisses dagegen nicht. Dagegen vertritt *Herschel*[77] mit gewichtigen Gründen die Auffassung, daß es sich hier nicht um Rechtsprechung, sondern der Sache nach um Verwaltung handelt, denn es werde „keineswegs aus einem abstrakten Obersatz ein konkreter Fall entschieden, vielmehr gibt das Gesetz nur den Auftrag; in dessen Vollzug wird eine Gestaltung aus wählendem rein teleologisch orientiertem Ermessen vorgenommen". Die Ansicht *Herschels* ist richtig; allein aus der verfahrensmäßigen Anwendbarkeit der Beschlußverfahrensvorschriften ergibt sich nicht zwingend der Charakter einer rechtsprechenden Tätigkeit; auch das oft mit dem Beschlußverfahren verglichene Verfahren der freiwilligen Gerichtsbarkeit ist im klassischen Bereich trotz seiner justizförmigen Ausgestaltung verwaltende Tätigkeit[78]. Dies gilt auch für die Bestellung eines Notvorstandes gemäß § 29 BGB, mit dem die Bestellung des Vorsitzenden der Einigungsstelle verglichen wurde[79]. Diese ist jedoch im Bereich der freiwilligen Gerichtsbarkeit eindeutig verwaltende Tätigkeit. Zwar wird das Gericht nur bei Uneinigkeit über die Person des Vorsitzenden auf Antrag tätig, jedoch

---

73 *Dietz / Nikisch*, § 98 Anm. 2 mit Nachweisen.

74 *Meissinger*, § 15 Anm. 3; vgl. auch *Dersch / Volkmar*, § 98 Anm. 1, die von einem „gerichtsverwaltungsmäßigen Verfahren" sprechen.

75 BAG EzA § 76 BetrVG Nr. 1.

76 Vgl. *Thomas / Putzo*, Vorbem. § 253 III A 1 n.

77 Anm. zu BAG EzA § 76 BetrVG Nr. 1.

78 *Rosenberg / Schwab*, § 11 I.

79 *Fitting / Auffarth*, 9. A., § 50 Anm. 13; 11. A., § 76 Anm. 11.

braucht bei der Antragstellung als solche nicht zwingend eine konträre Position zu bestehen, wenn die Notwendigkeit der Bestellung von allen Beteiligten bejaht wird und die Einsetzung einer bestimmten Person nicht beantragt, sondern in das Ermessen des Gerichts gestellt wird.

e) Verwaltungsgerichtliche Streitigkeiten

Es ist allgemein anerkannt, daß es sich bei der Anerkennung von Schulungs- und Bildungsveranstaltungen nach § 37 Abs. 7 BetrVG durch die oberste Arbeitsbehörde des Landes der Sache nach um einen Verwaltungsakt handelt[80]. Wird nun über die Rechtmäßigkeit eines Verwaltungsaktes gestritten, so liegt eine öffentlich-rechtliche Streitigkeit im Sinne des § 40 Abs. 1 VwGO, also eine verwaltungsgerichtliche Streitigkeit vor. Nach der Rechtssprechung des BAG[81] und eines Großteiles der Literatur[82] ist jedoch die gerichtliche Überprüfung durch § 2 Abs. 1 Nr. 4 ArbGG den Arbeitsgerichten zugewiesen. Die Praxis hat gezeigt, daß die Arbeitsgerichte im Beschlußverfahren recht gut mit der Verhandlung und Entscheidung dieser typisch verwaltungsrechtlichen Streitigkeiten fertig werden. Dies liegt nicht zuletzt daran, daß die Regelung des Beschlußverfahrens sehr lückenhaft ist und daher dem Gericht verfahrensrechtlich einen großen Spielraum läßt.

Im übrigen hat das BAG[83] dargelegt, daß zwischen dem Beschlußverfahren und dem verwaltungsgerichtlichen Verfahren keine gravierenden Unterschiede bestehen und damit — wohl unbewußt — die oft künstlich errichteten Grenzen zwischen Verfahrensordnungen als Scheingrenzen erscheinen lassen. Denn hier wie auch im verwaltungsgerichtlichen Verfahren gilt der Untersuchungsgrundsatz, auch im Verwaltungsprozeß ist das Verfahren nicht so streng kontradiktorisch ausgestaltet wie im Zivilprozeß, denn sowohl im Beschlußverfahren als auch im Verwaltungsgerichtsprozeß ist eine Beteiligung der vom Streitstoff berührten Stellen und Personen vorgesehen, wenn auch die technische Regelung der Beteiligung Dritter unterschiedlich ist, da es im Beschlußverfahren keines besonderen Beiladungsbeschlusses wie nach der VwGO (§§ 63, 65) bedarf. Genau wie im verwaltungsgerichtlichen Verfahren ist auch im Beschlußverfahren die Gewährung eines einstweiligen Rechtsschutzes möglich, § 85 Abs. 2 ArbGG. Auch der Einwand, die Fragen der Klagebefugnis lassen sich mit dem ArbGG nur unvollkommen lösen, greift nicht durch, da, wie das BAG[84] festgestellt hat und im Rahmen dieser Arbeit bereits bewiesen wurde, die Antragsbefugnis im arbeitsgerichtlichen Be-

---

80 *Finkelnburg*, DB 1973, 968; BAG EzA § 37 Nr. 20 BetrVG.

81 EzA § 37 BetrVG Nr. 20.

82 *Gnade / Kehrmann / Schneider*, § 37 Anm. 26; *Dütz*, ZfA 1972, 252; *Dütz / Säcker*, DB 1972 Beilage 17, 11; *Schwegler*, BIStSozArbR 1972, 312; *Wölfel*, ArbuSozR 1972, 211; a. A. für die Zuständigkeit der Verwaltungsgerichte: *Dietz / Richardi*, § 37 Anm. 91; *Erdmann / Jürging / Kammann*, § 37 Anm. 34; *Finkelnburg*, DB 1973, 969.

83 EzA § 37 BetrVG Nr. 20.

84 BAG DB 1975, 699.

schlußverfahren und die Klagebefugnis gemäß § 42 Abs. 2 VwGO auf demselben Rechtsgedanken des Ausschlusses der Popularklage beruhen.

Da im verwaltungsgerichtlichen Verfahren ein Antragsgegner vorhanden ist, so ist hier wiederum kein einleuchtender Grund vorhanden, warum im Beschlußverfahren, wenn es um typisch verwaltungsgerichtliche Streitigkeiten geht, kein Antragsgegner vorhanden sein soll. Antragsgegner muß im vorliegenden Beispielsfalle deshalb die zuständige oberste Behörde des Landes sein, die den Anerkennungsbescheid erlassen hat[85], genauso wie sie die Beklagte wäre, wenn das Verfahren nach der VwGO durchgeführt würde.

2. Folgerungen aus den Arten der zu entscheidenden Angelegenheiten

a) Trennung in streitige und nicht notwendig streitige Angelegenheiten

Die vorstehende Analysierung der im Beschlußverfahren durchzuführenden und zu entscheidenden Angelegenheiten hat zwar nicht alle möglichen Angelegenheiten, jedoch alle möglichen Arten der im Beschlußverfahren durchzuführenden und zu entscheidenden Angelegenheiten aufgezeigt. Was die Verfahrensposition eines Antragsgegners im Beschlußverfahren betrifft, so ist somit eine Aufgliederung in notwendig streitige und nicht notwendig streitige Angelegenheiten vorzunehmen.

b) Streitige Angelegenheiten

aa) Prozessuale Notwendigkeit eines Antragsgegners

In den im Beschlußverfahren zu entscheidenden Angelegenheiten, in denen ähnlich dem Organstreit nach dem BVerfGG, dem zivil- und verwaltungsprozessualen Verfahren um subjektive Rechte und Rechtspositionen gerungen wird, und wo entsprechend diesen Verfahrensordnungen ein Verfahren notwendigerweise nur zustande kommt, wenn Streit um subjektive Rechte und Rechtspositionen besteht, egal wie sehr daneben ein öffentliches Interesse eine Rolle spielt, ist notwendigerweise auch ein prozessualer Gegner vorhanden. Denn wo kein Gegner des Antragstellers bzw. des Klägers vorhanden ist, kann es entsprechend den vergleichbaren Verfahrensordnungen, wo der Zweck des Verfahrens die Streitentscheidung ist, zu keinem Verfahren kommen. Auch das Beschlußverfahren dient nicht dazu, eine Antwort auf

---

[85] Vgl. BAG DB 1975, 699: Antragsgegnerin die Freie und Hansestadt Hamburg, Arbeits- und Sozialbehörde; LAG Baden-Württemberg, EzA § 37 BetrVG Nr. 6: Antragsgegnerin Land Baden-Württemberg, Ministerium für Arbeit, Gesundheit und Sozialordnung.

eine nur abstrakte Rechtsfrage zu geben[86]. Liegt im materiellen, dem Verfahren der Streitentscheidung zugrunde liegenden Rechtsverhältnis eine Gegnerschaft vor, so ist kein einleuchtender Grund ersichtlich, warum diese Gegnerschaft nicht auch im Beschlußverfahren entsprechend den übrigen Verfahrensordnungen, wo es um Streitentscheidung geht, ihren Ausdruck finden soll. Jede andere Lösung wäre künstlich und wirklichkeitsfremd und ohne innere Rechtfertigung. Daß dies erkannt wurde, zeigt sich im Bereich der freiwilligen Gerichtsbarkeit durch die prozessuale Anerkennung von echten Streitverfahren und der damit verbundenen Anerkennung eines Antragsgegners entsprechend dem Beklagten im zivil- oder verwaltungsprozessualen Verfahren.

bb) Bestimmung des Antragsgegners

α) *Durch den Antragsteller*

Wer Antragsgegner ist, wird auch im Beschlußverfahren entsprechend den Verfahrensordnungen[87], bei denen ein prozessualer Gegner notwendig vorhanden ist, vom Antragsteller bestimmt[88]. Da der Kläger bzw. der Antragsteller im Streitverfahren vom Gericht Rechtsschutz begehrt, muß er notwendigerweise auch dem Gericht bekanntgeben, gegen wen er Rechtsschutz begehrt, und gegen wen sich sein Antrag bzw. seine Klage richtet. Es ist auch entsprechend den übrigen Verfahrensordnungen im Beschlußverfahren anerkannt, daß der Antragsteller mit seinem Antrag und seinem Sachvortrag den Streitgegenstand bestimmt[89]. Dazu gehört aber entsprechend den Streitverfahren der ZPO, VwGO, FGH, des SGG und des Organstreites auch, daß der Antragsteller den Streitgegenstand nicht nur in objektiver, sondern auch in subjektiver Hinsicht abgrenzt[90].

β) *Durch das Gericht*

Nun ist es durchaus gängige Praxis bei der Durchführung von Beschlußverfahren, daß der Antragsteller den Antragsgegner, soweit notwendig vorhanden, benennt. Soweit nun das Gericht mit dem Antragsteller in der Bestimmung der Person des Antragsgegners übereinstimmt, ergeben sich aus der Bestimmung des Antragsgegners durch den Antragsteller keinerlei Schwierigkeiten. Schwierigkeiten ergeben

---

[86] BAG AP Nr. 2 zu § 80 ArbGG.

[87] §§ 253 Abs. 2 Ziff. 2 ZPO; 82 Abs. 1 S. 1 VwGO; 65 Abs. 1 S. 1 FGO; 92 S. 1 SGG.

[88] Ebenso *Grunsky*, ArbGG § 80 Anm. 27.

[89] BAG AP Nr. 4 zu § 94 ArbGG.

[90] Vgl. *Kollhosser*, S. 384, für die Bestimmung der Hauptverfahrensbeteiligten im Verfahren der freiwilligen Gerichtsbarkeit.

sich jedoch, wenn das Gericht in der Person oder Stelle des (richtigen) Antragsgegners mit dem Antragsteller unterschiedlicher Meinung ist, oder der Antragsteller in einem kontradiktorischen Verfahren den Antragsgegner zwar durch den Streitgegenstand bestimmt, aber diesen nicht ausdrücklich als Antragsgegner benennt. Sofern im ersten Falle die Möglichkeit gegeben ist, daß der Antragsteller seinen Antrag gegen einen falschen Antragsgegner richtet, hat das Gericht die Pflicht, den Antragsteller entsprechend zum Beispiel §§ 86 Abs. 3 VwGO[91] oder 139 Abs. 1 ZPO auf die Falschbenennung hinzuweisen. Es stellt sich jedoch die Frage, wie zu verfahren ist, wenn der Antragsteller trotz Hinweises des Gerichts seinen Antrag nicht gegen den richtigen Antragsgegner richtet, d. h. keine Beteiligtenänderung auf der Antragsgegnerseite vornimmt.

Im Zivil- wie im Verwaltungsprozeß ist unter Geltung des formellen Parteibegriffes in einem solchen Falle der vom Kläger (falsch) benannte Beklagte zum Verfahrensbeteiligten zu machen und die Klage gegen diesen abzuweisen. Fraglich ist jedoch, ob eine solche Verfahrensweise auch im Beschlußverfahren geboten ist.

Bei Beantwortung dieser Frage sind insbesondere drei Dinge zu berücksichtigen:

Erstens sind bei den einzelnen im Beschlußverfahren zu behandelnden Angelegenheiten durchaus Fälle denkbar, wo die Bestimmung des Antragsgegners dem Antragsteller nicht immer leicht fallen wird.

Zweitens ist es im Gegensatz zum Zivilprozeß im Beschlußverfahren Aufgabe des Gerichtes, wie sich aus § 83 Abs. 1 ArbGG ergibt, die notwendig verfahrensbeteiligten Dritten zu hören und damit zum Verfahren hinzuzuziehen. Während im Zivilprozeß niemand von Amts wegen vom Gericht beteiligt wird, sondern die Macht zur Bestimmung der Verfahrensbeteiligten beim Kläger bzw. bei dem sich von sich aus beteiligenden Dritten liegt, würde die Macht zur Bestimmung der Verfahrensbeteiligten im Beschlußverfahren sowohl beim Antragsteller als auch beim Gericht, was die gemäß § 83 Abs. 1 ArbGG zu Beteiligenden betrifft, liegen. Jedoch ist nicht zu verkennen, daß eine einheitliche Regelung, wonach die Bestimmung der Verfahrensbeteiligten alleine dem Antragsteller oder alleine dem Gericht obliegt, praktikabler und einfacher zu handhaben wäre.

Die Lösung der ZPO, wonach das Gericht keine Macht zur Bestimmung der Verfahrensbeteiligten hat, kann ins Beschlußverfahren nicht übernommen werden, da § 83 Abs. 1 ArbGG die Verpflichtung zur Beteiligung von materiell Beteiligten (notwendig verfahrensbeteiligten Dritten) durch das Gericht vorschreibt. Als Lösung bleibt somit nur,

---

91 *Eyermann / Fröhler*, § 82 Anm. 2.

entweder alleine dem Gericht die Macht zur Bestimmung der Verfahrensbeteiligten zuzugestehen oder zweiteilig sowohl dem Antragsteller hinsichtlich des Antragsgegners, als auch dem Gericht hinsichtlich des Antragsgegners und der sonstigen Verfahrensbeteiligten oder nur hinsichtlich der sonstigen Verfahrensbeteiligten, wie dies im verwaltungsgerichtlichen Verfahren hinsichtlich der Beigeladenen der Fall ist.

Zum dritten ist bei der Lösung der vorliegenden Frage zu berücksichtigen, daß nach der Lehre vom Rechtsschutzanspruch, die in neuerer Zeit im Hinblick auf Gestaltungsklagen im Vordringen ist[92], sich der mögliche Anspruch, den der Kläger geltend macht, in erster Linie gegen das *Gericht* richtet, es möge die beantragte Entscheidung (Feststellung, Verurteilung, Gestaltung) aussprechen. An diesen Verfahren sind vom Gericht alle zu beteiligen, die möglicherweise wegen des Rechtsschutzbedürfnisses der von ihnen wahrgenommenen Interessen einen Anspruch gegen das Gericht darauf haben, die Regelung zu unterlassen, wenn sie unrichtig ist. Hiernach müßte also auch das Gericht die Verfahrensbeteiligten bestimmen. Es würde nun hier den Rahmen der Arbeit sprengen, zu entscheiden, welche dogmatische Betrachtungsweise (Antrag gegen das Gericht oder gegen den Beteiligten, der sich materiell dem Anspruch des Antragstellers entgegensetzt) besser ist; jedoch ist nicht zu verkennen, daß die beiden Betrachtungsweisen insofern aufeinander zukommen würden, wenn man die Macht zur Bestimmung der Verfahrensbeteiligten (zumindest auch) dem Gericht überläßt.

Dies wäre auch für die Verwaltungsgerichtsverfahren und für das arbeitsgerichtliche Beschlußverfahren sachgerecht; das Gericht muß sowieso schon die Verfahrensbeteiligten außer Kläger (Antragsteller) bzw. Beklagtem (Antragsgegner) bestimmen; daraus und aus der Tatsache, daß in diesen Verfahren der Untersuchungsgrundsatz gilt, ergibt sich, daß ein gewisser „Machtschwerpunkt“[93] beim Gericht liegt; dies rechtfertigt es, unter Berücksichtigung der Tatsache, daß die Bestimmung des Antragsgegners nicht immer leicht ist, im Gegensatz zum zivilprozessualen Verfahren und zum Verwaltungsgerichtsverfahren die Bestimmung des Antragsgegners im Beschlußverfahren (zumindest im gewissen Umfange auch) dem Gericht zu überlassen und nicht den Antrag sofort abzuweisen, wenn der Antragsteller einen falschen oder keinen Antragsgegner bezeichnet[94]. Hierbei ist jedoch nicht zu übersehen, daß der Antragsteller letztendlich doch die Macht zur Bestimmung der Verfahrensbeteiligten dadurch in Händen hat, indem er den

---

[92] *Schlosser*, S. 366 - 381.

[93] Vgl. *Kollhosser*, S. 387.

[94] Diese Lösung vertritt *Kollhosser* für das Verfahren der freiwilligen Gerichtsbarkeit.

Streitgegenstand unterbreitet. Von diesem kann das Gericht bei der Bestimmung der Verfahrensbeteiligten, insbesondere des Antragsgegners, nicht abweichen.

Daß eine solche Lösung nichts Neues ist[95], ergibt sich daraus, daß sie in § 75 Abs. 2, Abs. 5 SGG vorgesehen ist, wonach das Gericht, wenn der Kläger die Klage gegen den falschen Versicherungsträger oder das falsche Land gerichtet hat, den richtigen Versicherungsträger oder das richtige Land von Amts wegen beizuladen (sogenannte „unechte" notwendige Beiladung) und zu verurteilen berechtigt ist. Diese Beiladung ist unecht, weil sie in Wirklichkeit eine Berichtigung oder Ergänzung des Beklagten vornimmt[96].

Jedoch ist auch im Beschlußverfahren bei der Bestimmung des Antragsgegners durch das Gericht die Einschränkung angebracht, daß das Gericht den richtigen, aber vom Antragsteller nicht benannten, Antragsgegner nicht gegen den erklärten oder erkennbaren Willen des Antragstellers heranziehen kann. Dieses Ergebnis ist entsprechend der Rechtsprechung des BSG[97] im Falle des § 75 Abs. 2, Abs. 5 SGG auch im Beschlußverfahren aus der Dispositionsbefugnis des Antragstellers zu ziehen, da anderenfalls dem Antragsteller die Macht zur Verfügung über den geltend gemachten Anspruch fast völlig entzogen und ihm somit ein Antragsgegner aufgezwungen würde. Die Bestimmung des Antragsgegners durch das Gericht kann also nur bei erklärtem oder vermutetem Einverständnis des Klägers erfolgen[98].

Die Bestimmung des Antragsgegners nach dem vom Antragsteller unterbreiteten Streitgegenstand im Beschlußverfahren ist durch das Gericht als zulässig anzusehen, wenn der Antragsteller den Antragsgegner nicht ausdrücklich benennt oder mit seinem ausdrücklichen oder vermuteten Einverständnis, wenn der Antragsteller einen falschen Antragsgegner benennt; nicht jedoch dann, wenn der Antragsteller erkennbar auf der Beibehaltung der von ihm bestimmten Person oder Stelle als Antragsgegner trotz Hinweises des Gerichts beharrt. In diesem Falle muß der Antrag in dem Verfahren unter Geltung des formellen Partei- bzw. Beteiligtenbegriffes zugestellt und dann abgewiesen werden.

Fraglich ist, wie lange die Bestimmung des Antragsgegners durch das Gericht zulässig ist. Für den Fall, daß der Antragsgegner nicht bezeichnet wurde, hat die Bestimmung des Antragsgegners logischerweise vor Zustellung des Antrages zu erfolgen. Für den Fall, daß ein

---

95 Worauf *Kollhosser*, S. 387, hinweist.

96 *Peters / Sauter / Wolff*, § 75 Anm. 2 b.

97 BSG 9, 70.

98 Vgl. für den Fall des § 75 Abs. 1 und 5 SGG: BSG NJW 1964, 2180.

falscher Antragsgegner bezeichnet wurde, kann die Bestimmung des richtigen Antragsgegners durch das Gericht (bei Einverständnis des Antragstellers) ohne Einwilligung des ursprünglich benannten Antragsgegners bis zum Abschluß der ersten Instanz vorgenommen werden. Diese Abweichung zum gewillkürten Parteiwechsel auf der Beklagtenseite in der ZPO, wo (unabhängig vom Theorienstreit über den Rechtscharakter des gewillkürten Parteienwechsels) gemäß § 269 Abs. 1 ZPO oder wenigstens analog § 269 Abs. 1 ZPO der alte Beklagte nach Beginn der mündlichen Hauptverhandlung zustimmen muß[99], ergibt sich daraus, daß gemäß § 81 Abs. 2 ArbGG in Abweichung von § 269 Abs. 1 ZPO der Antragsteller seinen Antrag jederzeit ohne Einwilligung der übrigen Beteiligten (und damit auch des Antragsgegners) zurücknehmen kann. Nur für die Rechtsmittelinstanz muß man für den Wechsel des Antragsgegners, auch wenn er durch das Gericht vorgenommen wird, die Zustimmung des alten Antragsgegners verlangen, da in der Rechtsmittelinstanz nach richtiger Ansicht für die Antragsrücknahme § 269 Abs. 1 ZPO Anwendung findet[100].

c) Nicht notwendig streitige Angelegenheiten

Die nicht notwendig streitigen Angelegenheiten, die im Beschlußverfahren zu behandeln sind, stellen im Vergleich zu den streitigen Angelegenheiten (wie im Rahmen der vorstehenden Untersuchung deutlich wurde) eine relativ kleine, aber für die arbeitsgerichtliche Praxis nicht unwichtige Minderheit dar, wie die Wahlanfechtungsverfahren beweisen. In diesen nicht notwendig streitigen Verfahren ist auch nicht notwendig ein Antragsgegner vorhanden, wenngleich in der Praxis dies in der Regel der Fall sein wird. Erforderlich für das Verfahren ist dies jedoch nicht. Die Bezeichnung eines Antragsgegners erfolgt hier nur aus Zweckmäßigkeitsgründen, hat aber verfahrensrechtlich keine Bedeutung. Hier, und nur hier, gewinnt die Rechtssprechung insbesondere der Verwaltungsgerichte und die überwiegende Literaturmeinung ihre Berechtigung, daß das Beschlußverfahren einen Antragsgegner nicht kennt. Die Macht zur Bestimmung der Verfahrensbeteiligten liegt hier (natürlich nur wieder im Rahmen des durch den Antrag dem Gericht unterbreiteten Verfahrensgegenstandes) allein beim Gericht, das ja gemäß § 83 Abs. 1 ArbGG die am Verfahrensgegenstand materiell Beteiligten (ohne den Antragsgegner, den es in diesen Verfahren nicht gibt) zu hören und damit zu Verfahrensbeteiligten zu machen hat.

---

[99] Vgl. dazu und zum Theorienstreit über den gewillkürten Parteiwechsel *Grunsky*, § 13 IV; *Thomas / Putzo*, Vorbem. § 50 IV.

[100] Vgl. dazu 2. Kap. II 2 c.

VI. Zusammenfassung

Die Lösung der Frage, ob im Beschlußverfahren ein Antragsgegner prozessual notwendig vorhanden sein muß, ergibt sich nur aus der Erkenntnis, daß im arbeitsgerichtlichen Beschlußverfahren verschiedenartige Angelegenheiten durchgeführt werden, teils vergleichbar mit Organverfassungsstreitigkeiten, zivil- und verwaltungsgerichtlichen Streitigkeiten, mit Angelegenheiten ähnlich der freiwilligen Gerichtsbarkeit oder mit verwaltender Tätigkeit. Für die Frage, ob ein Antragsgegner vorhanden ist, ist entscheidend, ob eine notwendig streitige Angelegenheit vorliegt oder nicht. Dies muß im Einzelfalle geprüft werden.

Ist eine notwendig streitige Angelegenheit im Beschlußverfahren durchzuführen, so ergibt sich wie in den übrigen streitigen Verfahrensordnungen auch im Beschlußverfahren die prozessuale Notwendigkeit eines Antragsgegners.

Bei der Frage, wer den Antragsgegner bestimmt, ist in Abweichung zu den Verfahren der ZPO und VwGO anzuerkennen, daß auch das Gericht in den Fällen, in denen der Antragsgegner vom Antragsteller nicht ausdrücklich benannt wurde, oder in denen der Antragsteller einen falschen Antragsgegner benannt hat, die Bestimmung des Antragsgegners bzw. des richtigen Antragsgegners vornehmen kann. Hierbei ist jedoch zu beachten, daß diese Bestimmung durch das Gericht im zweiten Falle nur mit der erklärten oder vermuteten Zustimmung des Antragstellers und nicht gegen den Willen des Antragstellers erfolgen darf. Die Bestimmung des richtigen Antragsgegners ist unter diesen Voraussetzungen durch das Gericht ohne Zustimmung des ursprünglichen Antragsgegners bis zum Abschluß der ersten Instanz zulässig, in der Rechtsmittelinstanz nur noch mit Zustimmung des ursprünglichen Antragsgegners.

Ist eine nicht notwendig streitige Angelegenheit im Beschlußverfahren durchzuführen, so ist die prozessuale Position eines Antragsgegners nicht gegeben, wenngleich in der Regel eine Person oder Stelle vorhanden sein wird, die die Rolle eines Antragsgegners übernimmt.

C. Sonstige Verfahrensbeteiligte außer Antragsteller und Antragsgegner

I. Sonstige Verfahrensbeteiligte als Dritte in einem fremden Rechtsstreit

Die sonstigen Verfahrensbeteiligten außer Antragsteller und Antragsgegner sind in echten Streitsachen Dritte in einem fremden Rechtsstreit. Denn ein Rechtsstreit bestimmt sich von den Hauptbeteiligten (Kläger — Beklagter, Antragsteller — Antragsgegner) her unter Geltung des formellen Partei- bzw. Beteiligtenbegriffes danach, wer gegen wen Klage bzw. einen Antrag erhebt. Alle anderen Personen, die am Verfahren beteiligt sind, aber nicht als Kläger oder Beklagter bzw. Antragsteller oder Antragsgegner auftreten, sind Dritte an einem Rechtsstreit, der zwischen Kläger und Beklagtem bzw. zwischen Antragsteller und Antragsgegner geführt wird.

Nicht Dritte an einem fremden Rechtsstreit sind natürlich die Streitgenossen (§§ 59 - 63 ZPO), denn hier treten mehrere Personen in einem Verfahren als Kläger oder Beklagte bzw. als Antragsteller oder Antragsgegner auf, und zwar in ihren eigenen Verfahren und nicht als Dritte in fremden Verfahren. Es bestehen in diesem Falle mehrere Prozeßrechtsverhältnisse und Prozesse, die in einem Verfahren zur gemeinsamen Verhandlung, Beweisaufnahme und Entscheidung verbunden sind. Es sind so viele Prozeßverhältnisse und Prozesse, wie sich jeweils Kläger und Beklagte bzw. Antragsteller und Antragsgegner gegenüberstehen[1]. Das BAG hat die Streitgenossenschaft auch im arbeitsgerichtlichen Beschlußverfahren als möglich anerkannt[2].

Nicht uninteressant für die Bestimmung der sonstigen Verfahrensbeteiligten im arbeitsgerichtlichen Beschlußverfahren ist der Beschluß des BAG vom 3. 2. 1976[3], wonach über den Antrag des Arbeitgebers nach § 78 a Abs. 4 Nr. 2 BetrVG im arbeitsgerichtlichen Urteilsverfahren und nicht im Beschlußverfahren zu entscheiden ist, obwohl § 78 a Abs. 4 BetrVG von Beteiligten (neben Arbeitgeber und betroffenem Auszubildenden) an diesem Verfahren spricht, und der Gesetzgeber damit, wie das BAG in seiner Entscheidung ausdrücklich anerkennt, von der Anwendbarkeit des Beschlußverfahrens ausgehen wollte. Einerlei, ob nun die Entscheidung des BAG für die Anwendbarkeit des Urteilsverfahrens richtig ist[4], so ist diese Entscheidung deshalb wichtig, weil vom BAG die Beteiligung im Beschlußverfahren in die Nebenintervention (Streithilfe) im Urteilsverfahren umgedeutet und ausgeführt wurde, daß es als Besonderheit kraft der Spezialregelung des § 78 a Abs. 4 BetrVG eines Beitrittes der Streithelfer nicht bedarf, da diese vielmehr von Beginn des Prozesses an kraft Gesetzes als *„Dritte"* am Rechtsstreit beteiligt sind. Hiermit hat das BAG erstmals ausdrücklich anerkannt, daß es sich bei den Beteiligten außer Antragsteller und Antragsgegner um Dritte am Verfahren handelt.

---

1 *Thomas / Putzo,* Vorbem. § 50 Anm. I.

2 Vgl. BAG SAE 1969, 232, wo § 62 ZPO analog angewendet wird; ferner *Grunsky,* ArbGG § 80 Anm. 27.

3 NJW 1976, 1230.

4 Für das Beschlußverfahren: *Fitting / Auffarth / Kaiser,* § 78 a Anm. 11; *Herschel,* DB 1976, 1285; für das Urteilsverfahren: *Fabricius / Kraft / Thiele / Wiese,* § 78 a Anm. 51.

Bemerkenswert an dieser Entscheidung ist ferner die Umdeutung der beschlußverfahrensrechtlichen Beteiligung in die zivilprozessuale Nebenintervention mit der Begründung, daß es sich nach § 78 a Abs. 4 BetrVG um eine bürgerliche Rechtsstreitigkeit zwischen Arbeitnehmer und Arbeitgeber aus dem Arbeitsverhältnis handelt, und daß das dafür zuständige Urteilsverfahren für die Beteiligung Dritter am Verfahren die Nebenintervention vorsieht. Damit hat das BAG auch einen Ansatzpunkt gegeben für die Bestimmung, welche sonstigen Verfahrensbeteiligten es im Beschlußverfahren außer Antragsteller und Antragsgegner (soweit vorhanden) geben kann, und wie deren verfahrensrechtliche Stellung ist.

Daß diese Auslegung System hat und das BAG in bezug auf die Verfahrensbeteiligten auf den Charakter der im Beschlußverfahren zu behandelnden Angelegenheiten abstellt, ergibt sich auch daraus, daß es im Beschluß vom 5. 11. 1974[5], der sich mit der Anfechtung eines Anerkennungsbescheides über eine Schulungsveranstaltung gemäß § 37 Abs. 7 BetrVG und damit einer vom Charakter her verwaltungsgerichtlichen Streitigkeit, die im Beschlußverfahren durchgeführt wird, befaßt, bei der Frage der Antragsberechtigung § 42 Abs. 2 VwGO und bei der Frage des „Drittbetroffenen" die Vorschrift über die Beiladung § 65 VwGO vergleichend ins Spiel gebracht hat.

II. Unterscheidung zwischen streitigen und nicht notwendig streitigen Verfahren

Aus der Rechtssprechung des BAG in den Beschlüssen vom 3. 2. 1976 und 5. 11. 1974 könnte man geneigt sein zu folgern, daß für die Bestimmung und Charakterisierung der sonstigen Verfahrensbeteiligten jeweils zuerst festzustellen ist, welche Art von Angelegenheit zur Entscheidung ansteht, und welcher Verfahrensart sie außerhalb des Beschlußverfahrens zuzuordnen wäre, um dann aus dieser Verfahrensordnung, soweit möglich, deren Bestimmungen zur Beteiligung Dritter am Rechtsstreit entsprechend heranzuziehen.

Eine solche Verfahrensweise wäre im übrigen nichts Neues, denn sie wird in der freiwilligen Gerichtsbarkeit seit Anerkennung von privatrechtlichen und öffentlichrechtlichen Streitsachen (neben dem Bereich der Fürsorgeangelegenheiten) praktiziert. Bei privatrechtlichen Streitsachen wird zur Beteiligung Dritter am Verfahren die Regelung über die Nebenintervention[6], bei öffentlichrechtlichen Streitsachen das Institut der Beiladung gemäß § 65 VwGO[7] für analog anwendbar gehalten.

---

[5] DB 1975, 699.

[6] *Habscheid*, § 7 III 1; *Keidel*, § 12 Anm. 11; BGH 38, 110.

[7] *Habscheid*, § 16 III; *Keidel*, Vorbem. §§ 8 - 18 Anm. 4 b.

Es steht zwar außer Zweifel, daß es gewinnbringend ist, die Regelungen über die Verfahrensbeteiligung Dritter, die in anderen Verfahrensordnungen vorhanden und von Rechtssprechung und Literatur näher ausgestaltet wurden, vergleichend in ein Verfahren wie das Beschlußverfahren miteinzubeziehen, in welchem eine Regelung über die Verfahrensbeteiligung Dritter nicht vorhanden ist. Zweifelhaft ist jedoch, ob es nötig ist, je nach Verfahrensgegenstand unterschiedlich die in anderen Verfahrensordnungen vorhandenen Regelungen über die Drittbeteiligung heranzuziehen. Auch im Bereich der Streitverfahren der freiwilligen Gerichtsbarkeit wurde diese Frage schon gestellt. So plädiert *Fenn*[8] dafür, außer bei öffentlichrechtlichen auch bei privatrechtlichen Streitsachen im Bereich der freiwilligen Gerichtsbarkeit das Institut der verwaltungsgerichtlichen Beiladung für die Drittbeteiligung entsprechend anzuwenden, da das Verfahren der freiwilligen Gerichtsbarkeit von der Struktur und den Verfahrensgrundsätzen her mehr der VwGO als der ZPO entspräche und das Institut der verwaltungsgerichtlichen Beiladung alle zivilprozessualen Möglichkeiten einer Drittbeteiligung umfasse. Für die vorliegende Untersuchung erscheint es somit nur zweckmäßig, zwischen Streitsachen und nicht notwendig streitigen Angelegenheiten zu unterscheiden.

III. Die sonstigen Verfahrensbeteiligten in streitigen Verfahren

1. Sonstige Verfahrensbeteiligte als Nebenverfahrensbeteiligte

Wenn im Beschlußverfahren echte Streitsachen ausgetragen werden, so ist im Begriff der Verfahrensbeteiligten ein Oberbegriff zu sehen, der sich untergliedert in Hauptverfahrensbeteiligte und Nebenverfahrensbeteiligte. Hauptverfahrensbeteiligte sind dabei entsprechend Kläger und Beklagtem im Zivilprozeß und in den Verfahren der VwGO, FGO und des SGG[9] der Antragsteller und der Antragsgegner, Nebenverfahrensbeteiligte sind die an einem fremden Rechtsstreit beteiligten Dritten[10], wie im zivilprozessualen Verfahren die Intervenienten und in den Verfahren nach der VwGO, FGO und dem SGG die Beigeladenen. Dabei ist der notwendig Beigeladene nicht Hauptverfahrensbeteiligter[11]; er ist und bleibt Dritter in einem fremden Rechtsstreit und nicht er,

---

8 ZZP 77, 306.

9 Vgl. *Müller*, H., NJW 1954, 868; *Mellwitz*, § 69 Anm. 1; *Schlosser*, S. 191 f.

10 Vgl. die Überschrift vor § 64 ZPO: „Beteiligung Dritter am Rechtsstreit"; vgl. § 65 VwGO: „Beiladung Dritter".

11 A. A. *Kollhosser*, S. 349 f., der auch den notwendig Beigeladenen zu den Hauptverfahrensbeteiligten rechnet, da er unter die Hauptverfahrensbeteiligten alle rechnet, die erforderlich sind, damit es zu einer Sachentscheidung kommen kann.

sondern andere Personen können das Verfahren betreiben. Auch wenn er nicht am Verfahren teilnimmt, kommt ein Verfahren zustande; die einzige Auswirkung ist nur, daß das Urteil bei Unterbleiben der notwendigen Beiladung keine materielle Rechtskraft erlangt[12].

2. § 83 Abs. 1 ArbGG als Ausgangspunkt für die Bestimmung der sonstigen Verfahrensbeteiligten

§ 83 Abs. 1 S. 1 ArbGG statuiert die Verpflichtung des Gerichtes, diejenigen Personen oder Stellen zu hören, die nach dem BetrVG, dem MitbestG, dem BetrVG 52 und den zu diesen Gesetzen ergangenen Rechtsverordnungen im einzelnen Falle (materiell) beteiligt sind. Es regelt damit die Anhörung von (nach alter Bezeichnung) materiell an dem dem Verfahren zugrunde liegenden Streitgegenstand Beteiligten, nicht jedoch dagegen die Anhörung von Antragsteller und Antragsgegner[13], da diese schon aufgrund ihrer Stellung im Verfahren gehört werden.

§ 83 Abs. 1 S. 1 ArbGG ist damit eine verfahrensrechtliche Ausgestaltung des verfassungsrechtlich garantierten Anspruches auf rechtliches Gehör, Art. 103 Abs. 1 GG; denn es darf heute als eine gesicherte Erkenntnis angesehen werden, daß nicht nur die Hauptparteien bzw. Hauptbeteiligten eines Verfahrens Anspruch auf rechtliches Gehör haben, sondern daß ein solcher Anspruch auch Dritten zustehen kann[14].

§ 83 Abs. 1 S. 1 ArbGG weist als Weg zur Bestimmung der sonstigen Verfahrensbeteiligten diese über den Anspruch auf rechtliches Gehör vorzunehmen, da die Anhörungsberechtigten am Verfahren zu beteiligen sind, wobei vorerst offenbleiben kann in welcher Form.

3. Die notwendig sonstigen Verfahrensbeteiligten

a) Bestimmungsschwierigkeiten

Die Bestimmung der gem. § 83 Abs. 1 ArbGG Anhörungsberechtigten außer den Hauptverfahrensbeteiligten bereitet erhebliche Schwierigkeiten. Die Ansichten hierzu in der Literatur gehen zum Teil erheblich auseinander. Einigkeit besteht jedoch darin, daß ein Anspruch auf rechtliches Gehör im Sinne des Art. 103 Abs. 1 GG nur demjenigen zusteht, demgegenüber die Entscheidung Wirkungen entfaltet[15].

---

12 So *Eyermann / Fröhler*, § 65 Anm. 41.

13 Ebenso *Grunsky*, ArbGG § 83 Anm. 2.

14 Vgl. *Wolf*, JZ 1971, 405; *Schlosser*, JZ 1967, 431; *Grunsky*, § 25 II 2; auch BVerfG JZ 1967, 442; *Maunz / Dürig*, Art. 103 Anm. 91.

15 *Wolf*, JZ 1971, 405; *Maunz / Dürig*, Art. 103 Anm. 91.

Schlosser[16] zieht den Kreis der gemäß Art. 103 Abs. 1 GG Anhörungsberechtigten am weitesten. Nach seiner Auffassung hat Art. 103 Abs. 1 GG, der einer Unrechtsabwehrtendenz entspricht, zur Folge, daß grundsätzlich jeder Anspruch auf rechtliches Gehör hat, der *durch die zu erwartende Entscheidung* möglicherweise zu Unrecht in seinen Rechten betroffen wird. *Schlosser* schließt damit, worauf er hinweist, an den materiellen Beteiligtenbegriff im Verfahren der freiwilligen Gerichtsbarkeit an. Damit haben alle materiell am Streitgegenstand Beteiligten im gerichtlichen Verfahren Anspruch auf rechtliches Gehör. Eine Verfahrensbeteiligung der „materiell Beteiligten" soll nur dann entfallen, wenn der Kreis dieser Anhörungsberechtigten im konkreten Fall unübersehbar wird.

Dagegen wurde insbesondere von *Wolf*[17] eingewandt, daß dieses Kriterium der Unübersehbarkeit wenig praktikabel und nicht einleuchtend sei; zum einen sei keine Abgrenzung möglich, bei welcher Zahl von Anhörungsberechtigten die Gefahr für das Funktionieren der Rechtspflege beginne, und keine Regelung vorhanden, was zu gelten hätte, wenn sich erst im Laufe des Verfahrens erweise, daß der Kreis der Anhörungsberechtigten unübersehbar ist; zum anderen sei nicht einzusehen, warum das Recht einer Person davon abhängen solle, ob auch andere und wieviele ein gleiches (Anhörungs-)Recht haben. *Wolf* ist der Ansicht, daß grundsätzlich jeder betroffene Dritte den Anspruch auf rechtliches Gehör habe, verneint ein Anhörungsrecht des betroffenen Dritten jedoch dann, wenn das durch Art. 103 Abs. 1, 19 Abs. 4 GG geschützte Interesse der Person an einer schnellen Entscheidung und vor allem an einer Entscheidung entgegenstehe, in die sich kein Dritter einmischen könne.

Hierzu vertritt *Grunsky*[18], daß das Interesse der Parteien keine „Aufopferung" verfassungsrechtlich anerkannter Drittinteressen rechtfertigen könne, und daß sich bei überwiegendem Interesse der Parteien an einer Fernhaltung Dritter allenfalls rechtfertigen ließe, daß die Dritten ausnahmsweise nicht den Urteilswirkungen unterliegen, nicht aber, daß diese Wirkungen über ihren Kopf hinweg eintreten. *Grunsky* stimmt zwar bei der Frage der Anhörungsberechtigten mit *Schlosser* insoweit überein, daß als Voraussetzung der Anhörungsberechtigung der Dritte die Auswirkungen der Entscheidung zu spüren bekommt, fordert aber darüber hinaus mit *Zeuner*[19], daß dieser an der vom Verfahren unmittelbar erfaßten Beziehung im Sinne einer eigenen Zuständigkeit un-

---

16 JZ 1967, 431 ff.; ebenso *Baur*, AcP 153, 407.
17 JZ 1971, 405.
18 § 25 II 2.
19 Festschrift für Nipperdey, Bd. I, S. 1038.

mittelbar rechtlich beteiligt ist. In einer Paralelle zu § 823 Abs. 2 BGB sei danach darauf abzustellen, ob die Rechtssätze, die das in Streit befindliche Rechtsverhältnis regeln, auch die Interessen des Dritten schützen wollen.

b) Die Beteiligungsberechtigung

Die Entscheidung dieses Theorienstreites, die den Rahmen der vorliegenden Arbeit sprengen würde, kann hier dahingestellt bleiben, da diese Theorien alle von einer gemäß Art. 103 Abs. 1 GG *unbedingt gebotenen* Anhörung von Dritten als einer Minimalforderung ausgehen, wogegen es den Verfahrensgesetzen unbenommen bleibt, auch eine verfassungsrechtlich nicht gebotene Beteiligung Dritter vorzusehen und vorzuschreiben[20].

Selbst wenn man die Ansicht *Schlossers,* daß grundsätzlich jeder Anspruch auf rechtliches Gehör hat, der durch die zu erwartende Entscheidung des Gerichtes möglicherweise zu Unrecht in seinen Rechten betroffen wird, für den verfassungsrechtlich gebotenen Anspruch auf rechtliches Gehör als zu weit ansieht, so entspricht sie doch genau dem in § 83 Abs. 1 S. 1 ArbGG verfahrensrechtlich geregelten Anspruch auf rechtliches Gehör. Diese Formel *Schlossers* entspricht der Formel für die materielle Beteiligung bzw. für die Verfahrensbeteiligungsberechtigung[21] im Verfahren der freiwilligen Gerichtsbarkeit[22]; danach ist materiell beteiligt und damit verfahrensbeteiligungsberechtigt jeder, dessen Rechte durch eine der in einem konkreten Verfahren möglichen Entscheidungen unmittelbar betroffen werden oder betroffen werden können[23]. Diese Formel entspricht aber nicht nur der der materiellen Beteiligung bzw. der Verfahrensbeteiligungsberechtigung im Verfahren der freiwilligen Gerichtsbarkeit, sondern auch der Formel für den Begriff des „materiellen" Beteiligtseins im Sinne des § 83 Abs. 1 S. 1 ArbGG. Es ist anerkannt, daß § 83 Abs. 1 S. 1 ArbGG den (nach altem Terminus) materiell am Verfahrensgegenstand Beteiligten meint[24]. Während diese Formel den an die Antragsberechtigung zu stellenden Erfordernissen nicht gerecht werden kann, da hierfür bereits ein nach-

---

20 *Wolf,* JZ 1971, 405 unter Hinweis auf die Nebenintervention, § 66 ZPO, und die einfache Beiladung, § 65 Abs. 1 VwGO.

21 Vgl. *Bärmann,* § 8 III: „wer (am Verfahren) beteiligt werden kann, wer sich beteiligen darf."

22 Ebenso *Schlosser,* JZ 1967, 433.

23 *Keidel,* § 6 Anm. 14; *Bärmann,* § 8 III 2; *Habscheid,* § 14 I.

24 So *Bötticher,* Anm. zu AP Nr. 2 zu § 81 BetrVG 52; ihm folgend *Buchner,* Anm. in SAE 1969, 232; vgl. auch *Müller,* G., (I) S. 36: „Beteiligungsberechtigung materiell rechtlich zu bestimmen"; *Wichmann,* ArbuR 1975, 295; auf die Parallele zur materiellen Beteiligung in der freiwilligen Gerichtsbarkeit weist auch *Grunsky,* ArbGG § 83 Anm. 8. hin.

teiliges Betroffensein vor Antragstellung und nicht erst durch die gerichtliche Entscheidung erforderlich ist, so ist diese Formel genau richtig für diejenigen, die gemäß § 83 Abs. 1 S. 1 ArbGG neben dem Antragsteller und Antragsgegner vom Gericht beteiligt werden müssen. Dabei genügt die *Möglichkeit* des nachteiligen Betroffenseins, da nicht vorausgesehen werden kann, ob sie den Beteiligungsberechtigten nun tatsächlich in seinen Rechten und Pflichten betreffen wird. Dies ist bereits für den Bereich der „materiellen Beteiligung“ in der freiwilligen Gerichtsbarkeit anerkannt[25]. Die Formel für die Beteiligungsberechtigung am Verfahren (außer für Antragsteller und Antragsgegner) lautet somit:

Beteiligungsberechtigt am Verfahren ist, wer durch das konkrete Beschlußverfahren in seinen Rechten und Pflichten nach dem BetrVG, dem MitbestG, dem BetrVG 1952 und den zu diesen Gesetzen erlassenen Rechtsverordnungen (nachteilig) betroffen sein kann.

c) Beteiligungsberechtigung als Beteiligungsverpflichtung

Der Anspruch auf rechtliches Gehör der materiell Beteiligten und damit Beteiligungsberechtigten beinhaltet für das Gericht die Verpflichtung, soweit sich die Beteiligungsberechtigten nicht bereits von sich aus am Verfahren beteiligten, diese von Amts wegen zum Verfahren hinzuzuziehen. Diese „materiell Beteiligten“ sind formell zu beteiligen[26]. Dies gilt aus dem Grundsatz des Art. 103 Abs. 1 GG auch dann, wenn eine Verfahrensbeteiligung in einer Verfahrensordnung nicht ausdrücklich angeordnet ist, sowie erst recht dann, wenn wie im arbeitsgerichtlichen Beschlußverfahren in § 83 Abs. 1 S. 1 ArbGG die Verpflichtung ausdrücklich geregelt ist. Die Verfahrensbeteiligung der gemäß § 83 Abs. 1 S. 1 ArbGG Beteiligungsberechtigten ist somit in diesem Sinne eine *notwendige* Verfahrensbeteiligung.

d) Notwendigkeit der Verfahrensbeteiligung

Die Verfahrensbeteiligung von materiell (am Streitgegenstand) Beteiligten wird nicht nur unter dem Gesichtspunkt des Anspruchs auf rechtliches Gehör, Art. 103 Abs. 1 GG, sondern auch unter dem Gesichtspunkt der materiellen Rechtskraft der gerichtlichen Entscheidung zu

---

[25] Vgl. *Habscheid*, § 14 I 1; *Bärmann*, § 8 III 2; *Jansen*, § 6 Anm. 5: „wessen Rechte und Pflichten durch das Verfahren unmittelbar betroffen werden *können*.“

[26] *Schlosser*, JZ 1967, 433; *Baur*, § 12 II; *Habscheid*, § 14 V: „der das Recht hat, am Verfahren aktiv und damit auch formell beteiligt zu werden“; *Grunsky*, § 32 II 2; *Jansen*, § 6 Anm. 5: „bei materieller Beteiligung besteht ein Recht auf formelle Beteiligung, d. h. die Befugnis, sich am Verfahren zu beteiligen und die Pflicht des Gerichts, den Beteiligten zum Verfahren hinzuzuziehen.“

einer notwendigen Verfahrensbeteiligung. Eine gesetzliche Regelung hierfür findet sich in dem Institut der notwendigen Beiladung, §§ 65 Abs. 2 VwGO, 60 Abs. 3 FGO, 75 Abs. 2 SGG. Die Gesetzesformulierungen von der notwendigen Beteiligung Dritter, die an einem streitigen Rechtsverhältnis in der Weise beteiligt sind, „daß die Entscheidung auch ihnen gegenüber nur einheitlich ergehen kann", bedeuten nichts anderes, als die notwendige Verfahrensbeteiligung materiell am Rechtsverhältnis beteiligter Dritter[27], denn eine Beiladung ist notwendig, wenn der Tenor der Entscheidung zugleich in die Rechtssphäre eines Dritten eingreift[28]. Der notwendig Beigeladene ist damit identisch mit dem materiell beteiligten Dritten in den Verfahren der freiwilligen Gerichtsbarkeit; denn materiell beteiligter Dritter ist dort, dessen Rechte und Pflichten durch die Entscheidung *unmittelbar* beeinflußt werden können[29]. Ein unmittelbares Betroffensein ist aber nur möglich, wenn eine Bindungswirkung durch Erstreckung der materiellen Rechtskraft entsteht.

Die Notwendigkeit der Verfahrensbeteiligung ergibt sich für diese Dritten nun daraus, daß ohne ihre Beteiligung am Verfahren ihnen gegenüber eine Bindungswirkung der gerichtlichen Entscheidung nicht eintreten würde, d. h. die gerichtliche Entscheidung würde ihnen gegenüber nicht materiell rechtskräftig; der Streitgegenstand könnte daher unter denselben materiell Beteiligten und Prozeßbeteiligten zum Gegenstand eines neuen Verfahrens gemacht werden[30]. Hierin liegt das allgemein für alle Verfahrensordnungen, in denen eine materielle Rechtskraft der Entscheidung möglich ist, gültige Prinzip, daß die Rechtskraft grundsätzlich nur zwischen den Verfahrensbeteiligten wirkt[31]. Wenn Dritte den Urteilswirkungen grundsätzlich nicht unterliegen, so grundsätzlich deshalb nicht, weil ihre Rechtspositionen nicht durch das Ergebnis einer Prozeßführung beeinträchtigt werden dürfen, an der sie nicht beteiligt waren[32]. Dieses Prinzip gilt auch in den Verfahren der freiwilligen Gerichtsbarkeit, soweit dort überhaupt die Möglichkeit des Eintrittes einer materiellen Rechtskraft bejaht wird[33]. Soweit aber die Möglichkeit der materiellen Rechtskraft bejaht wird, ist auch dort anerkannt, daß sich die Rechtskraftwirkungen in persönlicher Bezie-

---

27 Vgl. *Eyermann / Fröhler*, die in § 65 Anm. 41 auch bei den notwendig Beigeladenen von materiell Beteiligten sprechen.

28 BSG 11, 265; *Miesbach / Ankenbrank*, § 75 Anm. 5.

29 *Habscheid*, § 14 I; *Bärmann*, § 8 III 2.

30 Ganz einhellige Meinung; vgl. *Eyermann / Fröhler*, § 65 Anm. 41; *Redeker / v. Oertzen*, § 65 Anm. 21; § 121 Anm. 6.

31 Vgl. *Eyermann / Fröhler*, § 121 Anm. 31; *Redeker / v. Oertzen*, § 121 Anm. 6

32 *Grunsky*, § 47 VI 2.

33 Vgl. zum Streitstand: *Keidel*, § 31 Anm. 18; *Bärmann*, § 23 Anm. 3; *Jansen*, § 39 Anm. 9.

hung auf die Verfahrensbeteiligten beschränken[34], soweit nicht einzelne Bestimmungen eine ausdrückliche Erstreckung auf Dritte oder eine Wirkung inter omnes vorsehen[35].

Nicht anders ist die Situation im arbeitsgerichtlichen Beschlußverfahren zu beurteilen; die Beschlüsse im arbeitsgerichtlichen Beschlußverfahren sind der materiellen Rechtskraft fähig[36]; denn gemäß § 80 Abs. 2 ArbGG finden die Wiederaufnahmevorschriften Anwendung, das Wiederaufnahmeverfahren setzt aber Entscheidungen voraus, die der materiellen Rechtskraft fähig sind[37].

Im Gegensatz zur Auffassung *Grunskys*[38] besteht auch im Beschlußverfahren ein Bedürfnis dafür, die materielle Rechtskraft in ihren subjektiven Grenzen nicht auf Antragsteller und Antragsgegner zu beschränken, sondern auch auf diejenigen zu erweitern, die von der Entscheidung unmittelbar in ihren Rechten und Pflichten betroffen werden. Der Ansicht *Grunskys*, daß mancher gemäß § 83 Abs. 1 S. 1 ArbGG zu Beteiligende an dem Rechtsstreit so wenig Interesse habe, daß es ihm weder zugemutet werden könne noch ein praktisches Bedürfnis dafür bestehe, die Rechtskraft auf ihn zu erstrecken, kann nicht gefolgt werden, da er unter die gemäß § 83 Abs. 1 S. 1 ArbGG am Verfahren zu Beteiligenden nicht nur die materiell am Streitgegenstand Beteiligten rechnet, sondern auch die davon zu unterscheidenden lediglich rechtlich Interessierten[39], die jedoch dem § 83 Abs. 1 S. 1 ArbGG als Regelung der Beteiligungsverpflichtung durch das Gericht nicht unterfallen. Es darf auch nicht übersehen werden, daß bei den materiell beteiligten Dritten sogar die Bindungswirkung durch Eintritt der materiellen Rechtskraft ihnen gegenüber erforderlich ist, soll die Entscheidung des Gerichts nicht wie bei der Unterlassung der notwendigen Beiladung im Verwaltungsprozeß materiell unwirksam sein.

Als Beispiel hierfür sei das Zustimmungsersetzungsverfahren gemäß § 103 Abs. 2 BetrVG angeführt. Hier ist gerade erforderlich, daß der Beschluß auch gegenüber dem betroffenen Arbeitnehmer als Drittem Wirkung entfaltet, wenn im Kündigungsschutzverfahren der Ersetzungsbeschluß Bindungswirkung für den betroffenen Arbeitnehmer haben soll. Denn das BAG vertritt in st. Rspr.[40], daß die Verfahrensbeteiligten im Kündigungsschutzverfahren an die Entscheidung im Be-

---

34 *Bärmann*, § 22 Anm. 4; *Jansen*, § 31 Anm. 13; *Grunsky*, § 47 VI 3.

35 Dazu BGH 5, 259.

36 BAG 21, 139; *Grunsky*, ArbGG § 80 Anm. 58.

37 Vgl. *Müller*, G., (I) S. 51.

38 ArbGG § 80 Anm. 58.

39 Zur Unterscheidung vgl. unter 3. Kap. C. III. 4.

40 BAG EzA § 103 BetrVG Nr. 6 und 8.

schlußverfahren gebunden sind, ob ein wichtiger Grund für die Kündigung vorliegt oder nicht. Jedoch wirkt die Entscheidung im Beschlußverfahren nur deshalb auch gegenüber dem gekündigten Arbeitnehmer, der als Kläger im Kündigungsschutzverfahren auftritt, weil er im Beschlußverfahren nach § 103 Abs. 2 BetrVG als Dritter am Verfahren beteiligt war[41], wozu schon logischerweise von der Bindungswirkung her Voraussetzung ist, daß sich die materielle Rechtskraft der Entscheidung auch auf ihn erstreckt.

Eine notwendige sonstige Verfahrensbeteiligung ist auch bei einem Streit zwischen Arbeitgeber und Betriebsrat über die Eigenschaft eines Angestellten als leitender Angestellter gegeben. Der einzelne Angestellte, um dessen Stellung als leitender Angestellter es geht, ist nämlich selbst antragsberechtigt[42], da er durch Streitigmachen dieser Stellung durch eine andere betriebsverfassungsrechtliche Stelle in seiner Rechtsposition beeinträchtigt werden kann; damit kann er auch in dem Falle, daß der Streit über seine Stellung von anderen Betriebsverfassungsorganen geführt wird, von der Entscheidung des Gerichtes betroffen werden. Soll verhindert werden, daß der Angestellte über denselben Streitgegenstand erneut ein Verfahren einleitet, ist es erforderlich, daß sich die materielle Rechtskraft der Entscheidung auch auf ihn erstreckt.

Das gleiche gilt auch für die Entscheidung, ob jemand Arbeitnehmer im Sinne des BetrVG ist. Streiten sich Arbeitgeber und Betriebsrat, ob eine bestimmte Person Arbeitnehmer im Sinne des BetrVG ist, so ist die betroffene Person nur an die Entscheidung des Gerichts gebunden, wenn sie am Verfahren beteiligt war; da die betroffene Person selbst antragsberechtigt ist[43], kann sie bei Nichtbeteiligung selbständig über denselben Streitgegenstand erneut ein Verfahren einleiten.

Nichts anderes gilt bei Streitigkeiten über das Wahlrecht eines Arbeitnehmers gemäß § 7 BetrVG und die Wählbarkeit eines Arbeitnehmers gemäß § 8 BetrVG zur Betriebsratswahl, wenn der Streit z. B. zwischen Arbeitgeber und Wahlvorstand vor Durchführung der Wahl besteht. Hier ist der betroffene Arbeitnehmer, dessen Rechtsstellung geklärt werden soll, nur dann an die Entscheidung des Arbeitsgerichts gebunden, wenn er in dem zwischen Arbeitgeber und Wahlvorstand durchgeführten Verfahren beteiligt war. Die Aufzählung dieser Beispiele mag hier genügen.

4. Die nicht notwendig sonstigen Verfahrensbeteiligten

a) Die lediglich an der Entscheidung Interessierten

Mit den sonstigen Verfahrensbeteiligten (außer Antragsteller und Antragsgegner), die vom Gericht am Verfahren notwendig beteiligt werden müssen, ist der Kreis der sonstigen Verfahrensbeteiligten nicht erschöpft. Denn neben den notwendig sonstigen Verfahrensbeteiligten

---

[41] BAG EzA § 103 BetrVG Nr. 8.

[42] BAG EzA § 5 BetrVG Nr. 3; ferner *Fitting / Auffarth / Kaiser,* § 5 Anm. 29.

[43] *Dietz / Richardi,* § 5 Anm. 125.

(Nebenverfahrensbeteiligten) gibt es Personen oder Stellen, die von der Entscheidung zwar nicht unmittelbar in ihren Rechten oder Rechtspositionen betroffen werden, jedoch in ihren Interessen berührt werden können. Dies ergibt sich für das arbeitsgerichtliche Beschlußverfahren an folgenden Beispielen: So ist beim Amtsenthebungsverfahren gegen ein Betriebsratsmitglied gemäß § 23 Abs. 1 BetrVG auf Antrag eines Viertels der wahlberechtigten Arbeitnehmer oder des Arbeitgebers oder einer im Betrieb vertretenen Gewerkschaft der Betriebsrat als Gremium nicht unmittelbar betroffen, da es nicht um seinen Bestand als solchen geht; denn für das seines Amtes enthobene Mitglied rückt ja das Ersatzmitglied nach; jedoch ist der Betriebsrat als Gremium an dem Verfahren interessiert, da dadurch die Zusammensetzung des Gremiums geändert wird.

Lediglich ein Interesse an der Entscheidung und keine unmittelbare Betroffenheit liegt auch vor für den Arbeitgeber, wenn der Betriebsrat seines Betriebes gemäß § 23 Abs. 1 BetrVG auf Antrag von ein Viertel der wahlberechtigten Arbeitnehmer oder einer im Betrieb vertretenen Gewerkschaft durch das Arbeitsgericht aufgelöst wird. Jedoch gilt hier die Besonderheit, daß der Arbeitgeber auch als lediglich an der Entscheidung Interessierter gemäß der ausdrücklichen Regelung in § 83 Abs. 1 ArbGG notwendig beizuladen ist.

Auch bei einem Streit eines Betriebsratsmitgliedes mit dem Arbeitgeber um die Erstattung von Auslagen, die er im Hinblick auf seine Betriebsratstätigkeit gemacht hat, ist der Betriebsrat als Gremium nicht von der Entscheidung unmittelbar betroffen, jedoch an der Entscheidung in seinen rechtlichen Interessen berührt[44].

Je nachdem, ob man in dem Schulungsanspruch gemäß § 37 Abs. 6 BetrVG nur einen Kollektivanspruch[45] des Betriebsrates als Organ sieht oder auch wie in § 37 Abs. 7 BetrVG einen Individualanspruch des einzelnen Betriebsratsmitgliedes[46], so wäre bei der ersten Auffassung bei einem Antrag des Betriebsrates als Organ auf Arbeitsbefreiung für die Teilnahme des Betriebsratsmitgliedes A an einem Schulungskurs das Betriebsratsmitglied A durch die Entscheidung des Gerichtes nicht unmittelbar in seiner Rechtsposition betroffen, da die Rechtsposition nicht ihm, sondern dem Betriebsrat als Organ zusteht, jedoch wäre er an der Entscheidung rechtlich interessiert, weil sich aus dem Stattgeben des Antrages für das Betriesratsmitglied A eine Berechtigung auf Arbeitsbefreiung gegenüber dem Arbeitgeber ergäbe. Bei der zweiten Auffassung wäre das Betriebsratsmitglied A von der Entscheidung des Gerichts unmittelbar betroffen, da hiermit auch über seinen Freistellungsanspruch entschieden würde. Nachdem das BAG einen abgeleiteten Individualanspruch des einzelnen Betriebsratsmitgliedes annimmt,

---

[44] Vgl. *Wiese*, Anm. zu BAG AP Nr. 6 zu § 37 BetrVG unter I 2.

[45] *Fitting / Auffarth / Kaiser*, § 37 Anm. 57, 61; *Gnade / Kehrmann / Schneider*, § 37 Anm. 27.

[46] *Dietz / Richardi*, § 37 Anm. 67; BAG AP Nr. 5, 6 zu § 37 BetrVG; AP Nr. 5 zu § 65 BetrVG, wo für das Betriebsratsmitglied ein aus dem kollektiven Betriebsratsbeschluß abgeleiteter Individualanspruch angenommen wird.

so ist sein Beschluß vom 10. 5. 1974[47], in welchem Betriebsrat und Arbeitgeber um die Freistellung eines Mitgliedes der Jugendvertretung stritten, konsequent, indem das für die Freistellung vorgesehene Mitglied der Jugendververtretung am Verfahren beteiligt wurde mit der Begründung, daß es durch die Entscheidung des Gerichts unmittelbar betroffen wird.

Dieselbe Problematik ergibt sich bei einem Streit zwischen Arbeitgeber und Betriebsrat über die Zahl der freigestellten Betriebsratsmitglieder über die Staffel des § 38 BetrVG hinaus. Hier hat das BAG[48] für die durch Beschluß des Betriebsrates über die Staffel hinaus zur Freistellung vorgesehenen Betriebsratsmitglieder, um deren Freistellung gestritten wird, ein unmittelbares Betroffensein durch die Gerichtsentscheidung angenommen und nicht ein lediglich rechtliches Interesse; vermutlich lag auch hierbei die Überlegung zugrunde, daß diese Betriebsratsmitglieder durch den Freistellungsbeschluß des Betriebsrates einen abgeleiteten Individualanspruch auf Freistellung erworben haben. Ein lediglich rechtliches Interesse würde dagegen für die zur Freistellung vorgesehenen Betriebsratsmitglieder vorliegen, wenn man für diese einen aus dem Freistellungsbeschluß des Betriebsrates abgeleiteten Individualanspruch verneint.

Nun ist es in anderen Verfahrensordnungen anerkannt, daß auch solche Personen am Verfahren beteiligt sein können, die zwar nicht unmittelbar durch die Entscheidung in ihrer Rechtsstellung betroffen sein können, deren (rechtliches[49] bzw. berechtigtes[50]) Interesse aber durch die Entscheidung berührt wird[51].

Daß zwischen unmittelbarer Betroffenheit durch eine Entscheidung und einem lediglich rechtlichen Interesse an der Entscheidung ein Unterschied besteht, ist in der Prozeßrechtslehre anerkannt. Für die VwGO, die FGO und das SGG ergibt sich dies aus der Unterscheidung zwischen notwendiger und einfacher Beiladung[52]; denn eine Entscheidung zwischen den Hauptbeteiligten kann auch einem Dritten gegenüber nur einheitlich ergehen, wenn er unmittelbar durch die Entscheidung in seinen Rechten betroffen wird[53], nicht dagegen dann, wenn der Dritte lediglich (mittelbar[54]) in seinen rechtlichen Interessen berührt wird. Für das Verfahren der freiwilligen Gerichtsbarkeit ergibt sich dies aus der Unterscheidung zwischen den am Verfahren notwendig zu beteiligenden[55] materiell Beteiligten (für die unmittelbare Betroffenheit durch die Entscheidung erforderlich ist) und den in privatrechtlichen

---

47 AP Nr. 2 zu § 65 BetrVG.

48 AP Nr. 2 zu § 38 BetrVG.

49 §§ 66 Abs. 1 ZPO; 65 Abs. 1 VwGO, 60 Abs. 1 FGO.

50 § 75 Abs. 1 SGG.

51 Vgl. für das Verfahren der freiwilligen Gerichtsbarkeit: *Bärmann*, § 11 III.

52 §§ 65 Abs. 1 und 2 VwGO; 60 Abs. 1 und 3 FGO; 75 Abs. 1 und 2 SGG.

53 Vgl. *Eyermann / Fröhler*, § 65 Anm. 34.

54 Vgl. *Ziemer / Birkholz*, § 60 Anm. 85.

55 *Habscheid*, § 14 V.

Streitsachen möglichen Nebenintervenienten[56] (für die ein rechtliches Interesse genügt). Das rechtliche Interesse an der Entscheidung ist daher ein Minus gegenüber der unmittelbaren Betroffenheit durch die Entscheidung[57].

Der Grund für die Beiziehung von Personen zum Verfahren, die lediglich ein (rechtliches bzw. berechtigtes) Interesse an der Entscheidung haben, liegt abgesehen von der Prozeßökonomie darin, dem Dritten nicht nur bei unmittelbarer Auswirkung, sondern auch bei Gefahr der mittelbaren nachteiligen Auswirkung auf seine Rechtsposition die Möglichkeit der Einflußnahme auf das Verfahren zu geben[58].

Es ist kein Grund ersichtlich, warum die Personen, die (nur) ein Interesse an der Entscheidung haben, aus denselben Gründen wie in den anderen Verfahrensordnungen nicht auch im arbeitsgerichtlichen Beschlußverfahren am Verfahren beteiligt werden sollten. Fraglich ist nur, ob diese Personen, die durch die Entscheidung nicht unmittelbar in ihrer Rechtsstellung betroffen werden, aber ein Interesse an der Entscheidung haben, zum Verfahren von Amts wegen hinzugezogen werden müssen oder nicht.

b) Keine Verpflichtung zur Verfahrensbeteiligung von Amts wegen

Ein Zwang des Gerichtes zur Verfahrensbeteiligung dieser Personen von Amts wegen könnte sich aus Art. 103 Abs. 1 GG ergeben, jedoch ist für den Anspruch auf rechtliches Gehör und damit auf Verfahrensbeteiligung, wie bereits dargelegt, die Möglichkeit einer *unmittelbaren*[59] Betroffenheit erforderlich. So ist es für den Nebenintervenienten im Zivilprozeß und den einfachen Beigeladenen im Verwaltungsprozeß, die nur ein rechtliches Interesse an der Entscheidung haben, anerkannt, daß ihre Verfahrensbeteiligung verfassungsrechtlich gemäß Art. 103 Abs. 1 GG *nicht zwingend* ist[60], wenngleich ihre Beteiligung am Verfahren möglich ist.

---

[56] *Habscheid*, § 14 III 1; *Bärmann*, § 11 III; a. A. nur noch *Baur*, § 14 II.

[57] Vgl. *Habscheid*, § 16 III: „der Begriff des rechtlichen Interesses ist weiter als der Begriff der materiellen Beteiligung"; vgl. dazu auch *Fenn*, ZZP 77, 307.

[58] Vgl. *Stahl*, S. 18; *Eyermann / Fröhler*, § 65 Anm. 1.

[59] Vgl. *Maunz / Dürig*, Art. 103 Anm. 91; so auch *Schlosser*, JZ 1967, 433, wenn er für die Anhörungsberechtigung auf die materielle Beteiligung (und damit auf die unmittelbare Betroffenheit) und auf die Grundsätze der notwendigen Beiladung gem. § 65 Abs. 2 VwGO verweist; vgl. ferner *Eyermann / Fröhler*, § 65 Anm. 29.

[60] *Wolf*, JZ 1971, 405; *Schlosser*, JZ 1967, 433; für die einfache Beiladung ferner *Eyermann / Fröhler*, § 65 Anm. 10; *Redeker / v. Oertzen*, § 65 Anm. 12; *Peters / Sauter / Wolff*, § 75 Anm. 6 a.

c) *Verpflichtung zur Verfahrensbeteiligung nur bei ausdrücklicher gesetzlicher Regelung*

Besonderheiten bezüglich der Verpflichtung des Gerichtes zur Herbeiziehung der lediglich rechtlich Interessierten zum Verfahren ergeben sich nur dann, wenn in der Verfahrensordnung oder in sonstigen Gesetzen die Verpflichtung zur Verfahrensbeteiligung von Personen geregelt ist, die nicht durch die Entscheidung unmittelbar betroffen werden. Denn es bleibt dem Gesetzgeber unbenommen, auch die verfassungsrechtlich nicht gebotene Beteiligung Dritter zwingend vorzuschreiben[61].

Ein Beispiel für die Verpflichtung des Gerichts zur Verfahrensbeteiligung eines Dritten, der lediglich ein rechtliches Interesse an der Entscheidung hat, findet sich in § 83 Abs. 1 ArbGG hinsichtlich des Arbeitgebers. Während, wie sich aus dem Relativsatz des § 83 Abs. 1 S. 1 ArbGG ergibt, „die Arbeitnehmer und die Stellen" nur gehört werden müssen, die nach dem BetrVG, dem MitbestG, dem BetrVG 1952 und den zu diesen Gesetzen erlassenen Rechtsverordnungen im einzelnen Falle beteiligt (und damit unmittelbar betroffen) sind, so ist der Arbeitgeber nach dem Wortlaut des Gesetzes immer zu hören[62], auch dann, wenn weder seine Rechtsposition in einem Verfahren unmittelbar betroffen ist, noch seine rechtlichen Interessen berührt sind, so z. B. wenn es sich um rein interne Streitigkeiten innerhalb eines betriebsverfassungsrechtlichen Organes handelt, wie z. B. bei Streitigkeiten zwischen einzelnen Betriebsratsmitgliedern und dem Betriebsrat über die Teilnahme eines Gewerkschaftsbeauftragten an einer Betriebsratssitzung gemäß § 31 BetrVG. Die ausdrückliche gesetzliche Regelung zur Verfahrensbeteiligung eines lediglich rechtlich Interessierten findet sich auch in § 78 a Abs. 4 BetrVG, der in diesem Verfahren die Beteiligung des Betriebsrates vorschreibt, obwohl er durch die Entscheidung des Gerichtes nicht unmittelbar betroffen wird. Der Betriebsrat wird nämlich durch die Entscheidung nicht in seinem Bestand betroffen, hat jedoch ein rechtliches Interesse an seiner Zusammensetzung[63].

d) *Verfahrensbeteiligung durch Eigeninitiative*

Wo somit die Verfahrensbeteiligung von Personen, die ein rechtliches Interesse an der Entscheidung haben, nicht ausdrücklich vorgeschrieben

---

[61] *Wolf*, JZ 1971, 405.

[62] H. M., vgl. *Dietz / Nikisch*, § 83 Anm. 8; *Dersch / Volkmar*, § 83 Anm. 2 a; *Rohlfing / Rewolle*, § 83 Anm. 1; *Grunsky*, ArbGG § 83 Anm. 4; *Wichmann*, ArbuR 1975, 294; *Buchner*, Anm. in SAE 1969, 232.

[63] Daß der Betriebsrat ein rechtliches Interesse an seiner personellen Zusammensetzung hat, hat das BAG bereits in seinem Beschluß vom 1. 8. 1958, AP Nr. 1 zu § 83 ArbGG, anerkannt.

ist, ist zwar eine Verfahrensbeteiligung dieser Personen möglich, das Gericht ist jedoch auch im Beschlußverfahren (ebenso wie im verwaltungsgerichtlichen Verfahren[64]) zur Hinzuziehung dieser Personen zum Verfahren von Amts wegen nicht verpflichtet, kann sie aber zum Verfahren hinzuziehen. Diese Personen können sich aber von sich aus selbst am Verfahren beteiligen bzw. vom Gericht die Beteiligung verlangen, wenn sie vom Gericht nicht von Amts wegen beteiligt wurden. Daß sich die rechtlich Interessierten im zivilprozessualen Verfahren von sich aus am Verfahren beteiligen können, ist ausdrücklich in § 66 Abs. 1 ZPO geregelt und auch aus den Verfahrensordnungen, die die Beiladung kennen, ergibt sich nicht, daß die rechtlich Interessierten vom Gericht nicht die Beiladung verlangen können. Zwar kann sich in den Verfahrensordnungen der VwGO, FGO und des SGG der lediglich rechtlich Interessierte wie der Nebenintervenient im zivilprozessualen Verfahren nicht einfach von sich aus am Verfahren beteiligen[65], aber er hat entgegen der h. M.[66] einen Anspruch auf Beiladung, wenn er vom Gericht die Beiladung verlangt. Denn wie *Grunsky*[67] zutreffend darauf hinweist, wäre es schlechterdings unverständlich, wenn man die Initiative der Beteiligten als durch die Beiladungsvorschriften ausgeschlossen ansehen würde, obwohl die Vorschriften über die einfache Beiladung diejenigen Sachverhalte regeln, für die die ZPO die Nebenintervention und Streitverkündung vorsieht[68] (und deshalb die Vorschriften über Nebenintervention und Streitverkündung im verwaltungsgerichtlichen, finanzgerichtlichen und sozialgerichtlichen Verfahren nicht anwendbar sind[69]), aber die Nebenintervention und Streitverkündung durch Initiative der Beteiligten erfolgen kann. Das öffentliche Interesse in Verwaltungs-, Finanz- und Sozialgerichtsverfahren ist nicht so beherrschend, daß sich die Möglichkeit der Beteiligung durch Eigeninitiative für diese Verfahren nicht rechtfertigen ließe.

Da in den Verfahren gemäß VwGO, FGO und SGG eine Beteiligung der lediglich rechtlich Interessierten als einfache Beigeladene nur durch Gerichtsbeschluß möglich ist[70], so ist diesen ein Anspruch auf Beiladung durch das Gericht zuzuerkennen. Erkennt man aber einen Anspruch

---

64 Nach h. M. steht die einfache Beiladung im Ermessen des Gerichtes; die Unterlassung durch das Gericht bedeutet keinen Verfahrensfehler; vgl. *Eyermann / Fröhler*, § 65 Anm. 23.

65 §§ 65 Abs. 3 VwGO; 60 Abs. 4 FGO; 75 Abs. 3 SGG.

66 *Eyermann / Fröhler*, § 65 Anm. 10, 23; *Redeker / v. Oertzen*, § 65 Anm. 12; *Ziemer / Birkholz*, § 60 Anm. 9; *Mellwitz*, § 75 Anm. 9.

67 § 30 I 1 b.

68 *Eyermann / Fröhler*, § 65 Anm. 3; *Martens*, VerwArch. 60, 356 ff.

69 *Eyermann / Fröhler*, § 65 Anm. 6; *Ziemer / Birkholz*, § 59 Anm. 2; *Peters / Sauter / Wolff*, § 75 Anm. 2 a.

70 Vgl. §§ 65 Abs. 3 VwGO; 60 Abs. 4 FGO; 75 Abs. 3 SGG.

auf Beiladung an, so liegt in der Sache selbst kein Unterschied mehr zu derjenigen Regelung vor, daß sich jemand gemäß § 66 Abs. 1 ZPO von sich aus am Verfahren beteiligen darf, ohne daß es eines besonderen Gerichtsbeschlusses bedarf. Der Unterschied liegt nur noch im Verfahren.

Da es im Gegensatz zu den Verfahren nach VwGO, FGO und SGG für die Beteiligung der rechtlich Interessierten im Beschlußverfahren mangels einer entsprechenden Regelung eines Beschlusses durch das Gericht nicht bedarf, so ist auch im Beschlußverfahren eine Beteiligung der rechtlich Interessierten durch Eigeninitiative möglich. Die rechtlich Interessierten können sich am Verfahren von sich aus beteiligen, eine Verpflichtung des Gerichtes, diese von Amts wegen am Verfahren zu beteiligen, besteht nicht.

Derjenige, der ein Interesse an der Entscheidung hat, ist somit im Gegensatz zu demjenigen, der von der Entscheidung unmittelbar in seiner Rechtsstellung betroffen werden kann, kein notwendiger, sondern nur ein fakultativ Verfahrensbeteiligter, da er vom Gericht nicht am Verfahren beteiligt werden muß, jedoch sich von sich aus am Verfahren beteiligen kann. Damit muß man die sonstigen Verfahrensbeteiligten im arbeitsgerichtlichen Beschlußverfahren in *notwendige* und *fakultative* unterteilen.

e) Die Beteiligungsberechtigung

Die Beteiligung der lediglich am Verfahren rechtlich Interessierten ist, wie dargestellt, übereinstimmend in allen Verfahrensordnungen zwar nicht zwingend, aber möglich, und zwar auch nur dann, wenn deren Interessen[71] durch die Entscheidung des Gerichts berührt werden. Dies ist auch sachgerecht, denn würde man Dritte zum Verfahren hinzuziehen oder ihre Beteiligung von sich aus zulassen, die nicht einmal ein Interesse an einer Entscheidung haben, so würde man im Ergebnis zu einer „Popularverfahrensbeteiligung" kommen. So groß ist kein öffentliches Interesse an einem Verfahren, um daran jedermann teilnehmen zu lassen. Dies gilt auch für das arbeitsgerichtliche Beschlußverfahren.

Streitig ist nur, ob die *rechtlichen* Interessen berührt werden müssen, oder ob auch Interessen jeglicher wirtschaftlicher, tatsächlicher oder ideeller Art ausreichen. Für die Nebenintervention und die Beiladung ist das Ergebnis klar, da ausdrücklich rechtliche Interessen verlangt werden[72]. Dagegen stellt § 75 Abs. 1 SGG auch in der Neufassung vom 27. 9. 1975 wiederum auf „berechtigte Interessen" ab, obwohl dem Ge-

---

[71] §§ 66 Abs. 1 ZPO; 65 Abs. 1 VwGO; 60 Abs. 1 FGO; 75 Abs. 1 SGG; heute ganz einhellige Meinung: vgl. *Stahl,* S. 27 mit weiteren Nachweisen.

[72] §§ 66 Abs. 1 ZPO; 65 Abs. 1 VwGO; 60 Abs. 1 FGO.

setzgeber der Streit bekannt war, ob auch hier rechtliche Interessen gegeben sein müssen[73]. Man muß deshalb dem Gesetzgeber den Willen unterstellen, daß er in Übereinstimmung mit der sozialgerichtlichen Rechtssprechung und Literatur auch ein anderes als ein rechtliches Interesse für die Beiladung im sozialgerichtlichen Verfahren als ausreichend erachtet.

Doch wird man im Beschlußverfahren für die Beteiligung von an der Entscheidung Interessierten ein rechtliches Interesse fordern müssen. Zum einen läßt der Begriff des rechtlichen Interesses noch eine einigermaßen brauchbare Abgrenzung zu, wogegen eine Abgrenzung der Verfahrensbeteiligten, wenn auch ein sonstiges Interesse genügt, kaum mehr möglich ist, denn irgendein Interesse an der Entscheidung läßt sich fast für jedermann finden. Zum anderen dient ein Gerichtsverfahren grundsätzlich der Durchsetzung des materiellen Rechtes, und soweit dieses subjektive Rechte entstehen läßt, deren Verwirklichung[74]. Es ist somit kein einleuchtender Grund vorhanden, soweit keine abweichende Regelung besteht, jemand am Verfahren zu beteiligen, der aus seiner Rechtsstellung heraus kein Interesse zumindest an der Durchsetzung des materiellen Rechtes, sondern nur ein Interesse rein tatsächlicher, wirtschaftlicher oder ideeller Art hat.

Ein rechtliches Interesse an der Entscheidung des Gerichtes ist dann gegeben, wenn jemand zu einer oder beiden Prozeßparteien oder zu dem Streitgegenstand in einer solchen Beziehung steht, daß das Unterliegen einer Partei seine *Rechts*lage verbessern, insbesondere einen ihm durch das Obsiegen der anderen Partei drohenden Nachteil abwenden würde[75].

Diese Grundsätze sind auch auf das arbeitsgerichtliche Beschlußverfahren zu übertragen; genauso wie in den anderen Verfahrensordnungen geht es im Beschlußverfahren um die Durchsetzung des materiellen Rechts, soweit dieses subjektive Rechte entstehen läßt, um deren Verwirklichung. Somit ist auch im Beschlußverfahren Zweck der Beteiligung Dritter am Verfahren wie in anderen Verfahrensordnungen[76], daß diese die Möglichkeit erhalten sollen, auf das Verfahren Einfluß zu nehmen, um zu verhindern, daß sich die Entscheidung nachteilig auf ihre Rechtesstellung auswirkt.

---

[73] Auch andere als rechtliche Interessen für ausreichend halten: *Mellwitz*, § 75 Anm. 6; *Peters / Sauter / Wolff*, § 75 Anm. 3 b; *Miesbach / Ankenbrank*, § 75 Anm. 3; dagegen: *Grunsky*, § 30 I 1 a.

[74] Vgl. *Grunsky*, § 1 V.

[75] *Eyermann / Fröhler*, § 65 Anm. 19; *Rosenberg / Schwab*, § 47 II 2; *Thomas / Putzo*, § 66 Anm. 3 c; *Kopp*, § 65 Anm. 3.

[76] *Eyermann / Fröhler*, § 65 Anm. 1; *Stahl*, S. 17 mit Nachweisen.

IV. Die sonstigen Verfahrensbeteiligten in nicht notwendig streitigen Verfahren

Bei der Verfahrensbeteiligung der sonstigen Verfahrensbeteiligten in nicht notwendig streitigen Angelegenheiten gibt es keinen essentiellen Unterschied gegenüber den sonstigen Verfahrensbeteiligten in echten Streitsachen. Abweichungen gibt es nur dadurch, daß in nicht notwendig streitigen Angelegenheiten die sonstigen Verfahrensbeteiligten all diejenigen Personen oder Stellen sind, die außer dem Antragsteller, und nicht wie in echten Streitsachen außer Antragsteller und Antragsgegner, am Verfahren teilnehmen. Jedoch ist, was die Aufgliederung der sonstigen Verfahrensbeteiligten anbelangt, dieselbe Aufgliederung vorzunehmen wie bei den echten Streitverfahren.

Zu berücksichtigen ist jedoch, daß es auch bei den nicht notwendig streitigen Angelegenheiten im Beschlußverfahren die „Streit"genossenschaft gibt[77], die jedoch in einem Verfahren, in welchem niemand als Antragsgegner auftritt, eine „Antragsgenossenschaft" gegen das Gericht darstellt. So ist z. B. im Beschlußverfahren eine „Streit"genossenschaft gegeben, wenn bei der Wahlanfechtung neben dem Arbeitgeber auch noch drei wahlberechtigte Arbeitnehmer die Wahl anfechten. Desgleichen bei einer gemeinsamen Antragstellung von mindestens drei wahlberechtigten Arbeitnehmern gemäß § 19 Abs. 2 BetrVG. Jedoch sind die „Streit"genossen wie auch in den echten Streitsachen von den sonstigen Verfahrensbeteiligten zu trennen, da ja die Streitgenossen Hauptbeteiligte sind, und damit nicht mehr sonstige Verfahrensbeteiligte (Dritte) sein können.

1. Die notwendig sonstigen Verfahrensbeteiligten

§ 83 Abs. 1 S. 1 ArbGG gilt uneingeschränkt sowohl in echten Streitverfahren als auch in nicht notwendig streitigen Verfahren, die im Beschlußverfahren durchzuführen sind. Somit gilt, entsprechend den Ausführungen zu den notwendig sonstigen Verfahrensbeteiligten in echten Streitsachen, auch für nicht notwendig streitige Verfahren, daß gemäß § 83 Abs. 1 S. 1 ArbGG außer dem Antragsteller am Verfahren vom Gericht von Amts wegen zu beteiligen ist, wer durch das konkrete Verfahren in seinen Rechten und Pflichten nach dem BetrVG, dem MitbestG, dem BetrVG 1952 und den zu diesen Gesetzen erlassenen Rechtsverordnungen unmittelbar betroffen sein kann. Auch hier ist also der materiell am Verfahrensgegenstand Beteiligte gemäß § 83 Abs. 1 ArbGG von Amts wegen zum Verfahren hinzuzuziehen und ist schon aus diesem Grunde ein notwendiger verfahrensbeteiligter Dritter. Ein Beispiel für die notwendige sonstige Verfahrensbeteiligung in nicht notwendig streitigen Angelegenheiten ist die Beteiligung des Betriebs-

---

[77] Dies ist auch für die nicht streitigen Angelegenheiten in der freiwilligen Gerichtsbarkeit anerkannt; vgl. *Bärmann*, § 11 I, II; *Habscheid*, § 16 I.

rats, wenn die Gesamtwahl des Betriebsrates gemäß § 19 Abs. 2 BetrVG angefochten wird; der Betriebsrat hat zwar kein Anfechtungsrecht, kann also nicht Antragsteller sein, wird jedoch durch die Entscheidung des Arbeitsgerichtes unmittelbar in seiner Rechtsposition berührt, da über seinen Bestand entschieden wird.

2. Die nicht notwendig sonstigen Verfahrensbeteiligten

Mit den notwendig sonstigen Verfahrensbeteiligten, deren Rechte oder Rechtspositionen durch die Entscheidung unmittelbar berührt werden können, ist jedoch auch wie bei den echten Streitsachen die mögliche Verfahrensbeteiligung Dritter nicht erschöpft. Auch in nicht notwendig streitigen Angelegenheiten gibt es Personen oder Stellen, die von der Entscheidung zwar nicht unmittelbar betroffen werden können, jedoch an ihr ein rechtliches Interesse haben. Wird z. B. nicht die Gesamtwahl des Betriebsrates angefochten, sondern nur die eines einzelnen Betriebsratsmitgliedes, so wird allein dieses Betriebsratsmitglied von der Entscheidung des Arbeitsgerichtes unmittelbar in seiner Rechtsstellung als Betriebsratsmitglied betroffen; betroffen wird nicht der Betriebsrat als Gremium, da es nicht um seinen Bestand geht; jedoch hat das Organ ein rechtliches Interesse an seiner bisherigen Zusammensetzung[78].

Auch hier ist das Gericht, aus denselben Gründen wie unter 3. Kap. C. III. 4. dargelegt, nicht verpflichtet, die lediglich rechtlich Interessierten von Amts wegen am Verfahren zu beteiligen, es sei denn, deren Beteiligung ist ausdrücklich gesetzlich angeordnet. Jedoch können sich auch hier diejenigen Personen oder Stellen, die ein rechtliches Interesse an der Entscheidung haben, von sich aus am Verfahren beteiligen.

V. Die entsprechende Anwendung der Beiladungsregelung

Da im zivilprozessualen Verfahren die Beteiligung Dritter am Rechtsstreit durch Nebenintervention und Streitverkündung und im Verwaltungs-, Finanz- und Sozialgerichtsverfahren über das Institut der Beiladung erfolgt, ist es zweckmäßig, für die Regelung der Verfahrensbeteiligung Dritter im arbeitsgerichtlichen Beschlußverfahren diese gesetzlichen Regelungen vergleichend heranzuziehen.

1. Abgrenzung von Nebenintervention und Beiladung

Die Beiladung hat Ähnlichkeit mit der Nebenintervention und der Streitverkündung. Bei diesen Rechtsinstituten geht es um die Betei-

---

[78] Vgl. BAG AP Nr. 1 zu § 83 ArbGG.

ligung Dritter an einem zwischen anderen anhängigen Rechtsstreit. Es soll Dritten, die nicht zu den Hauptbeteiligten eines Rechtsstreites gehören, deren rechtliche Interessen aber durch die Entscheidung berührt werden, die Möglichkeit zur Beteiligung am Verfahren gegeben werden, um auf die Entscheidung des Gerichtes Einfluß nehmen zu können. Es besteht Einigkeit darüber, daß die Beiladung alle Funktionen der Nebenintervention und der Streitverkündung mitumfaßt[79]. Der grundsätzliche Unterschied zwischen Nebenintervention und Beiladung besteht darin, daß die Beiladung nur durch Gerichtsbeschluß, nicht aber im Wege der Parteidisposition erfolgen kann, und daß der Beigeladene nicht wie der Nebenintervenient eine bestimmte Partei unterstützen muß, sondern daß er auch beide Parteien gleichzeitig oder abwechselnd bekämpfen kann[80]. Letzteres ergibt sich daraus, daß der Beigeladene gemäß § 65 Abs. 1 VwGO nur ein rechtliches Interesse an der Entscheidung haben muß, der Nebenintervenient gemäß § 66 Abs. 1 ZPO dagegen ein rechtliches Interesse daran, daß eine Partei obsiegt.

2. Gründe für die entsprechende Anwendung der Beiladungsregelung

Genau wie bei der Nebenintervention und Beiladung liegt bei der Verfahrensbeteiligung Dritter im arbeitsgerichtlichen Beschlußverfahren derselbe Zweck vor, diesen Dritten eine Einflußmöglichkeit auf die Entscheidung des Gerichtes zu geben, weil sie entweder von der Entscheidung unmittelbar in ihrer Rechtsstellung betroffen oder durch sie wenigstens in ihren rechtlichen Interessen berührt werden können. Dabei entspricht die Regelung der Beiladung mehr der Situation im arbeitsgerichtlichen Beschlußverfahren.

a) Unterscheidung von notwendiger und einfacher Beiladung

Die Beiladung wird unterschieden in notwendige und einfache Beiladung. Dabei ist die notwendige Beiladung für das Gericht zwingend, die einfache steht im Ermessen des Gerichtes (solange der zur einfachen Beiladung Berechtigte die Beiladung von sich aus nicht verlangt[81]). Im arbeitsgerichtlichen Beschlußverfahren ergibt sich eine ähnliche Situation. Im Gegensatz zur ZPO aber in Übereinstimmung zur Regelung der notwendigen Beiladung in VwGO, FGO und SGG ist durch § 83 Abs. 1 ArbGG die Verpflichtung des Gerichts enthalten, diejenigen, die unmittelbar in ihrer Rechtsstellung durch die Entscheidung betroffen werden können, von Amts wegen zum Verfahren hinzuzuziehen. Dagegen ist eine solche Verpflichtung für das Gericht in der ZPO nicht

---

[79] *Eyermann / Fröhler*, § 65 Anm. 6; *Grunsky*, § 30 I 1; *Ule*, § 22 I 1.
[80] *Eyermann / Fröhler*, § 65 Anm. 3; *Bettermann*, DVBl. 1951, 39 ff.
[81] Vgl. *Grunsky*, § 30 I 1 b; ferner unter 3. Kap. C. III. 4. d.

geregelt, so daß deshalb gerade unter dem Blickpunkt des Anspruches auf rechtliches Gehör zu Recht die entsprechende Anwendbarkeit der verwaltungsprozessualen Grundsätze über die notwendige Beiladung auch im Zivilprozeß gefordert wird[82]; denn was nutzt einer Person oder Stelle die Möglichkeit, sich aus eigener Initiative am Verfahren zu beteiligen, wenn sie von dem Prozeß gar nichts weiß. Aber auch für den fakultativ verfahrensbeteiligten Dritten im arbeitsgerichtlichen Beschlußverfahren ist die Regelung der einfachen Beiladung in VwGO, FGO und SGG zweckmäßiger als die der Nebenintervention in der ZPO, wo eine Beteiligung von Amts wegen nicht vorgesehen ist. Denn es ist geboten, daß das Gericht auch den fakultativ Verfahrensbeteiligten zum Verfahren hinzuziehen kann, wenn es dies für zweckmäßig hält; der Grund hierfür liegt darin, daß im Beschlußverfahren genauso wie im verwaltungsgerichtlichen Verfahren und im Gegensatz zum zivilprozessualen Verfahren an der Behandlung und Entscheidung der erfaßten Angelegenheiten ein starkes öffentliches Interesse besteht; dies hat in VwGO, FGO und SGG in der Macht des Richters Ausdruck gefunden, die an der Entscheidung rechtlich Interessierten von Amts wegen zum Verfahren hinzuzuziehen[83], so daß die entsprechende Anwendbarkeit dieser Regelung auch auf das Beschlußverfahren geboten ist.

b) Kein Erfordernis des rechtlichen Interesses am Obsiegen einer Partei

Die Beiladung entspricht auch insofern mehr der Drittbeteiligung im Beschlußverfahren als die Nebenintervention, da sie nicht ein rechtliches Interesse am Obsiegen einer Partei, sondern nur ein rechtliches Interesse an der Entscheidung verlangt. Die Nebenintervention erfolgt zum Zwecke der Unterstützung einer Hauptpartei, dies kann aber nicht der Sinn der Beteiligung Dritter im Beschlußverfahren sein. Dies ergibt sich beispielsweise aus der Regelung des § 78 a Abs. 4 BetrVG, wo der Betriebsrat Verfahrensbeteiligter an einem Verfahren zwischen Arbeitgeber und Auszubildendem ist. Wenngleich nun dieses Verfahren nach Ansicht des BAG[84] im Urteilsverfahren durchzuführen ist, so paßt für die Beteiligung des Betriebsrates die Nebenintervention schon insoweit nicht, als der Betriebsrat nicht zur Streithilfe verpflichtet ist. Wie *Herschel*[85] zu Recht darauf hinweist, wird die Beteiligung deshalb gestattet, damit der Beteiligte in die Lage versetzt wird, seinen eigenen Standpunkt darzulegen und seiner eigenen Rechtsauffassung zum Siege zu verhelfen. Eine Pflicht zur Streithilfe wäre mit dem Wesen einer

---

[82] Vgl. *Schlosser*, JZ 1967, 434; *Grunsky*, § 25 II 3.
[83] Vgl. dazu *Kollhosser*, S. 405.
[84] NJW 1976, 1230.
[85] DB 1976, 1287.

solchen Beteiligung am Verfahren nicht vereinbar. Die Pflicht zur Streithilfe ist aus grundsätzlichen Erwägungen schon deshalb im Beschlußverfahren nicht angebracht, weil das Beschlußverfahren im Gegensatz zum zivilprozessualen aber in Übereinstimmung zum Verwaltungs-, Finanz- und Sozialgerichtsverfahren nicht nur einseitig und alleine die Durchsetzung subjektiver Rechte zum Ziele hat, sondern daneben verstärkt auch öffentliche Interessen berücksichtigt, und die Durchsetzung und Aufrechterhaltung des objektiven Rechtes anstrebt. Deshalb darf der Dritte nicht verpflichtet werden, nur eine Partei zu unterstützen, sondern muß gegen die Rechtsstandpunkte aller Hauptbeteiligten gleichzeitig oder abwechselnd opponieren können. Da die Regelung der Beiladung dies erlaubt, so ist sie auch hierin für das arbeitsgerichtliche Beschlußverfahren mehr geeignet als die Nebenintervention.

3. Notwendige Abweichung von der Beiladungsregelung

Jedoch ist gegenüber der Regelung der einfachen Beiladung insofern für das Beschlußverfahren eine Änderung angebracht, als sich die sonstigen Verfahrensbeteiligten, die entweder durch die Entscheidung unmittelbar betroffen oder in ihren rechtlichen Interessen berührt werden können, auch von sich aus am Verfahren beteiligen können. Denn wenn man nach richtiger Ansicht[86] auch dem einfachen Beigeladenen einen Anspruch auf Beiladung zubilligen muß, so bedeutet es in der Sache keinen Unterschied, wenn sich dieser bereits von sich aus ohne den Formalakt eines Gerichtsbeschlusses am Verfahren beteiligen kann. Abweichend von der Beiladung ist somit im Beschlußverfahren für die Hinzuziehung der sonstigen Verfahrensbeteiligten durch das Gericht nur, daß dies keines förmlichen Beschlusses bedarf; dies bedeutet aber keinen Unterschied in der Sache, sondern nur im Verfahren, da der Beschluß wegen des Anspruches auf Beiladung nur ein Formalakt ist. Die Rechtsform der Beiladung mit Regelung der notwendigen und einfachen Beiladung ist aber breit genug, um die Beteiligung von notwendigen und fakultativen sonstigen Verfahrensbeteiligten (Dritten) im Beschlußverfahren zu erfassen.

VI. Die verfahrensrechtliche Stellung der sonstigen Verfahrensbeteiligten

Fraglich ist, ob mit dem reinen „Hören" die verfahrensrechtliche Stellung der sonstigen Verfahrensbeteiligten erschöpft ist, oder ob diesen verfahrensrechtliche Befugnisse innerhalb des Beschlußverfahrens zustehen.

---

[86] Vgl. 3. Kap. C. III. 4. d.

1. Mit dem „Hören“ ist die verfahrensrechtliche Stellung nicht erschöpft

Aus der Regelung in § 83 Abs. 1 S. 1 ArbGG, daß die Beteiligten zu hören sind, kann nicht geschlossen werden, daß mit dem reinen Gehörtwerden alleine deren Verfahrensbeteiligung erschöpft ist[87]. § 83 Abs. 1 S. 1 ArbGG ist, wie dargestellt, eine Ausgestaltung des Anspruches auf rechtliches Gehör; es ist jedoch anerkannt, daß sich der Inhalt des Anspruches auf rechtliches Gehör nicht im reinen Gehörtwerden erschöpft, sondern auch das Recht umfaßt, vor Gericht Anträge zu stellen und Ausführungen zu machen[88]. Insoweit bedeutet auch das Hören in § 83 Abs. 1 S. 1 ArbGG nicht notwendig eine Beschränkung auf das bloße Angehörtwerden. Auch das BAG begreift das Hören nicht nur als bloßes Anhören, indem es z. B. im Verfahren gemäß § 103 Abs. 2 BetrVG den beteiligten Arbeitnehmer als befugt ansieht, einem Antrag des Antragsstellers „entgegenzutreten“[89].

2. Verfahrensrechtliche Befugnisse entsprechend der Beiladung

Das Institut der Beiladung dient neben den Interessen der Dritten, auf das Verfahren Einfluß zu nehmen, auch der Prozeßökonomie, indem Dritte an die zwischen den Hauptparteien ergehenden Entscheidungen zweckmäßigerweise oder notwendigerweise gebunden werden[90]. Die wichtigste Wirkung der Beiladung besteht nämlich darin, daß das Urteil den Beigeladenen gegenüber in Rechtskraft erwächst (§§ 121 VwGO, 110 Abs. 1 FGO, 141 Abs. 1 SGG). Die Beiladung ist also ein Mittel, die subjektiven Grenzen der Rechtskraft zu erweitern, den Wirkungsbereich auf Dritte zu erstrecken[91] und damit Prozeßökonomie und Rechtssicherheit zu fördern, denen ja das Institut der materiellen Rechtskraft dient.

Neben der Verwirklichung des Anspruches auf rechtliches Gehör dient die Beteiligung der sonstigen Beteiligten am arbeitsgerichtlichen Beschlußverfahren genauso auch der Prozeßökonomie und der Rechtssicherheit. Es liegt hier insoweit dieselbe Situation vor wie in den verwaltungsgerichtlichen Verfahren. Die Endbeschlüsse gemäß § 84 ArbGG sind, wie heute fast einhellig anerkannt, der formellen und materiellen Rechtskraft fähig[92]. Für die formelle Rechtskraft ergibt sich

---

[87] So aber wohl *Grunsky*, ArbGG § 83 Anm. 2.

[88] *Maunz / Dürig*, Art. 103 I Anm. 30; BVerfG 6, 19; BayObLG NJW 1960, 43; *Röhl*, NJW 1958, 1268; *Kollhosser*, S. 84.

[89] BAG EzA § 103 BetrVG Nr. 6, 7 und 9.

[90] Vgl. *Redeker / v. Oertzen*, § 65 Anm. 1; *Eyermann / Fröhler*, § 65 Anm. 1.

[91] *Bettermann*, DVBl. 1951, 74.

[92] Vgl. BAG 21, 139; *Grunsky*, § 80 ArbGG Anm. 58; *Rohlfing / Rewolle*, § 84 Anm. 4.

dies bereits aus §§ 85 Abs. 1, 87 Abs. 3 und 92 Abs. 3 ArbGG, für die materielle Rechtskraft aus § 80 Abs. 2 ArbGG, wonach auch im Beschlußverfahren die Wiederaufnahmevorschriften des Urteilsverfahrens gelten; das Wiederaufnahmeverfahren setzt aber Entscheidungen voraus, die materiell rechtskräftig sind; ferner ergibt sich dies auch aus § 85 Abs. 1 S. 1 ArbGG, wonach die Zwangsvollstreckung aus rechtskräftigen Beschlüssen stattfindet. Mit dem BAG[93] ist anzuerkennen, daß sich im Beschlußverfahren ebenso wie in den anderen Verfahrensordnungen aus Gründen der Rechtssicherheit die materielle Rechtskraft auch auf alle Verfahrensbeteiligten und damit auch auf die sonstigen Verfahrensbeteiligten erstreckt. Ein Grund, die sonstigen Verfahrensbeteiligten (Dritten) aus der Rechtskrafterstreckung herauszunehmen, ist nicht ersichtlich. Im Gegenteil: für den notwendig sonstigen Verfahrensbeteiligten ist dies schon deshalb nötig, weil die Entscheidung unmittelbar auf seine Rechtsstellung einwirken kann und für den fakultativ sonstigen Beteiligten ist dies genauso zweckmäßig wie für den einfachen Beigeladenen im Verwaltungsprozeß, um eine möglichst große Rechtssicherheit zu erreichen, indem alle am Verfahren Beteiligten auch an die Entscheidung gebunden werden, und danach aus Gründen der Prozeßökonomie der Wirkungskreis der Entscheidung möglichst weit erstreckt werden kann. Wenn nun aber die zwischen den Hauptbeteiligten ergehende Entscheidung auch die am Verfahren beteiligten Dritten binden soll, so sind ihnen auch im Beschlußverfahren dieselben verfahrensrechtlichen Befugnisse einzuräumen wie den Dritten in den anderen Verfahrensordnungen, ebenso wie dort zu dem Zwecke, die Entscheidung beeinflussen zu können.

3. Die Befugnisse der nicht notwendig verfahrensbeteiligten Dritten

a) In streitigen Verfahren

Im Beschlußverfahren wie im verwaltungsgerichtlichen Verfahren streitet der Dritte, der ein rechtliches Interesse an der Entscheidung hat, zwar im eigenen Interesse, jedoch über fremde Rechte und Rechtsverhältnisse. Er nimmt zwar seine Interessen wahr, macht aber nicht eigene Rechte geltend, sondern hilft im eigenen Interesse, fremde Rechte geltend zu machen, zu verteidigen oder abzuwehren[94]. Daraus folgt logisch, daß der Dritte keinen Einfluß über den Streitgegenstand haben kann und nicht über den zwischen den Hauptparteien anhängigen Streitstand verfügen darf. Damit kann er weder von den Hauptbeteiligten abweichende Sachanträge stellen[95], noch den Streitgegenstand ändern,

---

[93] BAG 21, 139.

[94] *Bettermann*, DVBl. 1951, 40.

noch das Verfahren, sei es durch Klagerücknahme, Vergleich oder Erledigungserklärung, beenden. Der fakultativ verfahrensbeteiligte Dritte muß Verfügungen der Hauptbeteiligten über den Streitgegenstand hinnehmen, da es ja um deren Recht geht. Er kann somit nicht verhindern, daß die Hauptbeteiligten im Widerspruch zu seinen Interessen das Verfahren durch Klagerücknahme, Vergleich oder Erledigungserklärung beenden. Eine Zustimmung des fakultativ verfahrensbeteiligten Dritten ist dazu nicht erforderlich[96].

Der fakultativ sonstige Verfahrensbeteiligte hat aber einen Anspruch darauf, zu den Terminen geladen zu werden, ihm sind die Schriftsätze und die Entscheidungen des Gerichtes zuzustellen; um auf die Entscheidung des Gerichtes Einfluß nehmen zu können, muß es ihm auch gestattet sein, im Rahmen der Sachanträge der Hauptbeteiligten Anträge zu stellen, Rechtsbehauptungen und tatsächliche Ausführungen vorzubringen, Beweise zu führen, Fragen an Hauptbeteiligte, Zeugen und Sachverständige zu stellen, einen Vertreter zu bestellen, Akten einzusehen, Urkunden und Schriftsätze einzureichen[97]. Diese Befugnisse sind erforderlich, da ja die Entscheidung des Gerichtes auch dem fakultativ beteiligten Dritten gegenüber Wirkungen erzeugen kann und soll.

b) *In nicht notwendig streitigen Verfahren*

Die verfahrensrechtliche Stellung der sonstigen Verfahrensbeteiligten ist in nicht notwendig streitigen Angelegenheiten dadurch geprägt, daß prozessual ein Antragsgegner nicht notwendig vorhanden ist, wenngleich auch Personen oder Stellen vorhanden sein können, die mit dem Antrag des Antragstellers materiell nicht einverstanden sind und prozessual diesem Antrag entgegentreten. Auch der fakultativ verfahrensbeteiligte Dritte beteiligt sich zwar im eigenen Interesse, jedoch geht es in dem Verfahren nicht um seine, sondern um fremde Rechte oder Rechtspositionen. Auch hier ergibt sich zum echten Streitverfahren insofern kein Unterschied, als auch hier der fakultativ verfahrensbeteiligte Dritte keinen Einfluß und keine Verfügungsmöglichkeit auf den Verfahrensgegenstand haben kann. Auch der fakultativ verfahrensbeteiligte Dritte kann somit an dem vom Antragsteller bestimmten Verfahrensgegenstand nichts ändern. Er ist an den Sachantrag des Antragstellers gebunden. Er muß zulässige Verfügungen des Antragstellers über den Verfahrensgegenstand hinnehmen. Er kann

---

95 Dies ist in §§ 66 Abs. 1 VwGO, 60 Abs. 4 FGO, 75 Abs. 4 SGG ausdrücklich geregelt.

96 Vgl. dazu für den einfachen Beigeladenen im Verwaltungsprozeß: *Eyermann / Fröhler*, § 66 Anm. 6 ff.; *Bettermann*, DVBl. 1951, 40; *Redeker / v. Oertzen*, § 66 Anm. 6.

97 Vgl. für den einfachen Beigeladenen: *Eyermann / Fröhler*, § 66 Anm. 5.

nicht verhindern, daß der Antragsteller das Verfahren z. B. durch Antragsrücknahme beendet. Seine Zustimmung ist dazu nicht erforderlich. Aber auch er hat, genau wie die fakultativ sonstigen Verfahrensbeteiligten in den echten Streitsachen, einen Anspruch darauf, vom Antragsteller abweichende Verfahrensanträge zu stellen, Rechtsbehauptungen und tatsächliche Ausführungen vorzubringen, Beweise zu führen, Fragen an Antragsteller, notwendig sonstige Verfahrensbeteiligte, Zeugen und Sachverständige zu stellen, einen Vertreter zu bestellen, Akten einzusehen, Urkunden und Schriftsätze einzureichen.

4. Die Befugnisse der notwendig verfahrensbeteiligten Dritten

a) In streitigen Verfahren

Beim notwendig verfahrensbeteiligten Dritten ergibt sich bezüglich seiner verfahrensrechtlichen Stellung insofern eine Abweichung gegenüber dem fakultativ verfahrensbeteiligten Dritten, da die Entscheidung diesen *unmittelbar* in seiner Rechtsstellung betreffen kann; die Entscheidung berührt also nicht nur dessen rechtliche Interessen, sondern kann unmittelbar in das Recht bzw. in eine Rechtsposition des Dritten eingreifen. Es geht deshalb auch um sein Recht[98]. Deshalb ist es notwendig, diesem eine Einwirkung auf die Dispositionsbefugnis der Haupt beteiligten zu gestatten.

Strittig ist jedoch, wie stark die Einflußmöglichkeit des notwendig am Verfahren beteiligten Dritten ist. So darf der notwendig Beigeladene im Verwaltungsprozeß zwar von den Hauptbeteiligten abweichende Sachanträge stellen (im Gegensatz zum einfachen Beigeladenen, der nur abweichende Verfahrensanträge stellen darf), die freilich auf den durch den Streitgegenstand gezogenen Rahmen beschränkt sind; aber auch der notwendig Beigeladene kann den Streitgegenstand nicht ändern oder erweitern[99]. Der notwendig verfahrensbeteiligte Dritte hat im Rahmen des Streitgegenstandes die prozessuale Stellung einer Partei, und zwar, da er stets materiell auf seiten einer Partei am Streitgegenstand beteiligt ist, die Stellung eines notwendigen Streitgenossen[100]; er besitzt somit die Fähigkeit zur Vornahme von Parteihandlungen auch mit Wirkung für oder gegen die Partei, der er durch die materielle Rechtslage zugeordnet ist. Die Befugnis des notwendig Beigeladenen im Verwaltungsprozeß wie die des notwendig verfahrensbeteiligten Dritten im arbeitsgerichtlichen Beschlußverfahren zur Verfügung über den Streitgegenstand ist beschränkt durch den Umfang

---

[98] *Grunsky*, § 30 II 2.

[99] OVG Münster, OVG 8, 121.

[100] Vgl. *Eyermann / Fröhler*, § 66 Anm. 21.

der materiellen Beteiligung am Streitgegenstand; der notwendig verfahrensbeteiligte Dritte kann somit nicht allein einen Vergleich abschließen, sondern nur zusammen mit dem materiell beteiligten Antragsteller und Antragsgegner[101].

Uneinigkeit besteht jedoch darüber, ob und inwieweit die Hauptbeteiligten des Verfahrens gegen den Willen des notwendig Beigeladenen bzw. des notwendig verfahrensbeteiligten Dritten das Verfahren beenden können, ob also für die Klage-(Antrags-)rücknahme, den Klage-(Antrags-)verzicht, das Klage-(Antrags-)anerkenntnis, den Vergleich und die Erledigungserklärung in der Hauptsache die Zustimmung des notwendig Beigeladenen bzw. des notwendig verfahrensbeteiligten Dritten erforderlich ist. Zur Lösung dieser Frage wird man davon ausgehen müssen, ob über den Streitgegenstand durch die Maßnahme der Hauptbeteiligten verfügt wird; wo dies der Fall ist, wird zugleich auch das Recht der notwendig am Verfahren beteiligten Dritten betroffen, so daß auch hierzu seine Zustimmung erforderlich ist. Deshalb ist diese zu verlangen bei Anerkenntnis und Verzicht und auch bei einem Prozeßvergleich, nicht dagegen bei Klagerücknahme und auch nicht bei der Erledigungserklärung in der Hauptsache, da hierbei eine Verfügung über den Streitgegenstand nicht erfolgt, sondern nur über das Verfahren als solches. Für die Klagerücknahme liegt dies klar auf der Hand, denn der Kläger bzw. der Antragsteller kann jederzeit erneut über denselben Streitgegenstand ein neues Verfahren anhängig machen; für die Erledigungserklärung ergibt sich dies daraus, daß durch sie eine Verfügung über die Hauptsache nicht getroffen wird, sondern lediglich das Verfahren ohne rechtskräftige Entscheidung in der Hauptsache beendet wird, so daß der Kläger bzw. der Antragsteller das Verfahren später genauso wie im Falle der Klage- bzw. Antragsrücknahme erneut anstrengen kann[102]. Da durch die Antragsrücknahme und die Erledigungserklärung in der Hauptsache keine rechtskräftige Entscheidung über den Streitgegenstand getroffen wird, so werden auch die Rechte des notwendig verfahrensbeteiligten Dritten nicht beeinträchtigt.

b) In nicht notwendig streitigen Verfahren

Bei den notwendig sonstigen Verfahrensbeteiligten in nicht notwendig streitigen Angelegenheiten ergibt sich dieselbe Situation wie bei den notwendigen sonstigen Verfahrensbeteiligten in echten Streitsachen. Sie können durch die Entscheidung des Gerichtes unmittelbar in ihrer Rechtsstellung betroffen werden; die Entscheidung berührt nicht nur ihre rechtlichen Interessen, sondern kann unmittelbar in ihre eigenen

---

[101] Vgl. für den notwendig Beigeladenen: *Eyermann / Fröhler*, § 66 Anm. 23.

[102] Vgl. *Grunsky*, § 12 II 1.

Rechte bzw. Rechtspositionen eingreifen. Es geht deshalb auch um deren Rechte. Deshalb ist es auch hier nötig, diesen eine Einwirkung auf die Dispositionsbefugnisse des Antragstellers, soweit vorhanden, zu gestatten. So kann der notwendig sonstige Verfahrensbeteiligte auch in nicht notwendig streitigen Angelegenheiten vom Antragsteller abweichende Sachanträge stellen, die jedoch auch hier auf den durch den Verfahrensgegenstand gezogenen Rahmen beschränkt sind. Auch kann außer vom Antragsteller der Verfahrensgegenstand nicht geändert oder erweitert werden. Durch vom Antragstellerantrag abweichende Sachanträge kann der notwendig sonstige Verfahrensbeteiligte zum Antragsgegner werden, wenngleich ein Antragsgegner nicht notwendig vorhanden sein muß. Er hat auch hier die vergleichbare Stellung einer Partei; steht er materiell auf seiten des Antragstellers, so hat er auch die Stellung eines notwendigen Streitgenossen, da die Entscheidung notwendig einheitlich ergehen muß; steht er materiell im Gegensatz zum Antragsteller, so übernimmt er die Rolle des Antragsgegners und muß dem Antragsteller auch mit einem eigenen Sachantrag entgegentreten können. Er wird, obwohl sich der Antrag des Antragstellers nicht formell gegen ihn richtet, zum Antragsgegner.

Auch in nicht notwendig streitigen Angelegenheiten ist eine Verfügung über den Verfahrensgegenstand ohne Zustimmung des notwendig sonstigen Verfahrensbeteiligten unwirksam. Hierunter fallen jedoch nicht die Antragsrücknahme und die Erledigungserklärung, da hierin nach richtiger Ansicht eine Verfügung über den Verfahrensgegenstand nicht zu erblicken ist.

Jedoch ist es durchaus möglich, daß zwischen Antragsteller und notwendig sonstigen Verfahrensbeteiligten ein Vergleich zustande kommt über Verfahrensgegenstände, über die verfügt werden kann. Zwar ist bei einer Anfechtung der Betriebsratswahl ein Vergleich zwischen Antragsteller und dem notwendig verfahrensbeteiligten Betriebsrat über die Wirksamkeit oder Unwirksamkeit der Wahl nicht möglich, da über den Verfahrensgegenstand nicht verfügt werden kann[103]. Jedoch wäre ein Vergleich zwischen Betriebsrat als Antragsteller in einem Verfahren auf Bestellung eines Vorsitzenden der Einigungsstelle mit dem notwendig gemäß § 83 Abs. 1 S. 1 ArbGG am Verfahren beteiligten Arbeitgeber möglich, da über diesen Verfahrensgegenstand verfügt werden kann.

Die notwendig sonstigen Verfahrensbeteiligten in nicht notwendig streitigen Verfahren haben prinzipiell keine andere Stellung und keine anderen Befugnisse wie die notwendig sonstigen Verfahrensbeteiligten in Streitsachen mit der Abweichung, daß sie, wenn sie vom Antragstel-

---

103 Vgl. *Dietz / Richardi*, § 19 Anm. 35

ler abweichende Anträge stellen, die Position eines bis dahin nicht vorhandenen Antragsgegners einnehmen und damit zum Antragsgegner werden und nicht als Streitgenossen neben einen bereits vorhandenen Antragsgegner treten.

VII. Zusammenfassung

Mit Antragsteller und Antragsgegner (wo notwendig vorhanden) ist der Kreis der Verfahrensbeteiligten am arbeitsgerichtlichen Beschlußverfahren noch nicht erschöpft. Die Verfahrensbeteiligten können untergliedert werden in Hauptverfahrensbeteiligte und in sonstige Verfahrensbeteiligte. Hauptverfahrensbeteiligte sind Antragsteller und Antragsgegner. Die sonstigen Verfahrensbeteiligten sind Dritte in einem fremden Verfahren.

Die sonstigen Verfahrensbeteiligten sind zu untergliedern in notwendig sonstige Verfahrensbeteiligte und in fakultativ sonstige Verfahrensbeteiligte.

Bei der Bestimmung der notwendig sonstigen Verfahrensbeteiligten ist von § 83 Abs. 1 S. 1 ArbGG auszugehen. Darunter fallen diejenigen Personen oder Stellen, die nach dem BetrVG, dem MitbestG, dem BetrVG 1952 und den zu diesen Gesetzen erlassenen Rechtsverordnungen im einzelnen Falle materiell am Verfahrensgegenstand beteiligt sind und deshalb in ihren Rechten und Rechtspositionen durch die Entscheidung des Gerichtes betroffen werden können. Zur Beteiligung dieser Personen oder Stellen ist das Gericht von Amts wegen verpflichtet.

Nicht von § 83 Abs. 1 S. 1 ArbGG werden dagegen diejenigen Personen oder Stellen erfaßt, deren Rechte und Pflichten zwar durch das Verfahren nicht betroffen werden können, die aber ein rechtliches Interesse an der Entscheidung des Gerichtes haben. Ihre Verfahrensbeteiligung ist für das Gericht nicht zwingend, sie können jedoch vom Gericht aus Gründen der Prozeßökonomie und der Rechtssicherheit am Verfahren beteiligt werden, und sie haben auch das Recht, sich von sich aus am Verfahren zu beteiligen.

Mit dem reinen „Hören" sind die verfahrensrechtlichen Befugnisse der sonstigen Verfahrensbeteiligten nicht erschöpft. Eine Regelung der verfahrensrechtlichen Stellung der sonstigen Verfahrensbeteiligten ist im Gesetz nicht enthalten; es ist geboten, die Regelung über die Beiladung in der VwGO und ihre Ausgestaltung, die sie durch Rechtsprechung und -lehre erfahren hat, auf das Beschlußverfahren zu übernehmen.

Literaturverzeichnis

Auffarth, F. und R. *Schönherr*: Arbeitsgerichtsgesetz, Kommentar, 3. Auflage 1974.

Bachof, O.: Verfassungsrecht, Verwaltungsrecht, Verfahrensrecht in der Rechtsprechung des Bundesverwaltungsgerichtes, Bd. I, Tübingen 1966, Bd. II, Tübingen 1967.

Bärmann, J.: Echtes Streitverfahren in der freiwilligen Gerichtsbarkeit, AcP 154, 373.

— Freiwillige Gerichtsbarkeit u. Notarrecht, Berlin—Heidelberg 1968.

Barnstedt, F.: Gesetz über das gerichtliche Verfahren in Landwirtschaftssachen, 2. Auflage 1968.

Baumbach, A., W. *Lauterbach*, J. *Albers* und P. *Hartmann*: Zivilprozeßordnung, Kommentar, 33. Auflage, München 1975.

Baur, F.: Der Anspruch auf rechtliches Gehör, AcP 153, 393.

Bettermann, K. A.: Zur Verbandsklage, ZZP 85, 133.

— Über die Beiladung im Verwaltungsstreitverfahren und vom Nutzen der Prozeßvergleichung und einer allgemeinen Prozeßrechtslehre, DVBl. 1951, 39, 72.

— Gewerberechtliche Nachbarklage, NJW 1961, 1098.

— Wesen und Streitgegenstand der verwaltungsgerichtlichen Anfechtungsklage, DVBl. 1953, 163, 202.

— Klagebefugnis und Aktivlegitimation im Anfechtungsprozeß, in Staatsbürger und Staatsgewalt, Jubiläumsschrift 1963, Bd. II S. 449.

Biedenkopf, K.: Anmerkungen zum Betriebsverfassungsgesetz 1972, BB 1972, 1513.

Blomeyer, A.: Zivilprozeßrecht, Erkenntnisverfahren, Berlin—Göttingen—Heidelberg 1963.

Blomeyer, W.: Der Interessenkonflikt zwischen Arbeitnehmer und Betriebsrat bei Individualmaßnahmen, Gedächtnisschrift für Rolf Dietz, S. 147 ff., München 1973.

Bötticher, E.: Abänderbarkeit und Rechtskraft im Funktionsbereich der Freiwilligen Gerichtsbarkeit, JZ 1956, 582.

Bruns, R.: Zivilprozeßrecht, München 1968.

Buchner, H.: Anm. zum Beschluß des BAG vom 26. 11. 1968, SAE 1969, 232.

— Anm. zum Beschluß des BAG vom 5. 2. 1971, SAE 1972, 125.

— Anm. zum Beschluß des BAG vom 3. 6. 1969, SAE 1970, 165.

de Boor, H. O.: Zur Lehre vom Parteiwechsel und vom Parteibegriff, Leipzig 1941.

Depéne, H.: Arbeitsgerichtsgesetz, Kommentar, 2. Auflage 1932.

Dersch / Volkmar: Arbeitsgerichtsgesetz, Kommentar, 6. Auflage, Berlin und Frankfurt 1955.

Dietz, R.: Anm. zum Beschluß des BAG vom 18. 3. 1964, AP Nr. 1 zu § 45 BetrVG 52.

— Die neue Arbeits- und Sozialgerichtsbarkeit, DRiZ 1954, 25.

— Personalvertretungsgesetz, Kommentar, München—Berlin 1956.

Dietz, R. und A. *Nikisch:* Arbeitsgerichtsgesetz, Kommentar, München und Berlin 1954.

Dietz, R. und R. *Richardi:* Betriebsverfassungsgesetz, Kommentar, 5. Auflage, München 1973.

Dütz, W.: Anm. zum Beschluß des BAG vom 30. 1. 1973, AR-Blattei, Arbeitsgerichtsbarkeit XII E 58.

— Anm. zum Beschluß des BAG vom 15. 12. 1972, SAE 1975, 37.

— Anm. zum Beschluß des BAG vom 13. 3. 1973, AP Nr. 1 zu § 20 BetrVG.

— Anm. zum Urteil des BAG vom 17. 9. 1974, AP Nr. 17 zu § 37 BetrVG.

— Anm. zum Beschluß des BAG vom 29. 1. 1974, EzA § 40 BetrVG Nr. 14.

— Einstweiliger Rechts- und Interessenschutz in der Betriebsverfassung, ZfA 1972, 247.

— Verfahrensrecht in der Betriebsverfassung, ArbuR 1973, 353.

— Anm. zum Beschluß des BAG vom 12. 10. 76, SAE 1978, 5.

Dütz, W. und F. J. *Säcker:* Zum Umfang der Kostenerstattungs- und Kostenvorschußpflicht des Arbeitgebers gem. § 40 BetrVG, DB 1972, Beilage Nr. 17.

Engelhard: Die Verwaltungsgerichtsordnung und das Verfahren in Personalvertretungssachen, Die Personalvertretung 1960, 50.

Engelhard, H. und G. *Ballerstedt:* Personalvertretungsgesetz Niedersachsen, Kommentar, 2. Auflage, Neuwied 1962.

Engelhardt, H.: Zur Klagebefugnis im Verwaltungsprozeß, JZ 1961, 588.

Erdmann, E.-G., C. *Jürging* und K.-U. *Kammann:* Betriebsverfassungsgesetz, Kommentar, 1972.

Erichsen, H.-U.: Zur Regelung der Klagebefugnis in § 42 Abs. 2 VwGO, Verw.Arch. 64, 319.

Etzel, G.: Probleme des arbeitsgerichtlichen Beschlußverfahrens, RdA 1974, 215.

Eyermann, E. und L. *Fröhler:* Verwaltungsgerichtsordnung, Kommentar, 6. Auflage, München 1974.

Fabricius, F., A. *Kraft*, W. *Thiele* und G. *Wiese:* Betriebsverfassungsgesetz, Gemeinschaftskommentar, Neuwied—Berlin 1973.

Fenn, H.: Anm. zum Beschluß des BAG vom 18. 10. 62, ZZP 77, 305.

— Anm. zum Beschluß des BAG vom 29. 4. 1969, SAE 1970, 246.

— Dispositions- und Offizialmaxime im arbeitsgerichtlichen Beschlußverfahren, Festschrift für Gerhard Schiedermair, S. 117, München 1976.

Fitting, K.: Das neue Arbeitsgerichtsgesetz, BArbBl. 1953, 572.

Fitting, K., F. *Auffarth* und H. *Kaiser:* Betriebsverfassungsgesetz, Kommentar, 11. Auflage, München 1974.

Fitting, K., W. *Kraegeloh* und F. *Auffarth:* Betriebsverfassungsgesetz, Kommentar, 9. Auflage, München 1971.

Finkelnburg, K.: Rechtsschutz vor ungerechtfertigtem Bildungsurlaub, DB 1973, 968.

Flatow, G. und R. *Joachim:* Arbeitsgerichtsgesetz, Kommentar, Berlin 1928.

Forsthoff, E.: Lehrbuch des Verwaltungsrechtes, Bd. I, 10. Auflage, München 1973.

Frauenkron, K.-P.: Das arbeitsgerichtliche Beschlußverfahren in betriebsverfassungsrechtlichen Streitigkeiten, Diss., Köln 1967.

Galperin, H.: Das Betriebsverfassungsgesetz 1972, Leitfaden für die Praxis, Heidelberg 1972.

Galperin, H. und W. *Siebert:* Betriebsverfassungsgesetz, Kommentar, 4. Auflage, Heidelberg 1963.

Galperin, H. und M. *Löwisch:* Betriebsverfassungsgesetz, Kommentar, 5. Auflage, Heidelberg 1975.

Gnade, A., K. *Kehrmann* und W. *Schneider:* Betriebsverfassungsgesetz, Kommentar, Köln 1973.

Goldschmidt, J.: Zivilprozeßrecht, Berlin 1932.

Grabendorff, W.: Sollen nach dem Personalvertretungsgesetz die Arbeitsgerichte oder die Verwaltungsgerichte zuständig sein?, ZBR 1954, 135.

Grabendorff, W., C. *Windscheid* und W. *Ilbertz:* Bundespersonalvertretungsgesetz, Kommentar, Stuttgart 1975.

Grunsky, W.: Arbeitsgerichtsgesetz, Kommentar, 2. Auflage, München 1978; zitiert: *Grunsky,* ArbGG.

— Grundlagen des Verfahrensrechts, 2. Auflage 1974; zitiert: *Grunsky,* §.

Habscheid, W.: Freiwillige Gerichtsbarkeit, 5. Auflage, München 1971.

Hahn, K. und B. *Mugdan:* Die gesamten Materialien zu den Reichsjustizgesetzen, Bd. VII, Berlin 1898.

Hartmann, K.-D.: Die Behauptung der Rechtsbeeinträchtigung als Prozeßvoraussetzung der Anfechtungsklage, DÖV 1954, 371.

Heintzmann, W.: Die Prozeßführungsbefugnis, Prozeßrechtliche Abhandlungen Heft 29, Köln 1970.

Henckel, W.: Parteilehre und Streitgegenstand im Zivilprozeß, Heidelberg 1961.

Herschel, W.: Das Beschlußverfahren vor den Arbeitsgerichten, BB 1953, 861.

— Anm. zum Beschluß des BAG vom 1. 3. 1966, ArbuR 1967, 63.

— Das Verfahren zum Schutze der Auszubildenden in besonderen Fällen, DB 1976, 1285.

— Anm. zum Beschluß des LAG Düsseldorf vom 11. 5. 1973, EzA § 76 BetrVG Nr. 1.

Hoffmann, H.: Die Rechtsschutzbehauptung im Verwaltungsprozeß, VerwArch. 53, 298.

Hueck, A. und H. C. *Nipperdey:* Lehrbuch des Arbeitsrechts, 7. Auflage, Bd. I, Berlin—Frankfurt 1963.

Jansen, P.: FGG, Kommentar, 1. Bd., 2. Auflage, Berlin 1969.

Kälker, G.: Zum Verfahren bei Streitigkeiten aus der Betriebsverfassung, BB 1953, 389.

Kauffmann, H.: Stellung des Arbeitgebers im betriebsverfassungsrechtlichen Beschlußverfahren, BB 1955, 611.

Keidel, T. und K. *Winkler:* Freiwillige Gerichtsbarkeit, Handausgabe, 10. Auflage, München 1972; zitiert: *Keidel.*

Kniesch, J.: Zur Vereinheitlichung des Gerichtsverfahrensrechts, MdR 1954, 5.

Koehler, A.: Verwaltungsgerichtsordnung, Kommentar, Berlin—Frankfurt 1960.

Körnich, J. H.: Das arbeitsgerichtliche Beschlußverfahren in Betriebsverfassungssachen, Diss., Kiel 1969.

Kötter, Anm. zum Beschluß des BAG vom 24. 5. 1957, AP Nr. 7 zu § 76 BetrVG 52.

Kollhosser, H.: Zur Stellung und zum Begriff der Verfahrensbeteiligten im Erkenntnisverfahren der freiwilligen Gerichtsbarkeit, München 1970.

Kopp, F.: VwGO, Kommentar, 2. Auflage, München 1976.

Kraft, A.: Anm. zum Beschluß des BAG vom 5. 3. 1974, EzA § 5 BetrVG Nr. 7.

Küchenhoff, G.: Anm. zum Beschluß des BAG vom 26. 10. 1962, AP Nr. 11 zu § 76 BetrVG 52.

Lechner, H.: Bundesverfassungsgerichtsgesetz, Kommentar, 3. Auflage, München 1973.

Leibholz, G. und R. *Rupprecht:* Bundesverfassungsgerichtsgesetz, Kommentar, Köln 1968.

Lent, F.: Über die Beseitigung der Rechtszersplitterung, NJW 1954, 1585.

Lent, F. und O. *Jauernig:* Zivilprozeßrecht, 17. Auflage, München 1974.

Lepke, A.: Die Antragsbefugnis im arbeitsgerichtlichen Beschlußverfahren, ArbuR 1973, 107.

— Probleme der Abgabe zwischen dem Urteils- und Beschlußverfahren, RdA 1974, 230.

— Rechtsschutzinteresse, Antragsrücknahme und Erledigung der Hauptsache in arbeitsgerichtlichen Beschlußverfahren, DB 1975, 1938, 1990.

Lindacher, W.: Zur Antragsrücknahme im Streitverfahren der freiwilligen Gerichtsbarkeit, Rpfleger 1965, 41.

Lüke, G.: Die Prozeßführungsbefugnis, ZZP 76, 6.

— Die Abgrenzung der Klagebefugnis im Verwaltungsprozeß, ArchdöR 84, 185.

Martens, J.: Verw.Arch. 60, 356.

Maunz, T., G. *Dürig* und R. *Herzog:* Grundgesetz, Kommentar, München 1973.

Maunz, T., *Sigloch*, Br. *Schmidt-Bleibtreu* und F. *Klein:* Bundesverfassungsgerichtsgesetz, Kommentar, München 1976.

Meissinger, H.: Betriebsverfassungsgesetz, Kommentar,, München 1952.

Mellwitz, A.: Sozialgerichtsgesetz, Kommentar, München—Berlin 1956.

Meyer-Hentschel, G.: Personalvertretungsgesetz und Verwaltungsgerichtsbarkeit, ZBR 1955, 259.

— Anfechtbarkeit der Wahlen zum Vorstand der Personalvertretungen, ZBR 1956, 317.

Miesbach, H. und K. *Ankenbrank:* Sozialgerichtsgesetz, Kommentar, Frankfurt.

Müller, G.: Die Ausformung des arbeitsgerichtlichen Beschlußverfahrens durch die Rechtsprechung des Bundesarbeitsgerichtes, Arbeitsrecht der Gegenwart, Bd. 9, 1972 S. 23; zitiert: (I).

— Zur Anfechtung der Betriebsratswahl, Festschrift für Schnorr v. Carolsfeld, S. 37; zitiert: (II).

— Gedanken zur Forderung nach der Einheit der Rechtspflege, DB 1955, 473.

Müller, H.: Verfahrensbeteiligte in der freiwilligen Gerichtsbarkeit, NJW 1954, 868.

v. Mutius, A.: Zulässigkeit der Verbandsklage, Verw.Arch. 64. 311.

Ordemann, H.-J.: Zum Antragsrecht der Gewerkschaften im arbeitsgerichtlichen Beschlußverfahren, RdA 1958, 412.

Peters, H., T. *Sauter-Wolff:* Kommentar zur Sozialgerichtsbarkeit, 4. Auflage, Stuttgart—Berlin—Köln—Mainz.

Pikart, H. und K. E. *Henn:* Lehrbuch der freiwilligen Gerichtsbarkeit, Köln 1963.

Pohle, R.: Zweifelsfragen des neuen Beschlußverfahrens in Arbeitssachen, Festschrift für Alfred Hueck, S. 175, München—Berlin 1959.

— Anm. zum Beschluß des BAG vom 21. 6. 1957, AP Nr. 2 zu § 81 ArbGG.

— Anm. zum Beschluß des BAG vom 14. 11. 1958, AP Nr. 6 zu § 81 ArbGG.

Redeker, K. und H.-J. *v. Oertzen:* Verwaltungsgerichtsordnung, Kommentar, 5. Auflage, Stuttgart—Berlin—Köln—Mainz 1975.

Reuscher, F.: Zur Wiedereinführung eines Beschlußverfahrens in „Betriebsstreitigkeiten", BB 1949, 421.

Rewolle, H.-D.: Der Beteiligte im Beschlußverfahren ist weder Partei noch Zeuge, ArbuR 1957, 273.

Rimmelspacher, B.: Zur Prüfung von Amts wegen im Zivilprozeß, Göttingen 1966.

Röhl, H.: Das rechtliche Gehör, NJW 1958, 1268.

Rohlfing, T. und H.-D. *Rewolle*: Arbeitsgerichtsgesetz, Kommentar, Frankfurt.

Rosenberg, L. und K.-H. *Schwab:* Zivilprozeßrecht, 11. Auflage, München 1974; zitiert: *Rosenberg.*

Rupp, H. H.: Zur neuen Verwaltungsgerichtsordnung: Gelöste und ungelöste Probleme, ArchdöR 85, 301.

Sahmer, H.: Kommentar zum Betriebsverfassungsgesetz, Frankfurt 1972.

Sauer, H.-J.: Die Reihenfolge der Prüfung von Zulässigkeit und Begründetheit einer Klage im Zivilprozeß, Prozeßrechtliche Abhandlungen Heft 36, Köln 1974.

Sauer, W.: Allgemeine Prozeßrechtslehre, Berlin 1951.

Schlosser, P.: Gestaltungsklagen und Gestaltungsurteile, Bielefeld 1966; zitiert (I).

— Urteilswirkungen u. rechtliches Gehör, JZ 1967, 432.

Schneider, K.: Das Beschlußverfahren, AR-Blattei, Arbeitsgerichtsbarkeit XII, Stuttgart.

Schnorr v. Carolsfeld, L.: Arbeitsrecht, 2. Auflage, Göttingen 1954.

Schumann, E.: Anm. zum Beschluß des BAG vom 17. 10. 1963, AP Nr. 9 zu § 81 ArbGG.

Schunk, E. und H. *de Clerk:* Verwaltungsgerichtsordnung, Kommentar, 2. Auflage, Siegburg 1967.

Schwegler, L.: Rechtsfragen zur Teilnahme von Betriebsratsmitgliedern an Schulungs- und Bildungsveranstaltungen, BlStArbR 1972, 312.

Siebert, W.: Beiträge zum System des geltenden Arbeitsrechts, RdA 1959, 167.

Stahl, W.: Beiladung und Nebenintervention, Berlin 1972.

Stein-Jonas: Kommentar zur Zivilprozeßordnung, 19. Auflage, Tübingen 1972.

Thomas, H. und H. *Putzo:* Zivilprozeßordnung, Kommentar, 8. Auflage, München 1975.

Ule, C. H.: Verwaltungsprozeßrecht, 6. Auflage, München 1975.

— Zur Vereinheitlichung der verwaltungsgerichtlichen Verfahrensordnungen, DVBl. 1967, 345.

Wichmann, F.: § 83 Abs. 1 Satz 1 ArbGG in der Rechtsprechung des Bundesarbeitsgerichtes, ArbuR 1975, 294.

— Die Offizialmaxime im arbeitsgerichtlichen Beschlußverfahren, ArbuR 1973, 202.

— Über das Rechtsschutzinteresse im arbeitsgerichtlichen Beschlußverfahren, ArbuR 1974, 10.

Wieczorek, B.: Zivilprozeßordnung, Berlin 1957.

Wiese, G.: Anm. zum Beschluß des BAG vom 6. 11. 1973, AP Nr. 6 zu § 37 BetrVG.

Wolf, M.: Rechtliches Gehör und die Beteiligung Dritter am Rechtsstreit, JZ 1971, 405.

Zeiss, W.: Zivilprozeßrecht, Tübingen 1971.

Zeuner, A.: Der Anspruch auf rechtliches Gehör, Festschrift für H. C. Nipperdey zum 70. Geburtstag, Bd. I, S. 1013, München—Berlin 1965.

Ziemer, H. und H. *Birkholz:* Finanzgerichtsordnung, Kommentar, 2. Auflage, München 1970.

FSC
www.fsc.org
MIX
Papier | Fördert gute Waldnutzung
FSC® C083411

Kolibri 360 GmbH
Ferdinand-Jühlke-Straße 7
99095 Erfurt, Deutschland
produktsicherheit@kolibri360.de

Druck:
CPI Druckdienstleistungen GmbH
im Auftrag der
Kolibri 360 GmbH
Ferdinand-Jühlke-Str. 7
99095 Erfurt